LA PRIMERA VEZ QUE LA PEGUÉ CON LA IZQUIERDA

"7Ps"

PARA BRILLAR

IMANOL IBARRONDO

Despierta al líder que hay en ti

KOLIMA BOOKS

Título original: *La primera vez que la pegué con la izquierda*
                   «7Ps» para brillar

Decimocuarta edición: Junio 2020
Autor: Imanol Ibarrondo Garay
Dirección editorial: Marta Prieto Asirón
Ilustración de cubierta: Higinia Garay y Asier Gallastegi
Maquetación de cubierta: Patricia Fuentes
Maquetación: Carolina Hernández Alarcón

© 2020 Editorial Kolima, Madrid
Primera edición: Febrero 2015
www.editorialkolima.com

ISBN: 978-84-16364-02-2
Depósito legal: M-4239-2015
Impreso en España

El balón me llegó un poco forzado y, como estaba presionado por un punta, orienté rápido con la derecha y, sin pensar, la pegué larga con la izquierda... Treinta metros, por arriba y bien tocada, justo al pecho del interior zurdo que la esperaba pegadito a la cal.

¡Qué increíble sensación! Por fin me atreví...

...lástima que tenía ya 32 años

*A mi ama, el mejor ejemplo de generosidad, humildad
y entrega al servicio de un equipo que jamás he conocido*

ÍNDICE

PRÓLOGO

Conocí a Imanol Ibarrondo hace algunos años, cuando desde el Comité Olímpico Español le invitamos a presentarnos un proyecto original y novedoso que consistía en formar en habilidades de *coaching* –una disciplina prácticamente desconocida hasta ese momento en el ámbito del deporte–, a los seleccionadores nacionales, entrenadores y técnicos de las diferentes federaciones. Desde el primer día Imanol nos contagió su irresistible pasión por el liderazgo al servicio de las personas que también inunda este libro.

Pronto entendimos la necesidad de compartir su proyecto y de trabajar juntos. Así, desde el COE comenzamos a ofrecer pequeños talleres de descubrimiento de *coaching* y liderazgo a todos los entrenadores de los equipos nacionales. Casi de inmediato llegaron las jornadas completas de formación hasta que, finalmente, atendiendo a la demanda y gran aceptación que obtuvieron estas iniciativas, comenzamos a organizar en el COE desde el 2011 una edición anual del *Máster de coaching y liderazgo deportivo* liderado por Imanol junto a sus colaboradores y con el aval de la Universidad de Barcelona (UB).

En el COE mantenemos el compromiso permanente con todos los deportistas, entrenadores y técnicos españoles de facilitarles toda la ayuda que necesiten y que podamos ofrecerles para alcanzar los resultados extraordinarios con los que sueñan cada día y para lo que se sacrifican sin descanso. En este sentido, hemos comprobado que las habilidades y competencias que Imanol y su equipo de trabajo transmiten en sus formaciones, así como su experiencia y el entusiasmo y la energía con los que lo hacen y que resuena por todo el edificio en cada una de las jornadas del Máster, resultan una mezcla extraordinaria que sin duda impulsa a los entrenadores participantes a conectar con su mejor versión al servicio de sus deportistas.

Debido a la reciente crisis, también en el deporte español estamos atravesando momentos difíciles con una drástica disminución de los recursos económicos que limita nuestra oferta de posibilidades formativas, lo que hace que la edición de este libro tenga ahora mucho más valor y sentido. A través de los aprendizajes, artículos y reflexiones que el autor comparte con nosotros descubriremos habilidades tan sencillas como prácticas que ayudarán a quien las aplique a comenzar su proceso de transformación de jefe a líder, sea cual sea su ámbito de responsabilidad.

Espero y deseo que este libro se consolide como un manual de uso recomendado para deportistas, técnicos, entrenadores y para cualquier persona que necesite y quiera liderar, y que sirva para difundir conceptos tan útiles, poderosos y necesarios para nuestra sociedad como son la presencia, la empatía, la escucha, la compasión, la humildad, el reconocimiento, el auténtico compromiso, el liderazgo de servicio, la «mirada bellotera» y, por supuesto, las *convers(a)cciones* para crear nuevas realidades.

ALEJANDRO BLANCO BRAVO
Presidente del Comité Olímpico Español

«Nuestro miedo más profundo no es no estar a la altura. Nuestro miedo es que somos muy poderosos. Es nuestra luz, no nuestra oscuridad, la que más nos asusta. El disminuirse no le sirve al mundo, no hay sabiduría en encogerse para que otros no se sientan inseguros a nuestro lado. Todos nacemos para brillar, como lo hacen los niños. No es cosa de unos pocos, sino de todos, y al dejar que nuestra propia luz brille, inconscientemente, damos permiso a otros para hacer lo mismo. Al liberarnos de nuestro propio miedo, nuestra presencia libera automáticamente a otros».

MARIANNE WILLIAMSON

I. PREÁMBULO

He jugado al fútbol desde siempre, aunque de pequeño sufrí una delicada operación de corazón (mucho tiempo sin poder ni siquiera sudar) y una fractura de fémur en un espectacular atropello de coche (otro año y medio parado). Además llevaba gafas con parche en un ojo. Todo esto antes de cumplir los catorce. El año siguiente, tras cinco temporadas en el Athletic Club, me dieron la baja. No les culpo, no tenía buena pinta como futbolista: mala vista, cojo y con problemas de corazón... Lo demás, bien. Curiosamente, guardo un grato recuerdo de aquel difícil momento. En aquella época el Club comunicaba por carta a cada jugador si seguía contando con él o era baja para la siguiente temporada (¡qué tensa espera!), pero a mí fue Iñaki Sáez, por entonces coordinador de Lezama, quien me lo dijo en persona y lo hizo con mucho cariño. En aquel momento, más allá del doloroso disgusto, me hizo sentir querido y apoyado. Sentí que, a pesar de todo, seguía formando parte del Athletic. Desde aquí se lo agradezco de corazón.

Cambié de clubes y de equipos, nuevos compañeros, otros entrenadores, menos facilidades y peores instalaciones. No había un motivo especial para seguir jugando: no tenía una voluntad de hierro por alcanzar un objetivo, no tenía rencor ni deseo de venganza, ni tampoco un férreo compromiso por demostrar nada a nadie. Aquello no tenía nada que ver con sufrir, ni con trabajar duro y esforzarse al máximo para ser futbolista profesional. No había nada de eso. Tan solo jugaba porque me gustaba jugar. El caso es que, sin saber muy bien cómo, disfrutando del juego y sin esperar nada a cambio, llegué a Primera División por el camino largo pasando por todas las categorías y fue ahí, en ese momento, cuando dejó de ser divertido. Tenía 22 años. En aquel tiempo, sencillamente, me perdí. No sé qué pasó, ni cómo, ni dónde fue... pero lo que sí sé es que el tipo que salía al campo no era yo.

Miedo[1]

Año 1990. Camp Nou. Un sábado por la noche. Minuto 28 de la primera parte, *Dream Team* 5; *Rayo Vallecano* 0. Mientras me dirijo a sacar por quinta vez el balón de la red, desde el suelo y con lágrimas en los ojos, el portero me pregunta:
–¿Cuántos nos van a meter?
Le toco la cabeza y le digo:
–Tranquilo.
No le respondo lo que pienso: «En 30 minutos nos meten 5, en 90 minutos... 15». En ese momento, una intensa sensación de pánico se apoderó de toda mi mente que, secuestrada por esa angustiosa emoción, solamente podía pensar en las catastróficas consecuencias que para toda mi vida tendría ese terrible resultado final imaginario que ya estaba dando por hecho. Hoy en día sigo considerando aquel suplicio ante 100 000 espectadores como el testimonio más claro del poder de las emociones para limitar, e incluso paralizar, la mente y el cuerpo de cualquier persona. Prometo que hubiera pagado la ficha de tres años por desaparecer en ese instante.
«Ser futbolista es la mejor vida que existe... si no fuera por los partidos» se dice en el mundillo futbolero. Puede parecer exagerado pues sin duda hablamos de una profesión privilegiada, pero hay situaciones, partidos, fases de la competición, o incluso, temporadas enteras, en las que el miedo ocupa todo el espacio. En un escenario cada vez más comple-

---

1   El artículo *Miedo* fue publicado en el diario *El Correo* en diciembre 2006.

jo y exigente, en el que cada encuentro se plantea como «el más importante», «es una batalla», «nos jugamos la vida», «es un partido a vida o muerte», «es una final»..., enfrentarse a situaciones sencillas y cotidianas, como jugar al fútbol, genera tales niveles de ansiedad e incluso de angustia (y no hablo solo de profesionales y adultos), que estas tóxicas emociones acaban consolidándose en estados de ánimo que bloquean el rendimiento de los deportistas y tienen negativos efectos colaterales en sus vidas.

Dice el escritor y divulgador científico catalán Eduardo Punset que la felicidad es, primordialmente, la ausencia de miedo. Existe el debate recurrente sobre si un deportista puede o incluso debe disfrutar jugando. En general, yo no lo hacía. Hace algunos años hubiera defendido con vehemencia que es imposible hacerlo cuando se compite, aunque hoy en día sería más cauteloso con esta afirmación. He llegado a la conclusión de que cuando no disfrutaba en los partidos era porque tenía miedo. Tenía miedo a fallar, a tomar decisiones erróneas, a no cumplir las expectativas... Miedo a hacerlo mal, al qué dirán, a no estar a la altura, a demostrar que no era suficientemente bueno, a hacer el ridículo, a las críticas, miedo a perder... en definitiva, miedo a la vergüenza. Este miedo absurdo e irracional es lo peor que le puede pasar a un deportista (y a cualquiera), pues paraliza, bloquea, impide rendir en función de las capacidades reales, inhibe el talento y hace que la apariencia en el campo sea de falta de actitud, de indolencia, de pasividad, de poca motivación, de falta de implicación... lo que provoca mayores juicios negativos, más errores, más críticas, más pérdida de confianza... más MIEDO.

El miedo hace que te enfrentes a un partido como si fuera una amenaza en lugar de una nueva oportunidad para disfrutar intensamente de tu privilegio. Es la diferencia entre los que disfrutan del juego y los que se sienten tan atenazados por él que lo viven angustiados, entre los que no tienen miedo, ni vergüenza (¡qué bendición!) y los que no lo pueden superar.

Recuerdo cómo fue la primera vez que la pegué con la izquierda en un partido oficial, de forma voluntaria y no condicionado por las circunstancias del juego. Fue un pase largo de unos treinta metros, directamente al pecho de un compañero. ¡Qué sensación! Llevaba meses entrenando con la zurda y aunque nadie más que yo se dio cuenta en el estadio, la satisfacción y la emoción que me produjo ese pase aún perdura como un recuerdo imborrable en mi memoria. A partir de aquella tarde, la pegué muchas más veces con la pierna zurda, fallé bastantes y acerté otras... pero el miedo había desaparecido...

...lástima que tenía ya 32 años.

Pasaron doce temporadas más desde aquella fatídica noche en el Camp Nou hasta que por fin decidí escuchar a mi cuerpo que me pedía parar; ya era suficiente y había llegado el momento de dejarlo. Unos cuantos años después y tras superar mi propia travesía del desierto, descubrí el *coaching*. No fue casualidad. Estaba en proceso de búsqueda. Buscaba algo que me ayudara a mejorar. Como todas las personas que ahora se acercan a nuestras formaciones, no sabía bien qué... y me encontré conmigo mismo. Un regalo inesperado y un descubrimiento sorprendente.

En aquel momento, con 38 años, estaba en una fase especialmente complicada de mi vida profesional dirigiendo una compañía de vídeojuegos que me generaba notables quebraderos de cabeza. Un día, un buen amigo entrenador, me contó que trabajaba con un *coach* y me lo ofreció. Yo me resistí un poco: «pero, qué es, ¿un psicólogo?... Yo estoy bien». Una respuesta clásica y universal en el deporte. Desafortunada, porque refleja una creencia demasiado extendida que te señala como alguien que sufre algún trastorno, en vez de pensar en alguien que busca mejorar desarrollando nuevas habilidades o manejar su mente y sus emociones o, sencillamente, que quiere aprender a disfrutar más de su deporte y de su vida. Una perspectiva muy limitante de la realidad como iremos viendo... Pero bueno, así estaba yo. Afortunadamente, mi amigo insistió y me contó que disfrutaba con su *coach* de conversaciones que le inspiraban y ayudaban a ser mejor entrenador. Yo no tenía nada que perder, así es que fui.

«*Mi coach*»

Se llama Julen Ortiz de Murua y le estaré eternamente agradecido por creer tanto en mí y por haberme apoyado tan generosamente en aquel delicado momento. Fue un proceso muy revelador para mí, hasta el punto que durante aquellas transformadoras conversaciones que él generaba sentí que, si con 20 años hubiese tenido cerca alguien que hubiese puesto en práctica conmigo las sencillas habilidades que Julen aplicaba, habría jugado 10 años en Primera. A ver... sí que es cierto que tenía mis limitaciones, técnicamente flojete, una sola pierna y lentito, y que no habría sido ningún *crack* ni nada parecido, pero el hecho es que vi tan claro que podría haber disfrutando mucho más intensamente de mi privilegio que, en ese mismo instante, tomé la decisión de transformarme en alguien capaz de acompañar a otros en sus procesos de mejora, crecimiento y desarrollo, tanto personal como profesional.

La decisión fue inmediata, aunque el cambio de rumbo tardó un poco más en hacerse visible. Necesité organizarlo y planificarlo, un sólido entrenamiento en escuelas de diferentes visiones, formación continua en cursos, seminarios y talleres, leer, estudiar y reflexionar, aprender y experimentar las nuevas habilidades y competencias que iba descubriendo e integrando, «vaciar mi mochila», mucha práctica y trabajo personal, conocerme más, aceptarme y superarme... Pero ahí comenzó este apasionante camino cuyos senderos tengo el gusto de compartir cada día con otros buscadores como yo.

Uno de los primeros retos que me puso Julen fue el de reflexionar sobre mi experiencia profesional como deportista y cómo sería escribir algunos artículos sobre ello. Nunca había escrito nada pero acepté y me sentí genial mientras lo hacía. Cuando le envié los primeros textos, él, subiendo dos puntos el nivel de desafío, me retó a publicarlos. Me preguntó: «¿cómo sería compartirlos?», «¿qué podría pasar si lo hicieras?», «¿a quién podrían ayudar?»... Casualmente, en aquella época, el Athletic Club estaba pasando por una situación deportiva complicada y pensé que podía enganchar los artículos por ahí, así que, a pesar de sentirme un poco incómodo con la exposición pública, de nuevo acepté. *Miedo* fue el primer artículo que publiqué en un periódico, el primer paso, la primera acción elegida de un proceso de transformación que acababa de iniciar y que me obligó a estirarme, a salir de mi zona de seguridad, a explorar nuevos territorios y a descubrir de qué podía ser capaz.

A pesar del título del artículo, y aunque inevitablemente volveremos sobre el miedo, en este libro no pretendo entender qué significa, tampoco analizarlo, saber de dónde procede o qué lo alimenta. Al contrario, cuando aparezca –que siempre lo hace con la excusa de protegernos del ridículo y la vergüenza–, tan solo lo escucharemos, sin negociar ni discutir con él, para poder superarlo hasta conectar con la inmensa capacidad de cada ser humano para aprender a ser valiente, para decidir y elegir serlo, pues esa es nuestra auténtica naturaleza.

II. *CONVERS(A)CCIONES* CON UNA «BELLOTA»

«Las semillas duermen en el secreto de la tierra hasta que a una de ellas se le ocurre la fantasía de despertar».

ANTOINE DE SAINT-EXUPÉRY (*'EL PRINCIPITO'*)

Como una «bellota». Así es como me veía Julen, mi *coach*. Al igual que una «bellota» ya tiene dentro todo lo necesario para convertirse en un roble extraordinario, cada persona nace completa, creativa y con todos los recursos que necesita para convertirse en la mejor versión de sí misma, cualquiera que sea su edad, sexo, ámbito de actividad o responsabilidad. No hay nada roto ni nada que arreglar en la esencia de cualquier ser humano cuyo valor es inconmensurable. Esta «metáfora bellotera» no es «la verdad», tampoco la puedo demostrar y no es por tanto dogma de fe, ni una doctrina que hay que seguir a pies juntillas. Es una creencia simple y potenciadora que me ayuda a ver a las personas y equipos con los que trabajo, no solamente como lo que son a día de hoy, sino como lo que podrían llegar a ser, no las veo en términos de su desempeño actual sino de su potencial futuro. De momento, no necesito que te creas que eres una «bellota», tan solo te pido que aceptes esta metáfora por un rato, que juguemos con ella el tiempo que dura el libro y que te atrevas a experimentarla.

«Trata a una persona como lo que es y seguirá siendo lo que es. Trátale como puede llegar a ser y se convertirá en lo que puede llegar a ser».

W.A. GOETHE

Así como un jardinero sabe que no necesita meter nada dentro de la «bellota», sino tan solo plantarla en un lugar fecundo, regarla, cortar algunas ramitas, tener paciencia y darle tiempo, la responsabilidad del líder no consiste en meter, sino en sacar lo que ya está dentro, en descubrir la esencia de cada uno de sus seguidores, lo que le hace distinto, valioso, especial y único, en reconocerla y potenciarla, respetando y facilitando su aprendizaje y desarrollo natural, haciéndola crecer sin pretender transformarla en otra cosa, en lo que no es. La esencia de todos, la que cada uno de nosotros tiene dentro de su «bellota», nunca se pierde, siempre está ahí, en lo más profundo... dormida, esperando a que alguien la ayude a despertar.

Cuando al gran Miguel Ángel le preguntaron cómo era capaz de crear tan magníficas obras, se limitó a responder que su trabajo únicamente consistía en destapar lo que ya estaba ahí, oculto bajo la piedra. El gran reto del líder es descubrir el tesoro que está latente y deseando salir dentro de cada uno de sus seguidores, ser cómplice de una posibilidad trascendente, la transformación desde lo que está siendo... hasta lo que podría llegar a ser. Considero que no tiene gran mérito encontrar un deportista extraordinario, pero sí lo tiene descubrir algo extraordinario en cada deportista (alumno/a, colaborador/a, hijo/a)[2].

Al *coaching* se le reconoce también como el «arte de soplar brasas» (título del libro de Leonardo Wok), sin duda una magnífica metáfora para reflejar que una persona no es un bote que hay que llenar, sino una brasa candente que hay que soplar hasta convertirla en un gran fuego ardiente y brillante. Todo lo que eres y lo que puedes llegar a ser ya está dentro

---

2   A partir de aquí, el uso del género masculino responde únicamente a una mayor comodidad para la escritura y lectura del libro, pues su contenido atiende, obviamente, tanto a mujeres como hombres que deseen mejorar su liderazgo, sea cual fuere su tarea o responsabilidad.

de tu «bellota» y las habilidades, actitudes, competencias y capacidades que necesitamos para liderar, para sacar lo que ya hay y para hacerlo crecer, son distintas a las que habitualmente utilizamos para intentar *meter* lo que no hay, y son las que dan contenido a este libro.

Escultores, jardineros, sopladores de brasas... cualquiera de estas imágenes nos vale para ilustrar la inestimable labor de quienes asumen el honorable propósito de atreverse a brillar alumbrando el regalo que cada uno de sus seguidores lleva en su interior a la espera ser desvelado. Si te parece que la «metáfora de la bellota» tiene sentido, que se trata de una «verdad» que podría ser inspiradora para ti, seguro que en este viaje harás algunos descubrimientos sencillos, de aplicación inmediata y gran impacto transformador en tu vida.

¿Quién te ha visto como una «bellota»?

Piensa en alguien que alguna vez te vio así, como una «bellota». Una persona que creyó en ti y te ayudó a crecer, a ser mejor de lo que eras hasta ese momento. Alguien que ejerció de líder para ti. Piensa unos instantes la respuesta a estas dos preguntas: *¿cómo te hacía sentir? y ¿qué es exactamente lo que hacía?* Cuando hacemos estas mismas preguntas en algunas formaciones, obtenemos respuestas repletas de emoción, pues los participantes aprovechan ese momento tan especial para honrar y agradecer lo que esa persona hizo por cada uno de ellos. En muchas ocasiones se trata de alguien sobre el que no nos hemos parado a pensar en años y, de repente, tomamos consciencia de cuáles fueron el impacto y la huella que dejó en nuestra vida. En las respuestas, una y otra vez se repiten las mismas conclusiones: «me sentía importante», «valioso», «confiado», «valiente», «respetado», «seguro», «apoyado», «reconocido», «sentía que creía en mí», «me sentía capaz de todo»... «me sentía querido».

Cuando les pedimos que concreten qué es lo que esas personas hicieron para hacerles sentir así, aparecen respuestas como estas: «desdramatizaba», «sonreía», «me escuchaba», «me reconocía», «no me juzgaba», «me preguntaba con curiosidad», «estaba presente», «me dejaba equivocarme», «me reforzaba», «se preocupaba por mí», «me retaba», «me ayudaba a ver el lado bueno de las cosas», «se ponía en mis zapatos», «cumplía lo que decía», «siempre podía contarle cómo me sentía», «me dejaba espacio», «era cariñoso y amable»... Lo cierto es que no parecen cosas especialmente complicadas, ni que requieran talentos extraordinarios; escuchar, preguntar, sonreír, positivizar, empatizar, reconocer, ser amable, decir la verdad, preocuparse por las personas, reforzar... más bien parecen habilidades y actitudes sencillas de aplicación práctica y efecto inmediato. Si en nosotros tuvieron un impacto tan notable, ¿por qué no las utilizamos más a menudo con los demás?... Véase que no aparecen como actitudes destacadas del liderazgo (nunca lo hacen), el carisma, el *glamour*, el estilo, la oratoria, el físico o la simpatía que, quizá sean atributos de popularidad, pero que en absoluto definen al líder.

En este momento ya casi tenemos respondida la clásica pregunta: ¿el líder nace o se hace? El austriaco Peter Drucker, famoso gurú del *management*, decía que «los líderes nacen, pero nacen tan pocos, que a los demás hay que formarlos». Hay personas que nacen con una predisposición para liderar que luego deben trabajar, pulir y aplicar. Pero eso no quiere decir, en absoluto, que todos los demás no podamos aprenderlo. El liderazgo es una actitud, son acciones concretas, y como tal, se puede aprender y desarrollar. De hecho, si liderar es ponerse al servicio de otras personas para ayudarlas a ser mejores, tengo la convicción de que cada uno de nosotros, en algún momento de nuestra vida y en uno u otro ámbito de actividad, ha ejercido alguna vez un rol de liderazgo. Tan solo necesitamos hacerlo más conscientemente, más veces, durante más tiempo, con más personas, con mejores habilidades y con mayor impacto. Liderar no es una opción al alcance de unos pocos elegidos sino un hábito que nos ayuda a todos a ser mejores de lo que estamos siendo.

Coaching y liderazgo

«*Ningún líder trata de ser un líder. Las personas viven sus vidas buscando expresarse a sí mismas al máximo y, cuando esa expresión es valiosa, inspiran a los demás que les identifican como líderes. Para liderar, tan solo necesitas convertirte en la persona que quieres y puedes llegar a ser*».

WARREN BENNIS (*'Convertirse en líder'*)

Cuenta una antigua leyenda hindú que hubo un tiempo en que todos los seres humanos eran dioses, pero abusaron tanto de su divinidad que Brahma, el señor de los dioses, decidió quitarles su poder divino y esconderlo en algún lugar donde no lo pudieran encontrar. El gran problema fue buscarle el escondite adecuado. Entonces, los dioses menores fueron convocados a un consejo para encontrar una solución y propusieron esconder la divinidad en el pico más alto e inaccesible del mundo, a lo que Brahma se negó aduciendo que, antes o después, alguien llegaría hasta allí y lo descubriría. Por la misma razón se descartó también esconderlo en la sima más profunda del océano más inmenso. Tras discutir otras posibilidades durante largo tiempo y, a punto de rendirse, Brahma encontró la solución: «esconderemos su divinidad en lo más profundo de sí mismos, pues es el único lugar en el que a ningún ser humano se le ocurrirá jamás buscar».

Coaching y liderazgo están íntimamente relacionados. No se entiende el uno sin el otro. Antes de liderar a otros necesito liderarme primero a mí mismo atreviéndome a mirar hacia dentro con curiosidad, cariño, sorpresa y admiración hasta descubrir qué es lo que quiero, qué es importante para mí y qué hay en lo más profundo de mi Ser esperando a ser desvelado. Es un trabajo de introspección y desarrollo personal que necesito llevar a cabo para poder convertirme en un modelo de coherencia, pues siendo el ejemplo el mejor discurso y el que menos palabras utiliza, posiblemente cada uno de nosotros tenga tarea pendiente hasta poder transformarse en alguien que merezca ser percibido como una influencia verdaderamente positiva por los demás.

Cuando trabajo con entrenadores, a menudo les pregunto a quién les gustaría parecerse. Generalmente salen los mismos nombres que cualquiera puede imaginar... siempre los que ganan. Entonces, les hago cuestionarse qué es lo que más admiran de ellos, qué es lo que les gustaría robarles si pudieran, y concluyen que lo que realmente desean, lo que la gran mayoría busca desesperadamente es que sus jugadores les crean, confíen en ellos y les sigan «hasta el infinito y más allá». Cuando se expresan así ya no están hablando de entrenar jugadores, sino de liderar personas. Palabras mayores. Todos los entrenadores desean ser percibidos como líderes por sus jugadores, pero pocos están dispuestos a pagar el precio que supone atreverse a transformarse en la persona que se merezca conseguirlo.

Creo, sinceramente, que cualquiera de nosotros, en su mejor versión, puede ser un líder, una persona capaz de inspirar y conectar con fuerza con sus seguidores, de ser digno de su confianza y estar a su servicio ayudándoles a desplegar su máximo potencial. Ese talento está ahí, latente, lo veo continuamente, cada día. Pero para conectar con él, para desarrollarlo, fortalecerlo y expandirlo, no se trata tanto de mirar hacia afuera sino hacia dentro, creando un espacio de conversaciones para la reflexión donde surjan las preguntas adecuadas para encontrar las mejores respuestas. De hecho, el liderazgo no es un privilegio exclusivo del entrenador/jefe, ni la función principal de un líder es tener seguidores, sino crear, potenciar y desarrollar nuevos líderes entre ellos, siendo un referente de comportamiento que les inspire a ser mejores. Todos podemos ser líderes y convertirnos en la luz que alumbra una parte del camino a los demás. No hay excusas y tú, en esencia, también eres un líder.

> *«Solamente los buenos quieren mejorar.*
> *Por eso son buenos».*
>
> NICK FALDO

Cuando me preguntan para quién es el *coaching*, suelo responder que es para los «buenos». Sé que a algunos les incomoda esta afirmación pero, para mí, los «buenos» son los que tienen el coraje y la valentía de querer mejorar y no se conforman con lo que están siendo; los que saben que pueden dar mucho más de sí y no saben cómo hacerlo; los que están cansados de tener miedo y de buscar siempre excusas, culpables y justificaciones; los que quieren dejar de ir de víctimas y desean tomar las riendas de sus vidas; los que aspiran a ofrecer a sus equipos, familias, empresas, comunidad o al mundo, una contribución valiosa que dé sentido a lo que hacen. En definitiva, el *coaching* es un poderoso recurso para todas aquellas personas que se atreven a liderarse y a brillar iluminando a otros. Lo cierto es que todos hemos sido, somos o seremos «buenos» en algún momento... pero quizá no todos a la vez. Si estás leyendo este libro, puede que sea porque este es tu momento.

Si para cualquier persona sería recomendable afrontar con calma un proceso de este tipo, para un deportista resulta imprescindible poder contar con el apoyo de un entrenador-líder que le facilite vivir permanentemente conectado con esta posibilidad. Su vida deportiva pasa en un suspiro y este es su momento. Después, pronto, formará parte del club de los «ex deportistas» en el que entrará, bien con la incomparable sensación de un agradecimiento profundo por todo lo experimentado y disfrutado, o bien, con la incómoda y amarga sensación de haber podido hacer mucho más, de no haberse atrevido, de no haber aprovechado sus oportunidades, de haber dejado que los demás y las circunstancias definieran quién era él, de no haberse entregado, de no haberse comprometido, de haberse quejado demasiado y culpado a muchos, de haber sufrido más que gozado y de haber dejado pasar una magnífica oportunidad para descubrir su verdadera Identidad. Este es su momento, ¡ahora!... y necesita tu ayuda. Necesita un líder a su servicio. ¿Estás disponible y preparado?[3]

Liderazgo y *convers(a)cciones*

Si lo estás y, por si acaso esta fuera tu primera aproximación al mundo del *coaching*, quizá resulte conveniente ofrecerte aquí una sencilla y breve definición del término. Por el momento nos basta con acercarnos a la visión de Sir John Withmore, referente mundial en la materia, quien lo resume en dos palabras que, en mi opinión, recogen y sintetizan la esencia de su significado: «consciencia» y «responsabilidad». Partiendo de esta idea, el *coaching* sería un «proceso de con-

---

3   Me referiré de forma permanente a los entrenadores como las personas que representan básicamente el liderazgo en el deporte. Invito a mi estimado/a, lector/a a que, en función de su tarea o responsabilidad, sustituya la palabra entrenador, por directivo/a, profesor/a, padre/madre o jefe/a, así como la de deportista o jugador/a por colaborador/a, alumno/a o hijo/a, adaptando asimismo las situaciones o circunstancias propias del deporte que se relatan en cada momento a su propia actividad o ámbito de actuación.

versaciones transformadoras que aumentan la consciencia y la responsabilidad de las personas y de los equipos, impulsándolas a transformarse en su mejor versión hasta alcanzar resultados extraordinarios».

Son «conversaciones transformadoras» porque crean nuevas realidades y otros futuros posibles que no éramos capaces de pensar ni de ver antes de la conversación. Los líderes eficaces saben bien que el lenguaje genera nuevas posibilidades de acción que no existían hasta que las creamos en nuestra conversación. El lenguaje no es solo descriptivo, también es generativo, es acción en sí mismo, y por lo tanto, una conversación habitual o normal se transforma en una *convers(a)cción*, en tanto en cuanto esta nos ayude a revelar y modificar el tipo de observador de la realidad que estamos siendo en ese momento. Al cambiar nuestra forma de observar a las personas, la vida y sus circunstancias, re-definimos nuestra Identidad y podemos coordinar y diseñar nuevas acciones para transformarnos y transformar la realidad, creando así otro futuro deseado tanto para nosotros mismos como para nuestros seguidores y equipos.

«El nuevo paradigma no está en conocer el deporte, sino en conocer al deportista». Son palabras de Paco Seiru.lo, responsable de metodología del FC Barcelona. No serán tus profundos conocimientos técnico/táctico/físicos que, como el valor en la mili, se te suponen, los que marcarán la diferencia entre tu éxito o fracaso como líder, sino tu capacidad de conectar con fuerza con tus deportistas, de preocuparte por ellos, de hacerles sentirse escuchados, comprendidos, capaces, importantes y valiosos y de ser digno de su confianza para que te crean, te sigan y se comprometan contigo. Para conseguir su compromiso sabes bien que ya no basta con ejercer el poder que conlleva el puesto de entrenador o jefe que, como mucho, te servirá para alcanzar su obediencia, sino que necesitas ser un inagotable generador de conversaciones transformadoras y comprometedoras, un *creador de convers(a)cciones*.

En realidad, ¿qué es lo que hace un entrenador-líder?... Si bien tiene muchas tareas de planificación y análisis de las que ocuparse, así como decisiones que tomar, la gran mayoría de las funciones y responsabilidades de las que debe hacerse cargo para ejercer su rol de liderazgo se desarrollan a través de conversaciones; individuales y colectivas, públicas y privadas, con sus jugadores y con el *staff*, con directivos, entrenando y en el vestuario, en entrevistas y ruedas de prensa, además de las que mantiene consigo mismo y que necesitará aprender a gestionar adecuadamente antes que ninguna otra como veremos a lo largo del libro.

¡Piénsalo! Para liderar, necesitamos aprender a generar conversaciones transformadoras de alta calidad basadas en un nivel superior de conexión y comunicación, *convers(a) cciones* para seducir e influir positivamente, para exigir, reclamar y poner límites, para co-crear una visión emocionante y compartir valores comunes que comprometan a todos, para declarar retos, para expresar y transformar estados de ánimo, para hacer peticiones y ofrecer *feedback*, para potenciar y reconocer, para pactar y alcanzar consensos... y también para afrontar aquellas conversaciones pendientes que evitamos, que son difíciles y nos cuestan, para las que nunca encontramos el momento y que nos dan miedo porque creemos que con ellas podemos perder algo valioso, podemos salir dañados o herir a alguien, que se puede poner en riesgo nuestra autoridad o porque queremos eludir las intensas emociones que podrían desatar y que nos incomodan.

El líder auténtico sabe que son los demás (sus seguidores) quienes deberán reconocerle y aceptarle como tal pues, a diferencia del poder del jefe o del entrenador, su capacidad de influencia y autoridad no viene con el cargo y no se puede imponer. El liderazgo es un fenómeno relacional que se basa en la percepción que los potenciales seguidores tienen del líder, y la calidad de esta relación vendrá directamente determinada por la calidad de sus *convers(a)cciones*, siendo ellas por tanto las que finalmente definirán la eficacia de su liderazgo transformador. El líder es un artista construyendo relaciones que funcionan y, para ello, además de ser ejemplar en sus comportamientos, necesita hablar *con* sus seguidores, no solo hablar *a* sus seguidores. *Dime cómo hablas con ellos y te diré quién eres para ellos.*

III. «7PS PARA BRILLAR»

Este es el libro de las «7Ps para brillar», una formación en habilidades de *coaching* y liderazgo para aprender a diseñar *convers(a)cciones*, creada por Incoade (Instituto de *coaching* deportivo) como una síntesis del *Master de coaching y liderazgo* que desde 2007 impartimos cada año de la mano de Instituciones de referencia como la RFEF (Real Federación Española de Fútbol) y el COE (Comité Olímpico Español), avalada por universidades de reconocido prestigio como la Universidad Francisco de Vitoria (Madrid) o la UB (Universidad de Barcelona). Son numerosos los seleccionadores nacionales de diferentes disciplinas deportivas, directores técnicos, directivos, entrenadores profesionales y deportistas de alto nivel que han pasado por nuestras aulas y que garantizan la calidad de esta formación pionera en España.

Curiosamente, tanto el formato original de las «7**P**s» como sus primeras ediciones se orientaron específicamente hacia los padres, una responsabilidad que nos toca muy de cerca y nos preocupa especialmente (de hecho, una de las facilitadoras de las «7**P**s», Claudia Bruna, acaba de publicar *Descubriendo a Matías*, un precioso libro con ejercicios prácticos de *coaching* para padres y niños). Tras comprobar su gran aceptación, la adaptamos al ámbito deportivo donde hemos facilitado decenas de ediciones de la mano, entre otros, del CSD (Consejo Superior de Deportes), la Federación Mexicana de Fútbol o el INEFC de Barcelona. En la actualidad, ya están disponibles también las «7**P**s» para los sectores educativo, empresarial y político.

En realidad, si entendemos el liderazgo como la capacidad de estar al servicio de los demás influyendo positivamente en ellos, seas padre o madre, entrenador/a profesor/a o jefe/a, las habilidades y competencias esenciales que necesitas aplicar para generar *convers(a)cciones* con tu familia, deportistas, alumnado o colaboradores son básicamente las mismas y son las que experimentamos intensamente en los talleres de las «7**P**s». Necesitas aprender a estar presente y conectado para escuchar y comprender (1ª P); a superar miedos y limitaciones que solo existen en tu cabeza y en las suyas (2ª P); a crear tus propios pensamientos y a diseñar nuevas realidades para ti y para tus equipos (3ª P); a descubrir y conectar con tus valores auténticos, con lo que eres y con lo mejor que tienes para ofrecer (4ª P); a ponerte en los zapatos de los demás para poder ser un líder humilde y compasivo a su servicio (5ª P); a desarrollar tu inteligencia emocional para transformar estados de ánimo (6ª P); y a buscar dentro de ti hasta declarar tu compromiso con una visión y un propósito que te inspiren a transformarte en tu mejor versión (7ª P). En definitiva, necesitas alcanzar una expresión valiosa de tu vida antes de poder ser percibido como un líder digno de confianza por los demás.

Estas son las siete poderosas ideas sobre las que reflexionamos en cada uno de los siete talleres que completan las «7Ps para brillar». Son conceptos sencillos de entender y de aplicación inmediata en tus relaciones y en tu vida hasta completar 28 horas de formación práctica, intensa, emocionante, plena de energía, divertida y con un gran aprendizaje listo para llevar a la acción. Los centenares de personas de diferentes ámbitos y responsabilidades que ya han disfrutado de estos talleres nos confirman cada día que se trata de una experiencia profundamente transformadora, lo que me ha animado a compartir en este libro parte de los descubrimientos y aprendizajes que se producen en esta mágica y sorprendente formación.

A partir de aquí, como ya habrás podido adivinar, desarrollaremos en profundidad las «7Ps», una «P» por capítulo:

1. **Presencia:** la puerta de acceso a un nivel superior de conexión y comunicación con las personas a las que deseas liderar. Cuando por fin logres vivir en el presente, te sorprenderá todo lo que puedes hacer... y lo bien que lo haces. Sin Presencia no hay *convers(a)cciones*.

2. **Preguntar:** comenzarás a descubrir el impacto de las preguntas potentes para despertar tu consciencia y aumentar tu responsabilidad, así como las de las personas sobre las que tienes influencia. Afronta tus miedos, salta a tus «saboteadores» y... ¡vuela!

3. **Positivizar:** «La realidad es interpretable». Sentir profundamente el impacto de esta afirmación es lo que dará sentido a tus *convers(a)cciones*, pues ahora serás tú el creador de tus propios pensamientos y aprenderás a diseñar tu propia realidad, a elegir tu actitud y a generar nuevas posibilidades para ti y para tu equipo.

4. **Potenciar:** descubrirás cómo hacer visibles a las personas a las que tienes el honor de liderar, ayudándolas a conectar con lo mejor que tienen. «Existes, te veo y eres valioso» como mensajes clave del líder transformador y al servicio. La «mirada bellotera» te cambiará la vida entera.

5. **emPatizar:** si para liderar hay que servir, quizá la humildad sea el valor fundamental del líder y la empatía su leal escudera. «Soy porque somos, sino nada sería» como la mejor definición de equipo. Necesitas liderar al servicio de todos, también de los que no te gustan.

6. **Procesar:** si nuestro estado de ánimo es lo que realmente define nuestro horizonte de posibilidades de acción, ¿cuánto vale un líder capaz de crear un espacio seguro para identificar, nombrar, expresar, sostener, aceptar y transformar emociones y estados de ánimo? Después de esta «**P**»... ¡Tú podrás hacerlo!

7. **Pactar:** co-crear las relaciones que quieres tener con tus seguidores y ayudarles a co-responsabilizarse de las soluciones, pasando de la obligación al compromiso. Nadie puede obligar a nadie a comprometerse, te lo tienes que ganar transformándote en un líder digno de confianza que lo merezca... ¿Te atreves?

En cada «**P**» compartiré contigo mis experiencias personales y profesionales como futbolista, *coach* y formador, aprendizajes y descubrimientos que me han servido en estos años, algunos artículos publicados, así como algunos cuentos y fábulas inspiradoras para mí. También te propondré varias prácticas para tu reflexión personal y otras para que entrenes tu nueva versión con terceros, así como un resumen al final de cada capítulo en forma de 7 píldoras, esperando poder ofrecerte con todo ello un acercamiento útil a las asombrosas oportunidades que la aplicación de las sencillas habilidades propias de esta apasionante disciplina puede aportar a quien esté en proceso de búsqueda. No hace falta que te conviertas en *coach*, tan solo espero que disfrutes y te sientas lleno de entusiasmo mientras descubres, a través de esta ventana, un excitante mundo repleto de nuevas posibilidades.

«Enthousiasmós»

«Que lleva un dios dentro», este es el significado de la palabra griega *«enthousiasmós»* (ενθουσιασμός). En la Antigua Grecia, cuando alguien se dejaba llevar por el entusiasmo, se suponía que un dios había entrado en él sirviéndose de su persona para manifestarse. Quienes así actuaban merecían el respeto y la admiración de los demás porque estaban poseídos por un aliento divino. ¡Qué pensamiento tan inspirador! Partiendo de la etimología de «entusiasmo», no encuentro mejor definición actualizada de esta sugerente palabra que la que aparece en el blog de Andrés Ubierna:

«Un entusiasta es un soñador infatigable, un inventor de proyectos, un creador de estrategias que contagia a los otros sus sueños. No es un ciego, no es un inconsciente. Sabe que hay dificultades, obstáculos, a veces insolubles. Sabe que de cada diez iniciativas, nueve fracasan. Pero no se deprime.

Empieza de nuevo, se renueva. Su mente es fértil. Busca continuamente caminos, senderos alternativos. Es un creador de posibilidades. El entusiasta sabe que el hombre es débil, sabe que existe el mal, ve las mezquindades. Ha sufrido desilusiones. Pero ha decidido contar con el bien, basarse en ello. Apela a la parte más creativa, más generosa de aquellos que le rodean. Les estimula a que la utilicen, a hacerla fructificar. Les obliga, a pesar de sí mismos, a ser mejor de lo que hubieran sido. Y, así, hace germinar sus potencialidades, les hace crecer. Les arrastra consigo demostrándoles que, actuando con empuje, con optimismo, de manera generosa, todas las cosas son posibles».

Me parece una excelente definición del líder transformador y al servicio de sus equipos. Me lo imagino como un aventurero, solitario en ocasiones y con alma de explorador, un buscador de tesoros escondidos en lo más profundo de cada una de sus «bellotas», un soñador entusiasta, un visionario creador de nuevas realidades para compartir con sus seguidores, a veces enérgico, inspirador, apasionado y mostrando el camino delante de la manada, y otras detrás, silencioso, sereno y sabio, pero siempre acompañándoles con sus *convers(a)cciones* y retándoles a que se atrevan a transformarse en las personas y equipos que se merezcan alcanzar esa visión, esa tierra por conquistar, ese nuevo futuro posible y deseado.

Si el liderazgo se nutre del entusiasmo, de la energía creadora que eres capaz de generar dentro de ti para poder contagiarla a los demás, difícilmente podrás entusiasmar a nadie si tú mismo no lo estás. Me confieso entusiasta, he decidido serlo, una elección consciente y al alcance de cada uno de nosotros que me ayuda a creer que todos podemos transformarnos y ser mejores, y necesito hacerlo cada día para poder estar honestamente al servicio de las personas que me importan, en cualquier ámbito, personal y profesional.

A través de estas páginas deseo poder contagiarte la pasión que siento por este arte, alumbrar tu camino por un rato y ayudarte a que descubras de qué serías capaz si te atrevieras a vivir como si llevaras un dios dentro.

Presencia

«No corras, no te preocupes. Estás aquí solo de visita. Merece la pena que te detengas a oler las flores».

Walter C. Hagen

Un clásico entrenador del fútbol bizkaino, ingenioso e irónico como ninguno y con el que nunca compartí vestuario, decía de mí que debería cobrar cuatro salarios por cada partido: de jugador, de entrenador, de árbitro y de juez de línea. Hasta descubrir el impacto de la **P**resencia en el rendimiento, yo interpretaba este comentario como un elogio. Después lo entendí de otra manera. Por aquella época estaba convencido de que mi hiperactiva actitud en el campo me facilitaba tener control e influencia sobre casi todo. Pero el efecto era precisamente el contrario: estaba a todo… menos a lo que tenía que estar, conectado al juego. Si entendemos la **P**resencia como el estado que permite que un deportista disponga de control total sobre su atención, sin pensar, tan solo sintiendo y dejando hacer a su cuerpo, ahora tengo claro que yo entonces estaba muy poco presente. Una pena no haberlo sabido cuando jugaba.

(Pr)esencia

Existe un concepto en deporte que define a los grandes defensores, se llama *rigor defensivo* y está íntimamente relacionado con querer defender, saber cómo se hace y disfrutar haciéndolo. En fútbol por ejemplo, significa aplicarse en cada acción defensiva hasta las últimas consecuencias, como si cada jugada fuera la decisiva del partido. Esta cualidad se reconoce con claridad en aquellos defensas que no permiten un centro desde la banda sin *echar el resto* para evitarlo, que no conceden ni un pase fácil ni dejan girarse al contrario con comodidad. Se aprecia en ese jugador que no regala una falta y −no hablemos de un penalti−, que no pierde nunca de vista el balón ni se gira atemorizado ante un pelotazo, que se lanza con todo a tapar cualquier disparo, que no permite un remate ni un regate sin oposición, que no pierde una disputa sin pelea, que gana los duelos individuales y que disfruta recuperando y robando balones. En definitiva, alguien que no regala ni el aire que respira al delantero. Defender es sobre todo una actitud que exige, además de excelentes cualidades físicas, un elevado nivel de determinación y **P**resencia en el juego.

Cuando mi entrenador en alevines, el legendario Jesús Garay, fabuloso central del Athletic Club y del FC Barcelona en los años 60, me llamaba a voces «¡aviones!» para que prestara atención, yo, a mis 13 añitos, no le daba ninguna importancia, pero ahí aparecía ya con absoluta claridad una de las señas de identidad de mi carrera deportiva: mi dificultad para mantener la **P**resencia y la conexión con el juego. Por encima del campo de entrenamiento pasaban continuamente aviones que despegaban y aterrizaban en el antiguo aeropuerto de Sondika y yo me quedaba atontado observando su vuelo rasante y perdiendo de vista el entrenamiento. «¡Indio!... ¡Aviones!» me gritaba Garay y yo, por poco tiempo, volvía a controlar mi atención.

Hasta hace unos años no entendí bien el concepto de **P**resencia. Al principio lo identificaba con estar concentrado, pero la **P**resencia es mucho más que eso. No se puede forzar ni obligar a nadie a estar presente, ni tiene que ver con pensar mucho acerca de algo. De hecho, es precisamente lo contrario. Estar presente, es no pensar. Es sentir. La **P**resencia es una concentración relajada y sin esfuerzo en la que la mente está absorta en el *aquí y ahora*. Cuando estás presente no existe tensión, ni necesidad de control. *Es dejar que ocurra, no hacer que ocurra*. Es algo así como decir a tu cuerpo «haz lo que sabes hacer» y confiar en él, sin interferir con tus pensamientos. Es darte permiso para fluir con el juego. Es conectar con la serenidad, con el silencio interno, con lo más profundo de tu Ser, donde reside lo mejor que tienes y eres.

La **P**resencia te permite acceder a tu plena conciencia. La señal de que un deportista lo consigue es que tiene control total sobre su atención, pudiendo atender solo a aquellos estímulos que necesita, los propios del juego, y evitar distracciones (externas e internas) tanto tiempo como sea necesario. Todos tenemos una capacidad de atención limitada; la diferencia es que unos son capaces de centrarla intencionadamente, como un rayo de energía, en una actividad concreta, y otros la dispersamos en un montón de movimientos (o pensamientos) aleatorios. La forma y el contenido de la vida –y del juego–, dependen de cómo utilicemos la atención, que es la energía sin la cual no podemos trabajar en nada. Esa energía, bajo nuestro control, es la herramienta más poderosa para mejorar la calidad de la experiencia, de cualquier experiencia.

Un jugador que está presente en el juego, además de aumentar notablemente su propio rendimiento, consigue atraer y provocar la **P**resencia de sus compañeros. Carles Puyol, leyenda del FCB, ha sido durante toda su carrera un ejemplo elocuente de **P**resencia, siendo tal su nivel de atención y conexión al juego, que ejercía un efecto absolutamente contagioso sobre quienes jugaban a su lado, conectándoles también con su mejor versión. La (**Pr**)esencia de Puyol invocaba a la Esencia de sus compañeros. Su **P**resencia les hacía mejores.

Cuando estás presente eres como un imán al que llegan todos los balones. El fútbol parece más fácil, más sencillo. Fluyes tanto con el juego que casi puedes anticipar lo que va a pasar en cada momento. Se genera una sensación como si todo lo que sucediese en el campo estuviese bajo control, sin esfuerzo, sin necesidad de pensar, tan solo sintiendo. Ese es básicamente el efecto de la **P**resencia. Es como un potenciador de la percepción que te ayuda a tapar tus carencias ya que te permite anticipar la jugada, medir las distancias y las trayectorias con precisión, sentir los pases, los desmarques, las caídas, los rechaces... lo que te da un *bonus* extra de tiempo para decidir la acción técnica más adecuada y ejecutarla convenientemente. Estando presente eres mejor jugador. Algunas veces yo me sentía así.

El resto de los días, mi mente, en lugar de ayudarme a estar centrado en el juego, manteniendo la tensión y la concentración necesarias como era su obligación, se distraía boicoteándome descaradamente. Se ocupaba en radiarme el partido como si fuera mi peor enemigo diciéndome cosas como: «seguro que fallas», «vaya día que tienes», «fijo que se te va», «hazlo de esta manera, o de esta otra», «para qué la pides si la vas a perder»... y demás lindezas o, sencillamente, se ponía a pensar en otras cosas que, por supuesto, nada tenían que ver con el juego en sí. Todo esto me hacía perder confianza y seguridad, me sacaba del partido y, en demasiadas ocasiones, me llevaba al bloqueo y a la inacción por miedo a que se cumplieran las negativas previsiones de mi caprichosa mente.

La **P**resencia en un partido es como la luz en una gran tormenta, viene y se va. El reto consiste en aprender a mantenerla durante la mayor parte del tiempo, pues el fútbol es un juego imprevisible y en cualquier momento se puede dar la acción decisiva, siendo ese instante el que requiere que estés conectado, encendido, concentrado... Presente. En algunos deportes de equipo, a pesar de la importancia de la táctica colectiva, finalmente todo se reduce a un *uno contra uno*, en el que te la juegas con tu contrario. En el remate, en la entrada, en la disputa, en el regate, en el choque, en la anticipación, en el marcaje o en la estrategia, conseguir que tu mente esté al 100% de tu parte es vital para ganar ese metro, o esa décima de segundo que marca la diferencia entre el éxito y el fracaso. Al final, eres tú contra tu rival. Es un duelo y debes ganarlo jugada a jugada, metro a metro, hasta que el otro se rinda y le saques del partido... o él te saque a ti.

Descubrir a tiempo el impacto que la **P**resencia tiene en el rendimiento de los jugadores y, por supuesto, también de los entrenadores, puede cambiar el rumbo y la carrera de cualquier deportista.

La gran confusión

Uno de los primeros y más importantes descubrimientos que hice en los inicios de mi formación en *coaching* fue tomar consciencia de una gran confusión que limitó mucho mi rendimiento como futbolista. Hasta aquel momento estaba convencido de que era yo quien controlaba mi mente. Como creía que yo era el pensador, me identificaba totalmente con mis propios pensamientos –¡cómo no iba hacerlo!–, hasta el punto de estar plenamente convencido de que yo tan solo era lo que mis hipercríticos e incontrolados juicios decían que era. Esas quejas, pensamientos inútiles y negativos que mi mente generaba de forma recurrente, eran tan dañinos que mi cuerpo acababa por rendirse hasta convertir en realidad sus nefastas expectativas transformándome en aquello que estaba pensando y alejándome totalmente de mi verdadero potencial. Una auténtica lástima y algo clásico en el deporte.

Fue muy liberador comprobar cómo esa creencia tan limitante, esa identificación de mi Ser con mi mente, era solo una falsa y perversa ilusión. Yo soy mucho más que mis pensamientos. Esa es la gran confusión, creer que poseemos a nuestra mente cuando, en realidad, la mayor parte del tiempo, es precisamente al revés; es ella la que nos tiene a nosotros y, por lo general, con muy negativas consecuencias para nuestro estado físico y emocional.

Eckhart Tolle, autor del *bestseller*, *El poder del ahora*, afirma que ese pensamiento compulsivo, esa incapacidad para dejar de pensar, es una enfermedad terrible pero de la que no nos damos cuenta porque casi todo el mundo la sufre. Se considera algo normal. Si esta situación es perjudicial para cualquiera, resulta letal para un deportista.

Pensar es malo y, pensar mucho... ¡muy malo!

El genial delantero francés del Real Madrid, Karim Benzemá, tras ganar la Champions League 2014, en una entrevista sobre la transformación de su juego y ante la pregunta de qué es lo que había cambiado, respondió: «ahora confío en mí mismo». Posiblemente sea esta una de las frases más socorridas de los deportistas a los que les preguntan sobre los motivos de su éxito, una vez superada una etapa negativa o de bajo rendimiento. Es como si Benzemá y todos nosotros tuviéramos dos entes en nuestro interior: uno el que confía (yo) y el otro, el que recibe, o no, la confianza (mí mismo), que refleja la eterna lucha inconsciente en el deporte entre la mente pensante que dice y decide cómo se deben hacer las cosas y el cuerpo, que es quien realmente sabe y debe hacerlas... aunque la mente no le deje pues interfiere continuamente.

Cuenta Timothy Gallwey, autor del libro *El juego interior del tenis* y uno de los referentes mundiales de *coaching* que, en una ocasión, jugando un torneo de veteranos, utilizó un sencillo recurso contra un rival que le estaba machacando con el servicio. En el cambio de pista, tras elogiar el extraordinario saque de su rival, le pidió que compartiera con él cómo lo hacía. Su adversario, halagado, se deshizo en explicaciones, gestos técnicos y demostraciones. Este fue el inicio de su fin. En los siguientes juegos, sus dobles faltas comenzaron a acumularse en la red. Numerosos estudios del cerebro realizados por neurocientíficos demuestran que, cuestionarse los detalles de la técnica cuando se está en plena actividad, es la mejor receta para el fracaso. Cuando nos ponemos a pensar en lo que estamos haciendo o, peor aún, en cómo lo estamos haciendo, perdemos concentración y nuestro rendimiento se reduce de forma notable. La interferencia de la mente pensante en ese momento provoca un mayor gasto energético, ralentiza los movimientos y los hace menos eficaces. Es como tener al enemigo en casa.

Desde esta perspectiva afirmo que, para un deportista, pensar es malo y pensar mucho... muy malo, porque pensar te desconecta del juego y de ti mismo, te saca de la **P**resencia y te obliga a hacer un esfuerzo extra, absolutamente innecesario para hacer lo que tu cuerpo sabe hacer perfectamente, porque lleva haciéndolo durante años gracias a miles de horas de entrenamiento y no necesita la «ayuda» de una mente controladora y con ganas de convertirse en protagonista, cuando lo que le toca es jugar un silencioso papel secundario en esa actuación. Le toca relajarse y confiar.

Pensar y «comerse el coco»

En general, creo que existe confusión entre *pensar* y *«comerse el coco»*, un error de fatales consecuencias para un deportista. Es desesperante que dediquemos tanto tiempo, esfuerzo y recursos para alcanzar la mejor forma física que nos permita competir a nuestro máximo nivel y, a la vez, toleremos que gran parte de esa energía que tanto sacrificio nos cuesta conseguir escape sin ningún control y de forma absolutamente inconsciente por nuestras cabezas, transformada en pensamientos inútiles, negativos y, en su peor versión, autodestructivos («eres el peor», «no sirves para nada», «no estás a la altura», «retírate»...) Demasiadas veces somos rehenes al servicio de una mente caprichosa y dispersa que actúa como un órgano sin control dedicado a reaccionar instintivamente ante todo lo que sucede, alejándonos permanentemente del momento presente, el único sobre el que tenemos influencia y en el que hay posibilidades de hacer algo diferente y cambiar las cosas.

Habría que revisar esa creencia que dice que pensar es gratis. Si fuéramos conscientes de la gran cantidad de energía que desperdiciamos cada día en «pensamientos basura», si alguien nos pudiera poner un contador mental para cuantificar toda la que malgastamos, posiblemente seríamos mucho más cuidadosos con la gestión de nuestros pensamientos. Haríamos como en casa, que apagamos la luz cuando una habitación está vacía o tenemos interruptores de tiempo o bombillas de bajo consumo... Algunos días llego a casa agotado por la noche, muy cansado y sin energía para nada. Las ganas solo me alcanzan para ver algo en la tele, sin prestar mucha atención. Pero cuando me paro a revisar la jornada, me doy cuenta de que no he hecho nada para estar tan cansado, salvo pensar... pensar mucho. En realidad, lo único que he hecho es «comerme el coco» y preocuparme todo el día, y eso es, precisamente, lo que desgasta una barbaridad. No es lo mismo estar *ocupado* que *(pre)ocupado*.

Por supuesto que hay que pensar para definir metas y objetivos, planificar y organizarse, analizar situaciones y buscar soluciones, ocuparse en acciones y tareas concretas y ponerse en marcha provocando pequeños cambios que servirán de base para grandes transformaciones. Pero «comerse el coco» es otra cosa. Sirve solo para preocuparse, desgastarse y perder energía sin avanzar ni un milímetro, paralizados y secuestrados por nuestra propia mente. El estado de *(pre)ocupación* es como el ordenador cuando se queda frito, dando vueltas, ni para atrás ni para adelante. Lo único que podemos hacer en esos casos es «resetearlo». Botonazo y empezar de nuevo. Lo mismo podemos hacer con nuestra mente. Parar y liberarnos.

Tú eres el observador

Antes de los Juegos Olímpicos de Londres, tuve el privilegio de trabajar en varias ocasiones con la selección española de hockey hierba masculina, donde pude reconocer a un gran líder al servicio de todos: su capitán, Santi Freixa. Un deportista entregado a su deporte y a sus compañeros, con una alegría, una luz y una pasión altamente contagiosas. En la actualidad, trabaja en una consultoría en Holanda mientras juega al hockey en aquel país. Hace unos meses me envió este correo:

«Acabo de llegar a casa, pero mi entrenamiento de hoy me ha dejado sin palabras... y quería compartirlo contigo. He empezado mi pretemporada para la liga y para el Mundial de Selecciones que jugaremos este verano (2014) en Holanda. Después de un día duro en la oficina y con el mal tiempo que hace aquí, no estaba muy motivado para salir a correr. El pensamiento de «ya entrenarás mañana» estaba empezando a hacer su trabajo así es que, antes de entrenar, decidí que no sería yo quien fuera a correr esa tarde, sino que solo saldría mi cuerpo (sé que suena muy raro, ¡pero ha sido así!)

He dejado que mi cuerpo tomara el control, ritmo, zancada, respiración... y yo me he convertido en un silencioso observador de la experiencia. Por momentos sentía como que flotaba por el parque, ligero como una pluma, como si no pesara. Ha sido tan agradable y sorprendente esta sensación... Muchas veces, cuando estoy corriendo, pienso en cosas que me motivan, pero llega un momento en que el cansancio ya no me deja pensar y sufro mucho... ¡Esta vez ha sido diferente!

Ahora, cuando te estoy escribiendo este correo, tomo consciencia de que no iba pensando en nada, tan solo sentía mi cuerpo, mis piernas, mis latidos, cada paso, mi respiración.... no había objetivos, ni tiempos, ni un propósito especial para seguir corriendo. En un momento de la carrera han aparecido dos de mis pensamientos negativos habituales; «ya no vales para esto» y, el otro, más doloroso, «después de 6 operaciones, lo mejor que puedes hacer es retirarte». Ha sido increíble, me han durado 2 segundos... Les he dado las gracias por querer protegerme y preocuparse por mí y les he dicho que ahora estaba ocupado, haciendo lo que quería hacer, siendo quien quería ser y disfrutando intensamente del privilegio de poder serlo. He mirado hacia delante, he sonreído y ambos han desaparecido para no volver a molestarme durante el resto de la carrera.

Cuando he llegado a casa, me he quitado el dispositivo que calcula la distancia y la velocidad... y he alucinado con la marca que he hecho, espectacular para ser mi primer día de entreno en pretemporada. Mi cuerpo está cansado, pero mi energía está intacta. De hecho, me encuentro mucho mejor que antes de salir a correr. Me siento alegre, sereno y confiado. He descubierto un espacio y un lugar en el que el cuerpo rinde con eficiencia japonesa y mentalidad budista. No sé cómo se llama, pero lo he sentido y quiero convertirlo en un hábito para mis últimos meses de hockey».

Debes saber que tus pensamientos forman parte de ti... ¡pero no son tú! Tú no eres lo que piensas, tú eres el observador (como Santi) del pensador, de tu mente pensante. Observa lo que piensa y escucha su voz, pero no la juzgues, tan solo observa. Tú eres una consciencia más presente, eres la luz que lo ilumina todo y que lo hace visible, eres el Ser que está detrás contemplando tus pensamientos, tus emociones, tus recuerdos, tus estados de ánimo, tus roles, lo que estás siendo, lo que crees que eres o deberías ser... Eres el observador que vive en la quietud, en la serenidad y que, en ese momento, siente la profunda alegría de estar ahí, conectado con su auténtica esencia, mucho más allá y mucho más grande que nuestros condicionados, repetitivos y, demasiadas veces, acongojados pensamientos.

El regalo

> *«The past is history, the future is a mistery and the present is the gift».[4]*
>
> ANÓNIMO

Nuestra mente controladora y habitualmente descontrolada se pasa la mayor parte del tiempo viajando... al pasado para quejarse, culparse, arrepentirse o justificarse, y al futuro, que está por hacer, que es algo que no existe, que es incierto y nos genera ansiedad, preocupaciones, miedos y angustias. Solo se permite cortitas visitas al presente que, en realidad, es lo único que tenemos. Si bien invertir esas proporciones (más **P**resencia y menos viajes al pasado y al futuro) sería aconsejable para mejorar la salud y el bienestar de cualquiera, para los deportistas en particular, mantenerse en el presente tanto tiempo como sea posible, debería ser un objetivo estratégico a entrenar de forma permanente, pues su auténtico regalo es poder vivir y disfrutar intensamente conectados a ese momento privilegiado, practicando, jugando, compitiendo... fluyendo, con la mente serena y en silencio.

---

4   «El pasado es historia, el futuro es un misterio y el presente es el regalo».

En la recomendable película *El guerrero pacífico*, basada en la historia real del gimnasta americano Dan Miller, hay una secuencia final en el momento cumbre de la prueba de anillas, en la que el protagonista responde así a las tres preguntas que resuenan dentro de su cabeza justo antes de ejecutar su último y decisivo ejercicio: *¿Dónde estás?*... «Aquí». *¿Qué hora es?*... «Ahora». *¿Quién eres?*... «Este momento».

La **P**resencia, concentración relajada, es precisamente eso, aquietar la mente, silenciarla y ponerla a nuestro servicio. Es estar tan conectado a lo que haces que ya no distingues entre pensar y sentir. Cuando estás presente es *como si el pensamiento sintiera y el sentimiento pensara* que decía Dante.

Silenciar la mente no es una tarea sencilla, pues su estado natural es el de *mente errante* (Daniel Goleman, *Focus*, ed. Kairos), lo que significa que ella va a su aire, pensando sin parar y la mayor parte del tiempo centrada en cavilaciones y preocupaciones que nos generan malestar, estrés y, sobre todo, nos chupan gran parte de la energía que necesitamos para estar presentes y mantener el control sobre nuestra atención y enfocarla en la actividad que en cada momento estemos desarrollando. La gran dificultad para estar presentes es que los mecanismos y recursos neuronales que necesitamos para poder controlar nuestra atención, son los mismos que necesita la mente errante para estar por ahí, dispersa y divagando sobre el pasado o el futuro. Es decir, el mayor reto para estar Presente es darte cuenta de que no lo estás. Aunque resulta paradójico, *en el preciso momento en que tomas consciencia de que no estás presente, ya lo estás.*

¡No me juzgues!

«La mayor batalla que libro cada partido es contra las voces que resuenan dentro de mi cabeza».

Rafa Nadal

Si hasta Rafa Nadal, reconocido mundialmente como la fortaleza mental personificada, tiene esta pelea interna, ¡cómo no nos va a afectar al resto de los mortales! Aunque, bien visto, Nadal tiene una gran ventaja sobre los demás, pues parece que ya sabe que las voces de su cabeza no son él, se ha dado cuenta y por eso puede ponerse manos a la obra para solucionar esta incómoda situación. Una vez somos conscientes de este limitante diálogo interno, necesitamos crear una nueva forma de relación entre nuestra mente y nuestro cuerpo. Necesitamos llegar a un acuerdo para poder «confiar en mí mismo» que decía Benzemá. La mente trata con una falta de respeto notable y mucha desconfianza a quien realmente sabe y debe jugar, mi cuerpo. Se «pasa tres pueblos» con sus comentarios críticos, consejos permanentes, insultos, desprecios y descalificaciones. Seguro que su intención es ayudar pero, si alguien que no fuera yo mismo se atreviera a decirme las cosas que me dice mi propia mente, tendríamos sin duda un grave altercado.

Quizá nuestra mente podría comenzar reconociendo la inmensa grandeza de la increíble máquina que pretende dirigir, admirarse por su enorme potencial e inagotable capacidad para aprender de forma natural, mostrando así un poco más de humildad, disminuyendo el torrente de pensamientos y juicios, y manteniendo un respetuoso silencio que permitiera a nuestro cuerpo sentir la tranquilidad necesaria para hacer, o aprender a hacer, aquello para lo que está sobradamente capacitado. Para conseguirlo necesitamos buscarle una ocupación a la mente, un foco en el que pueda fijar su atención, centrarse en el *aquí y ahora*, para silenciar así su parloteo, mantener la calma y no molestar cuando estamos en plena actividad.

¡Ocúpate!

Un alumno, entrenador de fútbol, compartió en clase una experiencia reveladora y sorprendente para todo su equipo que, en aquella temporada, jugaba en 2ªB. Estaban trabajando un ejercicio de posesión de balón en campo reducido y las pérdidas y errores se acumulaban. Su enfado iba en aumento pues veía que sus jugadores no estaban metidos en la tarea, por lo que decidió aplicar lo experimentado en el aula referente a la Presencia y propuso una modificación en la dinámica. Pidió a todos sus jugadores que se centraran totalmente en el sonido de los golpeos de balón y, con cada ocasión, en cada contacto suyo y de los otros, se dijeran *tac* dentro de su cabeza. No quería escuchar ninguna voz, sino tan solo que jugaran y enfocaran su atención en ese sonido.

A los 10», la calidad del ejercicio alcanzó tal nivel de ejecución que el cuerpo técnico, reunido y observando en silencio, no salía de su asombro. La sensación de fluidez de todos los jugadores y la conexión con el juego era tal, que solo les quedaba sonreír y admirarse por el sorprendente impacto de la Presencia. En ese momento, uno de los jugadores gritó alborozado: «parecemos la Roja» y ahí se rompió el hechizo, alguien la pegó con la uña, otros se rieron, dos más se enfadaron, otros tres respondieron... y el carruaje volvió a convertirse en calabaza. La atención es conciencia, enfocada y concentrada, en objetos, sonidos *(tac)* o sensaciones, y siempre se produce en el *aquí y ahora*. De esta manera evitamos que la mente divague, se disperse, nos despiste e interfiera en el correcto desarrollo de la actividad.

Cuando Nadal comienza su peculiar y compleja rutina previa a ejecutar su servicio, no se trata de una manía o superstición, tampoco es un ritual sagrado. Lo que busca es enfocar su atención en una secuencia de tareas que le permitan desconectar del punto anterior y del siguiente, centrándose únicamente en el momento presente. Deja de pensar en el sensacional revés a dos manos que acaba de ejecutar, en lo bien que está jugando, en el próximo rival, en los puntos que ganará si vence... en cómo le duele la rodilla, si está arriesgando demasiado, en qué pasará si pierde en n° 1, si se lesiona de nuevo, en que igual no recupera su nivel... o en otras cosas que no tienen nada que ver con el *aquí y ahora*.

Nadal construye así un momento en el que no hay pasado ni futuro, que solo posee la parte del presente que contiene un golpe y la visualización del tanto que se disputa evitando así que su mente le desconecte del juego, dedicándose a vagabundear, juzgando e interpretando lo que ha ocurrido o imaginando lo que va a suceder. Todos estos pensamientos le robarían gran parte de la energía que necesita para captar con nitidez todo lo que pasa *aquí y ahora* en el partido. Con esta secuencia de acciones antes del saque, Nadal controla de nuevo su atención y la enfoca en el momento presente mientras entretiene a su mente contando botes, tirando del calzón, quitándose el sudor... y la mantiene interesada, ocupada en todo ello... y, sobre todo, sin interferir en el juego.

¡Practica!

La **P**resencia también es una habilidad y, como tal, se puede aprender, practicar y desarrollar. Existen técnicas ancestrales como la meditación o más modernas y enfocadas como el *mindfulness* (atención plena), adaptadas a las exigencias del estilo de vida occidental y que suponen un excelente entrenamiento para aprender a vivir más conectados al momento presente. También los psicólogos deportivos y los *coaches* son expertos en herramientas y recursos para centrar la atención y detener los pensamientos negativos. Además de todo esto, en nuestra vida cotidiana disponemos de multitud de situaciones para poder experimentar y entrenar momentos de intensa **P**resencia.

Podemos utilizar algunas actividades rutinarias, a las que habitualmente no prestamos ninguna atención, pues no son más que medios para alcanzar un fin, y transformarlas en un fin en sí mismas. Desde la ducha mañanera en la que, en lugar de pensar en el día que me espera, concentro mi atención en sentir el agua caliente deslizarse por mi cuerpo, el chorro de agua en mi espalda, en mi cabeza, en sentir cómo se relajan mis músculos... hasta comer una manzana prestando atención a mis mandíbulas cuando mastican, a mis dientes mordiendo la fruta, a su jugo, su sabor, su olor... lavarse las manos antes de las comidas, poniendo toda la atención en los sentidos, en la suavidad del jabón al contacto con la piel, en su aroma, en su textura, en el roce con la toalla al secarlas... Podríamos decir que la **P**resencia es poner a jugar a los sentidos dejando a la mente pensante en el banquillo.

Cada cual sabrá qué actividades de su día a día podría transformar en experiencias para entrenar la **P**resencia. En mi caso, tengo algunas para compartir. Una de ellas es subir las escaleras de mi casa: vivo en un tercero sin ascensor, y lo que antes era una incomodidad llevadera o, en el mejor de los casos, un buen ejercicio diario, lo he transformado en un objetivo en sí mismo prestando atención a cada escalón, a cada movimiento, siento mis caderas, mis rodillas, mis pies a cada paso, conecto con mi respiración... Casi puedo sentir cómo se estira cada fibra de músculo de mis gemelos y hasta mis tendones cuando pongo mi atención en ellos.

Otra situación en la que trabajo conscientemente la **Pre**sencia es en clase de *cycling*. Antes desconectaba totalmente y me dedicaba a pedalear y a pegarme una buena sudada, mientras mi cabeza viajaba a su aire, muy lejos de la sala. Escuchaba de lejos al monitor, como un zumbido, y más o menos seguía sus instrucciones. Ahora me dejo envolver por la música, siento el ritmo, conecto con fuerza con el bombo que retumba dentro de mí (bom bom bom...), balanceo mi cuerpo al ritmo de la música, bailo sobre la bicicleta, presto atención a mi postura, a mi respiración, escucho cómo palpita mi corazón, me entrego a tope. Acabo agotado... pero contento. En ocasiones, si descubro que mi mente se ha marchado por ahí... no me culpo, ni me juzgo. Sonrío, y vuelvo a conectar con el bombo (bom bom bom) y vuelvo a sentir, a *sentirme*.

Hay un recurso clásico, universal y muy efectivo, que se puede utilizar en todo momento en el campo, en la pista y fuera de ella, entrenando y compitiendo, y que consiste en poner la atención en la respiración, que siempre está con nosotros, hasta dormidos, y nunca nos abandona. Ella sí permanece inmutable en el *aquí y ahora*. No se trata de controlarla, sino tan solo de observar la entrada y salida del aire. Cuando la mente se conecta con el ritmo de la respiración, se va silenciando y alcanzando la calma.

1 750 pasos

Esa es la distancia que tiene la playa de la localidad donde resido y eso es lo que hago cuando camino: cuento pasos. Descalzo, sin prisa y con el agua por los tobillos. No pienso, solo cuento. Cuando me vienen pensamientos, no me engancho a ellos, los observo y los dejo pasar... y sigo contando... No me importa que me haya saltado un montón de pasos o que la cuenta no vaya bien... sigo contando y, si no recuerdo por cuántos pasos voy, vuelvo a empezar.

Otras veces decido acompasar mi respiración a mi zancada y numero los pasos que tardo en inspirar (...cuatro, cinco, seis) y en exhalar el aire (...cinco, seis, siete, ocho). Camino como un emperador, con la cabeza arriba, la espalda y los hombros rectos... y sonrío, hasta conectar con una profunda sensación de serenidad y de paz. Camino siempre que puedo y, sobre todo, cuando estoy molesto o enfadado, porque sé que haciéndolo, mis emociones se transforman y acabo el paseo tranquilo, contento y agradecido. Algunas veces lo hago de noche, admirando la inmensidad del cielo y las estrellas, asumiendo con humildad la brevedad y la fragilidad de mi existencia mientras tomo consciencia de la intrascendencia de mis problemas y preocupaciones, lo que me aporta la calma que necesito para que mi pensamiento se aclare. Se trata de conseguir ventanas de **P**resencia en las que podamos sentir la quietud y la alegría que se generan cuando conectamos con la verdadera esencia del ser humano, muy alejada del pensamiento compulsivo que tanto nos abruma.

Ahora sí, en esos momentos de intensa **P**resencia, estoy ya en condiciones de pensar y utilizar eficazmente mi mente poniéndola a mi servicio y, si estoy en el campo, en la cancha, entrenando o compitiendo, de enfocarla total y exclusivamente en captar solamente aquellos aspectos y la información relevantes del juego que necesito, absorta en lo que importa, *aquí y ahora*, liberando a mi cuerpo de pensamientos y distracciones, y dejándole hacer lo que sabe hacer.

Presencia y *convers(a)cciones*

Según diferentes estudios de neurocientíficos y psicólogos cognitivos, las actividades que más facilitan la Presencia y el control sobre la atención son, por este orden: practicar sexo, jugar y hacer deporte. Teniendo en cuenta este Top 3, parece claro que los deportistas adultos están en muy buenas condiciones para disfrutar una vida de intensa Presencia... Los entrenadores/jefes disponen también de la posibilidad de practicar la cuarta actividad que aparece en la lista para desarrollar esta capacidad: las conversaciones.

Tengo un amigo con una discapacidad que dice que la peor pregunta que alguien le puede hacer es: *¿cómo estás?* Nunca sabe bien si quien la hace quiere la respuesta corta o la de verdad. Ahí radica la diferencia. Cuando tú estás presente en una conversación, la otra persona percibe perfectamente que quieres la de verdad y, entonces... pasan cosas. En las *convers(a)cciones* se comparten preocupaciones y miedos, deseos y sueños, juicios y creencias, objetivos y retos, emociones, sentimientos y estados de ánimo, ilusiones y esperanzas... en ellas conversamos sobre cuestiones relevantes que afectan a la realidad de las personas, a su forma de actuar y comportarse, y a su manera de observar la vida y sus circunstancias que son las que finalmente definen la forma de ser y de estar en el mundo de cada uno.

Al igual que en el terreno de juego, en la pista o dirigiendo desde el banquillo, mi (Pr)esencia en una conversación también es contagiosa e invoca la Esencia de la otra persona. Nuestra Presencia es como una invitación, una llamada profunda y auténtica para que su Esencia emerja a la superficie desde lo más hondo de su Ser, para que se atreva a asomarse al espacio que hemos creado para ella y valore si ese lugar es respetuoso y seguro, si puede mostrarse o, por el contrario, intuye que se va a sentir juzgada, interrumpida, culpable, avergonzada, no escuchada, incomprendida, incapaz... Si así fuera, volvería rápido a su escondite, se pondría de nuevo su coraza, su máscara protectora y respondería a la incómoda pregunta a la que aludía mi amigo de «¿cómo estás?» con un escueto «todo bien, gracias». La conversación habría finalizado casi antes de comenzar, sin tener, por descontado, nada de transformadora.

Generar una *convers(a)cción* requiere diseñar/construir/facilitar un espacio seguro, aunque no necesariamente confortable, en el que el otro sienta que estoy totalmente presente y disponible para él. La **P**resencia es la llave para crear ese momento privilegiado en el que dos personas pueden encontrarse. Sin **P**resencia es difícil que algo significativo vaya a suceder. Puede que se genere una conversación, pero no será una *conversa(c)ción*. Cuando estoy presente tengo el control completo sobre mi atención y puedo depositarla al 100% en la persona que tengo delante, centrándome en escucharla como si no hubiera nada más importante para mí en ese momento.

Escuchar a alguien significa suspender por un tiempo mis «verdades» absolutas, mis certezas y mis opiniones, aplazar mis juicios, mantener el silencio y respetar el espacio del otro, sin aconsejar, sin acabar sus frases, sin contarle «mi película» (mis propias respuestas y soluciones) y sin «robarle» la conversación interrumpiéndole y obligándole además a oír mis «batallitas» que, por supuesto, son muuucho más interesantes (modo ironía ON) que lo que él estaba intentando contarme sin éxito antes de que yo le dejara con la palabra en la boca. Seguro que tú no caes nunca este tipo de «escucha pirata»... pero lo comento aquí por si acaso conoces a alguien que es un «ladrón de conversaciones» y ni siquiera se ha dado cuenta.

En general, creemos que sabemos escuchar, pero lo importante no es que *tú* creas que estás escuchando sino que *el otro* se sienta escuchado y comprendido. Cuando nos senti-

mos así, podemos expresarnos libremente y con más confianza y, según vamos hablando, comenzamos a ordenar nuestras
ideas, a reconocer y aceptar nuestras emociones, a liberarlas,
a identificar y afrontar nuestros miedos encontrando poco a
poco nuevas posibilidades y nuestras propias respuestas... lo
que nos hace sentir más capaces y valiosos. Quizá la escucha
sea la competencia más sublime del liderazgo, pues implica y
demuestra generosidad y respeto.

Para que el otro se sienta escuchado necesito estar presente y conectado, sintiendo no solo lo que me está diciendo,
sino cómo lo dice, qué juicios expresa, escucho también lo que
no me dice, qué emoción hay ahí, qué es importante para esa
persona y qué es lo que hay en su interior de su «bellota» deseando brotar. Escuchar en silencio sería un buen comienzo.

En silencio...

> *«El alumno preguntó al maestro: 'maestro, ¿dónde
> reside la esencia de la sabiduría?'. El maestro cerró los ojos
> y guardó silencio».*
>
> ANÓNIMO

¡Qué difícil es mantener silencio en una conversación! Escuchar así es mucho más que escuchar sin hablar esperando a
que el otro acabe para que llegue mi turno y soltarle mi discurso. No se trata de escuchar con intención de hablar, sino
de hacerlo con intención de *comprender*, lo que provoca una
actitud radicalmente distinta en quien escucha. Escuchar en
silencio, creando un espacio confidencial, sintiendo genuina
curiosidad y admiración por la grandeza del Ser humano que
tenemos delante, ante el cual nuestro silencio revela un profundo reconocimiento, respeto y aceptación frente a lo que ya

es, sin necesidad de que tenga que convertirse en otra cosa.

No hay nada malo en la esencia del Ser humano. No hay nada roto, ni nada que arreglar. No tienes que resolver la vida de nadie, ni solucionar sus problemas, tan solo confiar y creer que ese Ser único e incomparable que está frente a ti, viene completo de serie y con todos los recursos que necesita para transformarse en lo que quiere y puede ser. Tu responsabilidad no es decirle lo que tiene que hacer o cómo debe sentirse o cuál debería ser su actitud, sino ayudarle a descubrirlo por sí mismo convirtiéndole en un mejor observador de sí mismo y de sus relaciones, conectando con esa energía inagotable que surge desde lo más profundo del Ser cuando uno se siente reconocido, valioso y alineado con lo que es importante para él y que le impulsa inevitablemente a la acción. A partir de esta «creencia bellotera», cuando escuchamos así a una persona, respetando los silencios, ayudamos a crear un espacio de serenidad, confianza y seguridad para que pueda reflexionar sobre su situación actual y sobre qué es lo que realmente quiere, qué es importante, qué le está pasando, cómo lo interpreta, qué está siendo difícil, cómo se ve, qué está pensando y cómo se siente, a qué no se está atreviendo, qué sería posible... Desde la quietud del silencio, le ayudamos a aumentar su nivel de consciencia y responsabilidad.

Lo cierto es que solamente podemos ofrecer ese espacio de silencio para otros si somos capaces de hacerlo también para nosotros. Solo si conseguimos observarnos y acallar nuestra mente, que cese en su incesante parloteo, solo si podemos suspender por un rato nuestros juicios, pensamientos, emociones, opiniones, sugerencias, consejos, verdades, interrupciones, razones e interpretaciones sobre lo que nos está contando la persona que tenemos delante, y utilizamos nuestra serena mente de principiante para respetar su espacio, entonces y solo entonces, podremos generar una *convers(a)cción*.

¡Escúchame!

*«Cuando te pido que me escuches y tú empiezas a
darme consejos, no has hecho lo que te he pedido.
Cuando te pido que me escuches y tú empiezas a
decirme por qué no tendría que sentirme así,
no respetas mis sentimientos.
Cuando te pido que me escuches y tú sientes el deber de
hacer algo para resolver mi problema,
no respondes a mis necesidades.
¡¡¡Escúchame!!! Todo lo que te pido es que me escuches,
no que hables o que hagas. Solo que me escuches.
Aconsejar es fácil. Pero yo no soy un incapaz. Quizás
esté desanimado o en dificultad, pero no soy un inútil.
Cuando tú haces por mí lo que yo mismo podría
hacer y no necesito, no haces más que contribuir a mi
inseguridad, pero cuando aceptas, simplemente, que lo que
siento me pertenece, aunque sea irracional, entonces no
tengo que intentar hacértelo entender,
sino empezar a descubrir lo que hay dentro de mí».*

R. O´Donell

No se trata de escuchar siempre con este nivel de **P**resencia
sino que, cuando lo necesites o te lo propongas, sepas hacerlo. Sé muy bien que entre las tareas y funciones de un líder
ocupan un lugar destacado las de mandar, poner límites, ser
exigente e instructivo, decir lo que no funciona, lo que hay
que mejorar y lo que hay que hacer, tomar decisiones, ser ejecutivo, alcanzar objetivos y conseguir los resultados que finalmente serán el baremo por el que se medirá la eficacia de su
liderazgo. Lo que te planteo es que, cuando quieras o sientas
la necesidad de generar una *convers(a)cción* con un jugador
o con tu equipo, olvides por un momento todas tus habilidades analíticas de controlar, planificar, analizar, evaluar, orga-

nizar, decidir, ejecutar, ordenar... (básicas y fundamentales para gestionar cosas, pero, en este caso, que las dejes a un lado) y decidas, consciente y responsablemente, ponerte a su servicio, presente, conectado y disponible para escuchar, comprender, servir... para realmente liderar personas.

Si has llegado hasta aquí, ya habrás podido observar que he tenido algunas dificultades con la **P**resencia, y las sigo teniendo, pues mi naturaleza impulsiva, ansiosa, impaciente, vehemente y apasionada no facilita esta habilidad. Reconozco que conseguir espacios de silencio, para mí y para otros, es algo que me cuesta, pero afronto cada día con entusiasmo el reto de mejorar este aspecto fundamental de mi vida y mi trabajo. He descubierto que ver como «bellotas» a las personas y equipos con los que trabajo es un cambio de perspectiva radical que me ayuda a mantener el silencio. Esta «creencia bellotera» tiene gran impacto en mi actitud, pues siento que despierta en mí una verdadera curiosidad por descubrir quién es realmente la persona que tengo delante, de qué es capaz, qué es lo que la hace única, diferente y especial, qué se perdería su equipo si no estuviera, qué la hace imprescindible... hasta el punto de convertirme en *fan* de las personas con las que trabajo; en ocasiones creo en ellas más que ellas en sí mismas, mientras las acompaño en su proceso de despertar y descubren que son capaces de transformarse en lo que realmente son.

¡Practica!

Como cualquier otra habilidad, solamente podemos aprenderla, dominarla e integrarla, si la practicamos repetidamente. Si quieres entrenar la escucha activa tal y como la hemos planteado, tan solo necesitas un lugar tranquilo, sin teléfono ni distracciones de ningún tipo y una persona con la que tengas una relación de confianza y a la que puedas pedir que te cuente algo durante diez minutos. No importa que sea una historia, lo que ha hecho durante el día o pensamientos sueltos... que hable sobre lo que se le ocurra en ese momento. Tú le avisas de que la escucharás sin interrupción y sin hablar, que no dirás ni una sola palabra hasta que termine el ejercicio.

Tu tarea consiste en escuchar en absoluto silencio (incluyendo la comunicación no verbal), sin interrumpir, conectado y presente. Enfoca tu atención en escuchar atentamente y, cuando te des cuenta de que estás juzgando lo que estás oyendo, que tienes ganas de decir algo, o que estás pensando en otras cosas, que has desconectado y te has ido, vuelve a centrar tu atención en ella y observa el ritmo de su voz, su tono y cadencia, sus gestos, su lenguaje no verbal, qué te está transmitiendo, qué emociones hay... La primera vez que lo hagas, es muy posible que te sientas muy incómodo, que sea difícil permanecer en silencio y que te cueste mucho mantener la atención en la escucha. Es lo normal, se trata de un músculo que no tenemos trabajado y que necesita entrenamiento. Cuantas más veces lo hagas, más sencillo te parecerá y más sorprendentes serán los resultados.

Si quieres, para hacerlo más divertido y útil, te propongo que lo practiques con tu pareja, tu hijo/a, tu madre, tu mejor amigo/a... y que no solo escuches tú, sino que seguidamente sea la otra persona la que te escuche a ti en las mismas condiciones. Después de entrenar unas cuantas veces, es muy posible que comiences a experimentar el efecto transformador de escuchar así a otra persona sin juzgarla, sin la intención de hablar y con el ánimo de comprenderla.

¿Cuántas personas te escuchan así?

En el aula, después de experimentar varias dinámicas y ejercicios de Presencia y Escucha, habiendo sentido profundamente el impacto de escuchar en silencio, sin estar secuestrados por pensamientos, juicios, «verdades» y creencias, sin atender a nuestro diálogo interior, enfocados plenamente en la persona que tenemos delante, y tras habernos sentido también escuchados desde esa intensa Presencia, preguntamos cuántos de los participantes tienen a alguien cerca, en su entorno, que les escucha así, en silencio, sin mandarles ni sermonearles, sin interrogarles ni aconsejarles, sin interrumpirles ni juzgarles, haciéndoles sentir respetados, comprendidos, visibles y valiosos.... Son muy pocos, casi ninguno, quienes levantan la mano.

Y, seguidamente, cuando preguntamos, *¿cómo sería que fueras tú esa persona capaz de escuchar así... para tus jugadores, para tus colaboradores, para tu familia?*... Silencio total. Se produce una revelación, un aprendizaje poderoso, un «momento *eureka*» en el que toman consciencia de quién estarían siendo si lo hicieran, qué podría ser diferente en sus relaciones, cómo podrían ser sus conversaciones, cuál sería su impacto en las personas de su entorno, cómo sería su liderazgo y en quién se estarían transformando... solamente aplicando la Presencia y la Escucha, únicamente con la primera «P».

A partir de aquí, ahora sí, presente y escuchando activamente, ya estás en condiciones de comenzar a generar *convers(a)cciones* con las que disfrutarás enormemente acompañando a personas y equipos a transformarse en su mejor versión, inspirándoles a ponerse en marcha y a definir retos estimulantes, muy conectados a su esencia valiente, mientras sientes cómo mejoran y crecen... y brotan hasta convertirse en lo que cada uno de ellos es: un roble extraordinario.

Presencia en 7 píldoras

1. La **P**resencia es silenciar la mente y ponerla a nuestro servicio manteniendo el control sobre nuestra atención, lo que nos permite estar plenamente conectados a la experiencia, *aquí y ahora*, en el campo, en el banquillo... o en una *convers(a)cción*.

2. La **P**resencia en el campo es *dejar que ocurra*, no *hacer que ocurra*, es confiar en tu cuerpo, sin pensar ni juzgar y sin necesidad de controlar, conectando con la serenidad y la quietud, con la armonía y el silencio internos, con lo más profundo de tu Ser.

3. Nuestra (**Pr**)esencia, altamente contagiosa, se convierte en una invitación que invoca a la Esencia del otro para que se atreva a salir y compartir *cosas de verdad* en el espacio seguro y confidencial que hemos creado para ella.

4. El pensamiento compulsivo y descontrolado nos saca de la **P**resencia y nos desconecta de la experiencia y de nosotros mismos. Cuando dejamos de estar presentes, el otro lo percibe, la conexión se pierde y desciende de inmediato el nivel y la calidad de la comunicación.

5. Estar presente en una *convers(a)cción* significa construir un momento especial, sin pasado ni futuro, suspendiendo por un instante mis verdades, juicios, opiniones e interpretaciones, y centrando toda mi atención en escuchar activamente para comprender profundamente.

6. Desde la **P**resencia, escuchar significa respetar el espacio del otro, sin interrumpir ni aconsejar, en silencio, conectado y sintiendo no solo lo que me están diciendo, sino cómo me lo dicen, qué juicios expresan, qué es lo que no dicen, qué emoción hay ahí, qué es importante para esa persona y qué hay en el interior de su «bellota» esperando a ser desvelado.

7. El liderazgo es un fenómeno relacional que no se puede imponer ya que se basa en la percepción que tus potenciales seguidores tienen de ti, y será tu nivel de **P**resencia en tus *convers(a)cciones* lo que comenzará a definir la calidad de las mismas, determinando así la fortaleza de tus relaciones y la eficacia de tu liderazgo.

Preguntar

«Se puede saber si un hombre es inteligente por su
respuestas. Se puede saber si un hombre
es sabio por sus preguntas».

NAGUIB MAHFOUZ

En cuanto le sacaron la tarjeta a «Nino» Lema sabía que había llegado mi momento. Era la quinta y debía cumplir un partido de sanción. Yo llevaba meses esperando una oportunidad pero, desde la llegada del nuevo entrenador, el equipo mantenía una racha impecable de 6 partidos consecutivos ganando. Yo me sentía bien, venía de no contar mucho con el anterior técnico y esperaba con ganas mi momento. Además, jugábamos en Éibar, a media hora de mi casa. Entrené muy ilusionado toda la semana y el jueves, cuando Camacho comenzó a repartir los petos para el partidito en el que ya se presumía el equipo titular, tenía claro que uno sería para mí (¡qué momento ese del reparto de petos!... estás ahí, calentando y tocando la bola, como si nada, mirando de reojo y esperando). El míster pasó a mi lado y se lo dio a un compañero. Me quedé absolutamente bloqueado, paralizado. Dejé de calentar, miré al suelo y, en ese momento me puse a llorar... hacia adentro, aguantando las lágrimas, pero con una congoja y una angustia incontenibles.

Estaba tan seguro de que ese era mi momento, de que lo iba a aprovechar, de que a partir de ese día todo iba a ser diferente, de que tras más de un año jugando muy poco, por fin llegaba mi oportunidad que tanto necesitaba... que me vine abajo. Pasé de todo en el partidillo. Camacho se dio cuenta y me mandó a la ducha. Lo hizo con cariño, no estaba enfadado, supongo que tampoco fue una decisión fácil para él. En mi puesto de central puso a un interior izquierda... Argenta, un gran tipo. A pesar de todo, entré en la lista de convocados y me senté en el banquillo. A los 5 minutos, Miguel Hernández, el otro central que llevaba unos días con molestias musculares, avisó al banquillo de que no se encontraba bien y salí a calentar. Pensé que quizá el destino estaba de mi parte y que, finalmente, tendría mi oportunidad. No se hizo el cambio en la primera parte, seguí calentando en el descanso y durante toda la segunda parte. En el minuto 90 seguía en la banda... calentando. Calenté durante 100', posiblemente el calentamiento más largo de la historia del fútbol. En fin, si estaba caliente por fuera, ni te cuento por dentro.

Fue una intensa secuencia de emociones en cascada, que comenzó con la ilusión y la esperanza de jugar, pasó de los nervios y la ansiedad por salir al campo según iba pasando el tiempo, al enfado, la frustración y la rabia por no salir, hasta llegar a la decepción absoluta y a la desesperación. Ganamos 0-1. Mucho tiempo más tarde, pensé que podía haber sido peor. Podían haberme sacado para perder tiempo...

Me sentía tan humillado que ni siquiera aproveché el permiso que tenía para quedarme dos días en Bilbao. Quería estar solo. Subí al autobús y no hablé con nadie. Dediqué las cinco horas de vuelta a inundar mi cabeza con pensamientos del tipo: «si no juegas hoy ya me dirás, olvídate de jugar en todo el año»... «acabas contrato y no te van a renovar»... «no te va a querer nadie»... «dónde vas a ir con 25 años y casi dos años en blanco»... «tendrás que dejar de ser profesional del fútbol»... «no vas a poder pagar la hipoteca»... «te van a embargar el piso»... «¡qué vergüenza!... qué van a pensar»... «eres un fracasado»... «un perdedor»... «eres un inútil»... «a qué te vas a dedicar ahora»... «nadie te va a querer»... «vas a morir». Esa era la línea de pensamiento. Demoledora. La secuencia se repetía una y otra vez, con pequeñas variaciones que no modificaban los negros augurios.

También había otra interesante línea argumental que, por momentos, se solapaba con la anterior y tenía que ver con el entrenador. Decía algo así como: «este tío te quiere hundir»... «te tiene manía»... «te ha humillado públicamente, delante de tu familia, tus compañeros y tus amigos»... «está claro que no confía en ti»... «para él, estás de relleno»... «se aprovecha de que eres majo y buena gente... tienes que ser más cabrón»... «ni siquiera se ha disculpado»... «le importas una m...»... «no vas a jugar ni un minuto en toda la temporada»... «la verdad es que eres muy malo»... «no estás a la altura»... «no das el nivel»... «te van a echar»... «vas a morir». De todas todas acababa muerto.

Así permanecí durante toda la semana siguiente. Descansando poco y mal, entrenado peor, con malas caras, preocupado, enfadado, solitario, desconectado y agotado. El domingo siguiente ni siquiera tuve sitio en el banquillo y me senté en la tribuna (ilustrando la famosa profecía autocumplida: quedaba claro que el entrenador me tenía manía). Era la conclusión natural de una secuencia lamentable que no fui capaz de detener en aquel momento. Estuve casi dos meses sin que me convocaran hasta que volví a respetarme a mí mismo y a ganarme el respeto del entrenador y de mis compañeros, a entrar en las citaciones, a jugar de vez en cuando y a sentirme partícipe de aquel ascenso.

¡Saboteadores!

> *«No es lo mismo tener miedo que ser un cobarde.*
> *El miedo es una emoción, pero la cobardía es un*
> *comportamiento y, entre los dos, se encuentra la capacidad*
> *de elección del ser humano para ser valiente».*
>
> JOSE ANTONIO MARINA

«Saboteador» es el nombre que les damos a todos esos pensamientos que nos limitan, nos bloquean, nos hacen pequeños, nos paralizan, inhiben nuestro talento y nos alejan, hasta el infinito, del deportista que podríamos llegar a ser si no tuviéramos tanto miedo. Los «saboteadores» son el fruto de una mente calenturienta y descontrolada que se dedica a boicotearnos internamente y que nos aleja en sentido opuesto de lo que realmente seríamos capaces de hacer y ser, de nuestro verdadero potencial, si tomáramos consciencia de ello.

Hay una secuencia que personalmente me resulta muy reveladora para entender la trascendencia de ser capaz de observar detenidamente qué estoy pensando en cada momento.

«Siembras un pensamiento, recoges una acción. Siembras una acción, recoges un hábito. Siembras un hábito, recoges un carácter. Siembras un carácter y recogerás un destino».

ARISTÓTELES

Algunos atribuyen esta reflexión (como tantas otras) al gran Aristóteles y otros al médico y escritor escocés del siglo XIX, Samuel Smiles. En otros lugares, la he leído con una leve variación: «*Siembras un pensamiento, recoges una emoción*». Ya va siendo hora de comenzar a prestar atención a las emociones, a tenerlas en cuenta, a tomar consciencia de cómo me siento y a descubrir cuál es su impacto en mí.

Las que yo sentí en el autobús de vuelta a Madrid fruto de una secuencia de pensamientos tan lamentable, me tuvieron emocionalmente «secuestrado» durante demasiado tiempo, hasta el punto de que fui incapaz de cambiar mi destino aquella temporada. Todos esos pensamientos negativos e irracionales, todos estos «saboteadores» generan miedo, ansiedad, angustia, nos desgastan y nos roban mucha energía y, aunque después no ocurran sus terribles predicciones, el daño ya está hecho.

Es la mente la que piensa, la que en muchas ocasiones (demasiadas) reacciona de forma automática, exagerada e inadecuada a lo que sucede, pero es el cuerpo el que siente la emoción y sufre esas agresiones como si realmente estuvieran pasando. La desconfianza, inseguridad, tristeza, apatía, desconexión, pérdida de entusiasmo y alegría que nos provocan esos pensamientos, limita radicalmente nuestras posibilidades de acción, lo que condiciona y tiene un impacto directo en nuestro comportamiento que, finalmente, es lo que define nuestro carácter, es decir, cómo respondemos y quiénes estamos siendo ante cada situación. De nuevo recurrimos a Aristóteles para completar la sugerente secuencia que ilustra la imagen: «Somos lo que hacemos cada día, de modo que la excelencia no es un acto sino un hábito».

Si todo comienza en el pensamiento, deberíamos acostumbrarnos a preguntarnos más a menudo a nosotros mismos: «*¿qué estás pensando?*» (varios deportistas que conozco la tienen como frase de inicio de su *WhatsApp*), sobre todo en momentos de dificultad, para tomar consciencia de quién está al mando de las operaciones, pues dejar que mis «saboteadores» manejen mi mente es como permitir a un mono pilotar un Fórmula1. Condenado al desastre.

En aquella penosa situación en Éibar, podía haberme relajado cinco minutos bajo la ducha caliente (o mejor fría) del vestuario de Ipurúa, observado con distancia mis descontrolados pensamientos, sentido qué emociones me estaban generando y qué impacto estaban teniendo sobre mi cuerpo. Si lo hubiera hecho, si me hubiera creado ese pequeño espacio de conciencia bajo el agua, quizá habría sido capaz de serenarme, calmar mi angustiada mente y, desde ahí, valorar otras acciones y posibilidades diferentes a la estúpida decisión de elegir flagelarme sin descanso ni necesidad, renunciando a pasar el fin de semana con mi familia y amigos.

Quizá, en ese momento de claridad, se me podría haber ocurrido pedirle tranquilamente al míster una conversación para la semana siguiente en la que podría haberle preguntado qué pensaba él que debía mejorar, cómo me veía, en qué tenía que insistir, qué es lo que estaba haciendo bien o qué veía bueno en mí, qué es lo que no le gustaba, en qué creía él que podía aportar más al equipo de lo que lo estaba haciendo, qué necesitaba de mí, qué comportamientos concretos consideraba él que debía corregir... Ponga atención querido lector (sobre todo si es entrenador, que le veo venir...) que se trata de superar esa absurda creencia limitante que existe en los deportes de equipo de que un jugador suplente responde habitualmente a la pregunta de: *¿Ha hablado contigo el entrenador?*, con declaraciones del tipo: «Nunca pido explicaciones cuando juego y tampoco cuando no lo hago». Cuando juegas ya estás recibiendo *feedback* de que estás haciendo las cosas razonablemente bien, por eso juegas, pero cuando no lo haces necesitas saber dónde debes enfocar tu atención para mejorar, o qué comportamientos debes corregir para tener mayores posibilidades de jugar. Quizá te respondan que lo estás haciendo muy bien, que están contentos con tu actitud y que sigas así hasta que llegue tu momento. Perfecto. O quizá te detallen las cuestiones en las que, en su opinión, necesitas mejorar. No se trata de pedir explicaciones sino, con todo respeto, de recibir la información que necesitas para poder ocuparte y dejar de (pre)ocuparte.

«Saboteadores» de deportistas

Son tantos los «saboteadores» que inundan las atribuladas cabezas de la mayoría de los deportistas (y también la tuya) que conviene comenzar a identificarlos, parar un minuto, pasar la mente de modo automático a manual, asumir el control para tomar consciencia de qué estoy pensando sobre determinada situación y sobre mí, qué me está diciendo mi «saboteador» de forma recurrente, con qué argumento repetitivo me machaca cada día y, si lo que me dice me está ayudando o me está limitando, me pone en marcha o me paraliza, en quién me está convirtiendo, quién estoy siendo con ese pensamiento, si me abre posibilidades o me las está cerrando, si me da energía o me la quita, si me acerca o me aleja de la persona o el deportista que quiero ser. Debes saber que el «saboteador» representa sin duda tu peor versión.

Estos son algunos de los «saboteadores» que hicieron su aparición durante una jornada de trabajo con la plantilla profesional de un club de fútbol sometido a una gran presión mediática y que atravesaba una complicada situación deportiva. Todos los que salieron son clásicos y universales. Cualquiera que se dedique, o se haya dedicado, al deporte en algún momento de su trayectoria, se habrá podido sentir identificado con alguno de ellos: «eres muy malo»... «no estás al nivel de este equipo»... «no metes un gol a nadie»... «mejor que no rematen»... «el club no te valora»... «la afición no te quiere»... «la prensa va a por ti»... «tus compañeros no confían en ti»... «estás acabado»... «¡retírate ya!»... «no das el nivel»... «no te la quieren pasar»... «da igual lo que hagas, no vas a jugar nunca»... «el entrenador te tiene manía»... «con todo lo que tú has hecho por este equipo/club»... «estás haciendo el ridículo»... «eres una vergüenza»... «te vas a lesionar»... «no te vas de nadie»... «no te puedes ni mover»... «no vas a tener equipo»... «eres un cagón»... «eres un blando»... «eres un torpe»... «eres invisible»...

Eran tantos, tan duros y, en algunos casos, tan crueles, que se podía sentir claramente el dolor cuando los verbalizaban. Es una tortura entrenar y jugar con tanta basura en la cabeza, con tanto ruido dentro, con tanto miedo... Un escenario muy alejado del silencio y la quietud que necesito para estar presente y conectado al juego. ¡Qué paradoja!... *Jugar*... al fútbol, se llama al asunto. *Jugar* se convierte así en un sufrimiento, en un tormento. Imposible hacerlo.

«Saboteadores» de entrenadores

Por supuesto, los entrenadores tienen sus propios «saboteadores», muy puñeteros por cierto. Entre muchos otros, podemos señalar estos a los que nos enfrentamos habitualmente: «los jugadores ya no te creen»... «no comunicas una mierda»... «no transmites nada»... «no estás a la altura»... «no has sido futbolista, te faltan muchas cosas y se van a dar cuenta»... «eres muy malo»... «los jugadores te están haciendo la cama»... «la prensa va a por ti»... «este equipo es una banda»... «vas a bajar»... «no sabes motivar»... «eres muy antiguo»... «eres muy blando»... «eres el último mono»... «no te respetan»... «da igual lo que hagas»... «hay demasiados entrenadores, nunca llegarás a profesional»... «eres un cobarde»... «te falta experiencia»... «eres demasiado viejo»... «eres demasiado joven»... «el equipo se te ha ido de las manos»... «te van a echar»... Con pensamientos así, alborotando sus angustiadas cabezas, resulta muy complicado estar conectado al entusiasmo y a la confianza que necesitan para ofrecer lo mejor que tienen.

Cuando hablamos de «saboteadores» de entrenadores, a veces pongo el ejemplo de una conversación que pudo suceder cuando ofrecieron a Guardiola entrenar al Barcelona en 2008. Es una conversación imaginaria a tres bandas entre Laporta, Guardiola y su «saboteador». Hay varios hilos argumentales posibles. El primero podría ser algo así:

Laporta.- «Pep, hemos pensado en ti para entrenar al primer equipo». (Antes de responder, Guardiola tiene su propio diálogo interno con su «saboteador».)

«Saboteador».- *«Pep, eres demasiado joven»... «no tienes suficiente experiencia»... «no estás preparado todavía»... «es mejor ir poco a poco»... «tienes mucho que perder»... «no tengas prisa»... «qué pasa si fracasas (que es lo más lógico)»... «tienes una imagen que cuidar»...*

Pep (tras escuchar atentamente y hacer caso a su «saboteador»).- Gracias Sr. Laporta. Me siento muy halagado por su confianza, pero creo que todavía me falta un poco de experiencia para aceptar este reto; solamente he entrenado una temporada y ha sido en Tercera. Además, soy demasiado joven, tengo solo 36 años. Si le parece bien, prefiero estar un año más con el B, al que acabamos de ascender, luego otros dos añitos en segunda A para coger experiencia, después un par de temporadas en Primera y, ya, con 42 años, muy joven todavía, creo que estaré en mejores condiciones para entrenar al Barcelona».

Laporta.- OK, Pep. Gracias. Ya hablaremos... Adeu.

Nadie puede negar que los argumentos del «saboteador» son ciertos. Le dice que es demasiado joven porque tiene 36 años y que le falta experiencia porque ha entrenado solamente un año... y así es. Lo que pasa es que estos argumentos son solo una parte de la realidad, de la *verdad*. Hay muchas más cosas que, cuando hacemos caso al «saboteador», ni siquiera somos capaces de descubrir, explorar y saber cómo conectan con lo que realmente es importante para nosotros, con nuestras verdaderas capacidades y competencias y con lo que esencialmente somos... mucho más que nuestros limitantes y atemorizados pensamientos.

Lo que te dice tu «saboteador» puede ser cierto o no... pero lo que sí te garantizo es que no es toda la *verdad*. Él te descubre tus miedos, inseguridades, dudas y desconfianzas. Desde ahí, difícilmente podrás conectar con la emoción, la pasión y la determinación que necesitas para afrontar nuevos retos que te obliguen a crecer y a transformarte en la persona capaz de merecerlos y alcanzarlos.

Viendo cómo sucedieron los acontecimientos, parece claro que Guardiola no claudicó ante su «saboteador» (aunque seguro que lo tuvo). Me imagino cómo pudo responder el «yo verdadero» de Guardiola a su «saboteador» tras escuchar sus limitantes argumentos:

«Yo verdadero».- *Gracias por preocuparte. Es cierto lo que dices, soy joven y me falta experiencia, pero también lo es todo esto que te voy a contar. Llevo en esta casa desde que era recogepelotas, conozco este estilo, creo profundamente en él y lo he vivido intensamente. He sido capitán del Barsa en todas las categorías y he tenido el privilegio de ser un alumno aventajado de Cruyff. Tengo una fe absoluta en esta idea grande de juego y un entusiasmo contagioso por el fút-*

bol. *Sé que conecto con fuerza con los jugadores y que transmito apasionadamente lo que soy y en lo que creo. Tengo ex compañeros en el vestuario que me van a ayudar, en los que confío y en los que podré apoyarme. Tengo mucha energía, una gran capacidad de trabajo y una ilusión desbordante. Sé que será un reto hercúleo pero tengo un equipo de trabajo espectacular que cree profundamente en mí y me muero de ganas por poner todo esto que soy y tengo al servicio de mis jugadores, de mi club y del fútbol.*

Después de esta conversación entre su «saboteador» y su «yo verdadero», Guardiola responde al ofrecimiento del Presidente con un: «gracias Sr. Laporta por ofrecerme esta gran oportunidad. Estoy preparado y dispuesto para asumir este reto y deseando comenzar a trabajar ya».

No es que Guardiola no tuviera «saboteadores», es que los afrontó y se los saltó conectando con lo que realmente era importante para él, con quién podría ser si se atreviera, de qué sería capaz y qué sería posible si lo hiciera.

Mi «saboteador» no soy yo

Puedo asegurar que este descubrimiento fue muy liberador para mí. Fue como encontrar la llave para dejar de ser prisionero de mi propia mente. De hecho, si como decía en el capítulo anterior, resultó revelador tomar consciencia de que mis «saboteadores» son solamente pensamientos fruto de mi desentrenada mente y que definen lo que soy tanto como una peca en la punta de mi nariz, aún lo fue más comprender que podía cambiarlos y sustituirlos por otros hasta convertirme en el creador de mis propios pensamientos. Si permites que tu mente siembre «pensamientos basura», no te sorprendas si no obtienes ningún fruto, pues será la calidad de tus pensamientos lo que determinará la calidad de tus acciones. Está en tu mano dejar de ser esclavo de unos «saboteadores» que te limitan y se adueñan de tu voluntad, eligiendo a cambio quién quieres ser y cómo quieres comportarte ante cada reto que la vida vaya poniendo en tu camino.

Si lo hubiera sabido con 20 años, podría haber cuidado mi mente visualizando en qué jugador quería y podía convertirme, aprovechando cada circunstancia y situación para crecer, ocupándome con valentía y entusiasmo de mis áreas de mejora, sacando brillo a mis fortalezas, disfrutando y progresando en cada entrenamiento, en cada partido y en cada temporada, hasta alcanzar mi pleno potencial.

Conversación entre SR4 y su «saboteador»

Sergio Ramos se acerca a ejecutar su lanzamiento en la serie de penaltis para decidir el finalista de la Eurocopa 2012 entre España y Portugal y, mientras me admiran y sorprenden su valentía y atrevimiento para asumir de nuevo esa enorme responsabilidad tras su reciente error en el lanzamiento de las semifinales de Champions contra el Bayern, mi rendición es completa al comprobar que se atreve con un lanzamiento de máximo riesgo, «a lo Panenka».

Cuando todavía resuenan las mofas, humillaciones y el escarnio público al que se sometió al central andaluz, ampliadas en tiempo y cantidad por el anónimo altavoz de las redes sociales, va SR4 y multiplica por mil la apuesta. ¿Cómo? Casi podía escuchar desde el sofá de mi casa a su «saboteador» aconsejándole prudencia, hablándole primero con dulzura y «comiéndole la oreja» con frases del tipo: «has hecho un partidazo»... «tú ya has cumplido de sobra»... «has secado a CR7»... «eres el mejor central del Torneo»... «no necesitas complicarte más»... «deja que otros asuman ahora su responsabilidad»... «ya nos hicieron sufrir demasiado por fallar el penalti contra el Bayern»... «todavía se están descojonando de nosotros»... «CR7 y Kaká, que también fallaron (Balones de Oro), se fueron de rositas y nosotros sufrimos todas las humillaciones posibles»... «tranquilo, no lo tires, no lo necesitamos, tápate, hazte a un lado, olvídalo»...

La conversación subió de tono cuando el «saboteador» comprobó que Sergio no tenía ninguna intención de hacerle caso y seguía convencido de tirar. Entonces cambió de talante y aumentó el tono de la crítica con otros comentarios menos amables y condescendientes: «pero, ¿tú eres tonto o qué te pasa?..». «no me escuchas y así nos va»... «te lo dije también el día del Bayern»... «¿qué estás haciendo?»... «¡no lo tires!»... «no estás preparado»... «lo vas a fallar seguro»... «no eres un especialista»... «si fallas otra vez nos tenemos que ir de España»... y todo tipo de poco edificantes comentarios adicionales.

No les cuento ya cómo se puso cuando se enteró de que SR4 había decidido tirarlo... ¡»a lo Panenka»! En ese momento casi le da algo. Sus lamentaciones eran ya desconsoladas: «por favor, ¡no nos hagas esto!»... «¡será terrible!»... «¡tu final como futbolista!»... «¡nunca más podremos salir a la calle!»... «tu familia quedará señalada para los restos»... «nos harán chirigotas crueles en Cádiz»... «te echarán del Madrid»... «pasarás a la Historia negra de la selección con Cardeñosa»... «nos machacarán durante años en *Twitter*»... «por favor, por favor por favor, no lo hagas, nos vas a hundir»... «¡qué vergüenza!»...

Puede parecer exagerado, incluso cómico, pero toda esta conversación sucede en muy pocos segundos y su impacto es demoledor. Afortunadamente, en algún momento de este absurdo e irracional diálogo, SR4 se hizo con los mandos, dejó de funcionar en automático y pasó a modo manual, sembrando posiblemente otros pensamientos que le llenaron de energía, confianza y determinación para hacer lo que hizo. Calmó su mente y tomó consciencia de que *él era, sencillamente, ese momento*. No había nada más, ni pasado, ni futuro, tan solo el presente. *Aquí y ahora.* Después del partido declaró que estaba deseando que llegara esa situación, que daba gracias por haber tenido esa oportunidad, que lo había visualizado en muchas ocasiones, ensayado en su mente, e incluso había comentado con sus compañeros que lanzaría así si se diera la circunstancia. El resto lo hizo su coraje para enfrentarse a su «saboteador». Quizá hasta, en algún momento, se preguntó:

«¿Quién quiero ser ahora?»... «¿cuál es el reto aquí para mí?»... «¿cómo sería atreverse a tirarlo «a lo Panenka?»... «¿qué sería diferente si lo hiciera?»... «¿en qué ayudaría a mis compañeros que deben lanzar después?»... «¿cuál sería el mensaje para todos los que me están viendo ahora si lo hiciera?»... «¿qué valor mío estaría viviendo si lo hago?»... «¿en qué jugador me convertiría si me atreviese?»... «¿de qué sería capaz a partir de hoy?»... «¿qué será posible a partir de ahora si me atrevo?»... Sí, ya sé que SR4 posiblemente no se hizo ninguna de estas preguntas, pero aprovecho para dejar algunas pistas que puedan servir a cualquier deportista para conectar con la valentía que necesitará para superar a sus «saboteadores» cuando aparezcan... que lo harán.

Dicen que lo que hizo SR4 pudo ser locura o inconsciencia. No lo creo... Últimamente he llegado a la conclusión de que esos ingredientes son también muy necesarios para tener una vida con sentido, para poder crecer y aspirar a nuevos retos. Tras superar a su «saboteador» de manera tan brillante, tan solo me queda una última pregunta: ¿Dónde están sus límites ahora?[5]...

---

5 Artículo publicado en DEIA en julio 2012.

¡Practica!

Te propongo que te detengas aquí durante unos minutos para reflexionar sobre qué es lo que te están diciendo, a ti, tus «saboteadores» en este momento de tu vida y cuál está siendo su impacto en tu actitud y en tu comportamiento. Te animo a que hagas este ejercicio porque, antes de que puedas ayudar a alguien a saltar por encima de sus «saboteadores» y a conectar con la energía que necesita para ponerse en marcha, necesitas haberlo hecho tú. Descubrir que funciona. Experimentarlo.

Como supongo que quizá soy lo más parecido a un *coach* que tienes a mano, me ofrezco para acompañarte en este proceso. Tras la **P**resencia y la Escucha, la habilidad de hacer preguntas es el recurso más poderoso del que disponemos para generar *convers(a)cciones*. Desde este capítulo en el que las presentamos y hasta el final del libro, las preguntas serán nuestras acompañantes imprescindibles en cada «**P**» para aumentar la consciencia y la responsabilidad de nuestros interlocutores.

En esta *convers(a)cción* para saltar al «saboteador» tan solo escucharemos qué te está diciendo, teniendo muy claro que eso que te dice... ¡no eres tú!, pues como ya he dicho tu «yo verdadero» es mil veces más poderoso que tu medroso «saboteador». No buscamos profundizar en su origen, ni analizarlo o enjuiciarlo, no nos enredamos con él porque tendríamos las de perder... y esa no es nuestra tarea. No tenemos especial interés en saber cómo ha llegado hasta aquí este «saboteador», ni en conocer los detalles de la situación, tan solo necesitamos que, antes de poder saltarlo, sientas su impacto en ti, que aterrices en tu realidad y tomes conciencia de cómo estás ahora, cómo te está afectando y cuál es el precio que estás pagando por dejarle a los mandos de tu pensamiento, de tus emociones, de tus acciones y de tu vida.

Te haré preguntas para hacerte sentir, reflexionar y pensar de forma diferente sobre el tema, objetivo o situación del que estamos conversando, sin poner el foco tanto en las dificultades como en las posibles soluciones. Estar en «modo saboteador» es como mirar un cuadro con la nariz pegada al lienzo. No se aprecia nada, es una perspectiva muy limitada de la realidad desde la que vemos muy poco. Con las preguntas podrás alejarte unos metros y cogerás distancia para ampliar el foco, para ver el cuadro desde otros ángulos cambiando el observador que estás siendo, ayudándote a cambiar tu marco de referencia, tu perspectiva, a re-definir el problema hasta convertirlo en un reto, a re-encuadrarlo para descubrir otras interpretaciones de la realidad que te conecten con la energía que necesitas para seguir adelante.

Con tus respuestas saltaremos por encima del «saboteador» y pasaremos olímpicamente de él, para descubrir, describir y sentir dónde quieres estar, cómo sería la situación ideal sin él y quién serías en ese caso, buscando y encontrando dentro de tu «bellota» los recursos de que dispones y necesitas para ponerte en marcha, diseñando un plan de acción que te facilite el cambio de hábitos que te están limitando y alejando de la persona y el deportista que podrías llegar a ser si empezaras a moverte en la dirección y en el sentido que te indican tus sueños.

Para este ejercicio en concreto, si repartiéramos en porcentajes el tiempo total de esta peculiar *convers(a)cción*, podríamos dedicar un 20% del mismo (es decir, algunas preguntas) a tomar conciencia de qué impacto está teniendo el «saboteador» en tu actitud, un 60% a imaginar qué sería posible si no existiera, conectándote con otra emoción y con la energía que necesitarás para comenzar tus pequeños cambios, y un 20% final para definir un plan de acción. Habrá otras muchas *convers(a)cciones* en las que pasemos la mayor parte del tiempo concretando nuevas acciones, y es lógico que así sea, pues es ahí, en la acción, donde residen el aprendizaje y la verdadera transformación, por lo que necesitaremos dedicar todo el tiempo que haga falta a diseñar un plan realmente efectivo.

¿Comenzamos? Para poder hacer bien el ejercicio, necesito que te levantes y cojas lápiz y papel. Mejor si es un cuaderno. No sigas leyendo...

.....

¿Ya los tienes? ¿No? ¡Venga, va!... Haz ese pequeño esfuerzo. Te aseguro que merecerá la pena. Recuerda que el *coaching* son *convers(a)cciones* para impulsar... a la ¡acción! No se trata de leer y entender, sino de hacer y transformar y para eso necesitas dedicar unos minutos a tomar consciencia de todo ello. ¡Pruébalo!

¿Ahora sí? ¡Empezamos! Elige un «saboteador», un pensamiento recurrente que sabes que te está haciendo daño, que te limita, desgasta y te quita energía y confianza (y no me digas que no tienes ninguno porque eso... ¡no te lo crees ni tú!). Uno que te está paralizando y te está alejando de tu mejor versión, de lo que serías capaz de hacer si no estuviera ahí machacándote permanentemente con sus negros presagios.

¿Ya está? ¡Escríbelo! En segunda persona, como si te estuviera hablando a ti y con dureza. Un «saboteador *heavy*» no te dice, «creo que necesitas bajar unos kilitos» sino, «eres un gordo y te mereces que no te quiera nadie». No te dice, «necesitas mejorar la comunicación» sino, «no trasmites nada. Mejor si te callas». Durito, ¿no?... Por otra parte, se trata de un ejercicio muy necesario y liberador. Escribirlo ayuda mucho, sacarlo de tu cabeza le quita peso y ahí, en el papel, pierde mucha fuerza. Incluso puede ser divertido personificarlo, ponerle nombre, cara e incluso voz, como hicimos una vez con la selección española de natación sincronizada.

En mayo 2010, gracias a la confianza que depositó en nosotros la seleccionadora nacional, Anna Tarrés, tuvimos el gran placer de trabajar con su selecto grupo de nadadoras. Un extraordinario equipo de sirenas que ha conseguido una cantidad ingente de medallas en campeonatos internacionales y JJ.OO., algo absolutamente desproporcionado para un país con tan solo unos pocos cientos de licencias federadas en esta exigente disciplina deportiva, lo que refleja la calidad de su talento y su descomunal sacrificio. Teníamos intención de desarrollar numerosas dinámicas y actividades, pero cuando comenzamos a conversar con ellas nos dimos cuenta de inmediato de que había un invitado especial en la sala con el que debíamos lidiar antes de enfocarnos en otras cuestiones. Era un enorme «saboteador» colectivo que estaba teniendo un gran impacto en cada una de ellas. Una vez que lo tuvieron identificado, jugaron con él, le pusieron cara, voz e incluso nombre, Gertru, hasta conseguir saltarlo reduciendo enormemente su poder.

Cuatro años después, Clara Basiana, miembro del equipo nacional, me envió estas líneas que corresponden a un post titulado *Nuestra gran amiga Gertru*, publicado en su excelente blog *Entre mil burbujas*:

«*...el tema es que cuando tenemos el típico día negro donde parece que te persigue toda esa energía negativa, decimos que nos ha venido a visitar nuestra vieja amiga Gertru (la descubrimos y le pusimos este nombre durante una inolvidable jornada con Incoade), una presencia horrible que se mete en tu cabeza e intenta sabotearte el entreno para que te salga todo mal y sigas recreándote en tu propia miseria. Durante sus visitas, Gertru se dedica a recordarnos la larga lista de cosas desagradables de nuestro deporte y nos ataca con sus dañinos y clásicos comentarios: 'no estás a la altura de este equipo'...,* *'estás agotada y no puedes más'..., 'mejor si lo dejas'..., 'no te va a salir'..., 'estás demasiado cansada'..., 'estás gorda'..., 'iríndete!'..., 'nunca ganaréis a las rusas'..., 'no merece la pena tanto esfuerzo'...»*

Pero, como ya la tenemos identificada, la conocemos y sabemos cómo es, llega un momento en que, compartiendo lo que nos hace con las compañeras del equipo, con su ayuda y con tu propia fuerza de voluntad, consigues sacar tus armas de destrucción masiva para enviar a la Gertru muy lejos, a algún lugar entre Sebastopol y Kuala Lumpur. Siempre vuelve, pero nosotras cada vez tenemos más recursos y poder sobre ella y sus encantos, con lo que al final, casi sin darnos cuenta, ¡nuestras propias debilidades son las que nos están ayudando a mejorar! Esta es la magia del deporte, ser capaces de transformar los obstáculos en objetivos que, una vez superados, te permiten crecer y seguir avanzando. ¡Gracias Gertru!».

Dejemos a *Gertru* y volvamos contigo. ¿Tienes ya escrito lo que te dice tu «saboteador»? ¡Vamos a por él! Comenzaremos con algunas preguntas sobre la situación actual. Elige las que más te llamen la atención. Tómate tu tiempo para reflexionar sobre cada una de ellas, para sentirlas y escribe después las respuestas en tu cuaderno. Ahí van:

¿Qué te está diciendo tu «saboteador»?, ¿cómo te habla?, ¿en qué situaciones aparece?, ¿en qué te está limitando?, ¿qué te está costando?, ¿qué te estás perdiendo por hacerle caso?, ¿qué está haciendo que sea difícil?, ¿qué es lo peor?, ¿cómo te sientes cuando él manda?, ¿cómo es tu actitud (en el campo, en la pista, en el banquillo, en tu casa, en el trabajo...)?, ¿cuál es tu comportamiento?, ¿cómo son tus relaciones desde ahí?, ¿quién estás siendo?...

Insisto. No estamos conversando sobre el *problema*, sino sobre el efecto e impacto que ese tipo de pensamientos tienen en ti. Solamente el hecho de desvelar al «saboteador», de reconocerlo y verbalizarlo, reduce ya de forma drástica su poder sobre ti. Ahora, en el siguiente 60% de la *convers(a)cción*, nos «alejaremos del cuadro» para descubrir nuevas perspectivas que nos faciliten superarlo. Buscaremos cambiar de emoción y conectar con lo importante, con lo que uno quiere, con la situación ideal. Incluso, para ayudarte a sentirla más intensamente, te voy a pedir que imagines que ya no hay «saboteador». Para facilitar esta sensación, aunque las preguntas estén relacionadas con tu futuro hipotético, te las haré en rabioso presente. Tómate tu tiempo para sentirlas y reflexionar sobre cada una de ellas con tranquilidad:

¿Cómo es (la situación de la que se trate) sin «saboteador»?, ¿qué estás haciendo distinto ahora?, ¿qué es diferente?, ¿qué es mejor?, ¿qué ventajas tienes?, ¿quién estás siendo?, ¿a qué te estás atreviendo?, ¿qué es posible ahora para ti?, ¿cómo es tu nivel de energía y entusiasmo?, ¿de qué eres capaz?, ¿cómo te comportas?, ¿cómo es tu actitud?, ¿cómo son tus relaciones con jugadores/hijos/colaboradores/amigos/pareja?, ¿cómo te sientes?, ¿qué valor tuyo estás viviendo intensamente?, ¿en quién te has convertido?, ¿qué has descubierto?, ¿cuál es tu impacto ahora en tus compañeros/ jugadores/familia?...

¿Qué tal ha ido?... Si hemos trabajado bien la fase anterior, ya deberías estar sintiendo en tu interior la energía que necesitas para comenzar a hacer cosas distintas a las que estabas haciendo, atreviéndote a mirar de frente y a saltarte a tu «saboteador». Personalmente, denomino *energizol* a esa energía que surge de la conexión con el yo más profundo y esencial de cada uno. Es el secreto que nos permite conectar con nuestra naturaleza valiente y lo que necesitamos para cruzar el puente que une la razón y el deseo, desde lo que estoy siendo hasta lo que quiero y podría llegar a ser. Se trata de una energía inagotable que está siempre disponible, es gratis y no da positivo... aunque pudiera parecerlo por los síntomas de entusiasmo, optimismo y confianza claramente visibles en quienes se regalan esta posibilidad.

Cuando, a través de las preguntas, te enchufas a tu depósito de *energizol* y dejas de escuchar a tu «saboteador», este reduce tanto su poder sobre ti, que acaba escondido en lo más profundo de tu mente como si fuera música de fondo, que está pero no molesta, ahí ya no nos afecta, le oímos sin prestarle atención, casi como quien sonríe ante las travesuras de un niño. Ahora sí, estamos en condiciones de pasar a la acción, y no solo eso, sino que estamos deseando hacerlo.

Una vez cargado hasta los topes de *energizol*, el último 20% de la *convers(a)cción* tiene que ver con diseñar un plan de acción. Profundizaremos sobre el plan de acción, clave para afrontar con garantías de éxito cualquier proceso de transformación, en el último capítulo del libro. De momento, nos sirve con plantear qué tipo de preguntas se pueden utilizar para concretarlo:

¿Qué podrías hacer distinto esta semana?, ¿qué vas a hacer?, ¿cuáles son los primeros pasos para empezar a hacer realidad lo explorado?, ¿qué necesitas para hacerlo?, ¿cuándo lo vas a hacer?, de 1 a 10, ¿con cuánta seguridad lo vas a hacer?, ¿cómo sabrás que has conseguido el objetivo?, ¿cómo lo vas a celebrar?...

Obviamente, todas las preguntas que te he hecho en este ejercicio están sacadas de contexto y solo pretendo que te sirvan de guía para poder generar una *convers(a)cción*. Las «preguntas potentes» nacen de la conexión que generas con tu **P**resencia, de tu curiosidad verdadera por ayudar a otro a desvelar qué hay oculto dentro de su «bellota» y de la propia *convers(a)cción*. Desde luego que no se trata de tener una batería de preguntas o un cuestionario preparado a tal efecto, pero espero que las puedas utilizar como referencia sobre el tipo de cuestiones que se pueden hacer, en este caso, para saltarse al «saboteador».

¿Cómo son las «preguntas potentes»?

Como has visto, todas las preguntas anteriores son cortas, se podrían hacer con menos de siete palabras para evitar la tentación de esconder e incluir nuestros propios juicios entre demasiadas palabras, son abiertas (no se pueden responder con un «sí» o un «no») y son neutras (no pregunto, *¿estás enfadado?* sino, *¿cómo te sientes?*). Son preguntas que dan todo el poder al otro y que se dirigen al observador, no a lo observado. Las «preguntas potentes» no se enfocan en el problema, ni le dan vidilla al «saboteador», sino en la solución, y brotan desde la genuina curiosidad que surge de mi «creencia bellotera» para ayudarte a reflexionar e ir más allá de donde tú puedes llegar solo, hasta revelar tus propias respuestas que son las que te conectarán con el *energizol* que necesitarás para ponerte en marcha.

Se podría decir que las preguntas que habitualmente hacemos a los demás, en realidad son básicamente para nosotros, para completar nuestra información, para obtener datos y ampliar conocimientos, o para examinar, evaluar y valorar situaciones o personas, para hacer diagnósticos y ofrecer soluciones... pero las «preguntas potentes», tal y como las planteamos aquí, no son para mí, sino para el otro, son para él, no son preguntas para las que yo tengo las respuestas (eso sería una burda manipulación), ni tampoco son para que me las responda a mí, sino para que se las responda a sí mismo, para ayudarle a reflexionar, a descubrir(se), buscando y encontrando sus propios recursos dentro de su «bellota». Si ni siquiera necesita pararse un tiempo para pensar sobre la respuesta, casi seguro que no es una «pregunta potente».

¿Por qué no preguntar «por qué»?

Las «preguntas potentes» comienzan con *¿qué?, ¿cuál?, ¿cómo?, ¿para qué?, ¿quién?, ¿dónde?...* No te he formulado ninguna pregunta con *¿por qué...?* Cuando lo hacemos es como si necesitáramos entender al detalle el «problema» de la otra persona para poder ofrecerle una solución y esa no es nuestra función. No necesitamos meternos en su marco de referencia, ni pegar la nariz al cuadro como está haciendo ella, ni tampoco queremos que se enrede en su propia y limitante interpretación de su realidad («saboteador»), sino ayudarle a descubrir nuevas perspectivas, nuevas gafas para observar la realidad y, para eso, *¿por qué...?* no es en absoluto una pregunta potente.

Casi todos los «por qués» se pueden sustituir por «para qués», que te conectan con el futuro, con la situación deseada o ideal y con posibilidades que en la situación actual no eres capaz de ver. Los «por qués» nos suelen enganchar con la razón arrastrándonos a la búsqueda de excusas y justificaciones. De inmediato, quien recibe la pregunta de marras puede sentirse juzgado y ponerse a la defensiva. En esas situaciones, el «saboteador» toma las riendas, baja el nivel de energía y se produce así una desconexión entre los interlocutores. Fin de la *convers(a)cción*.

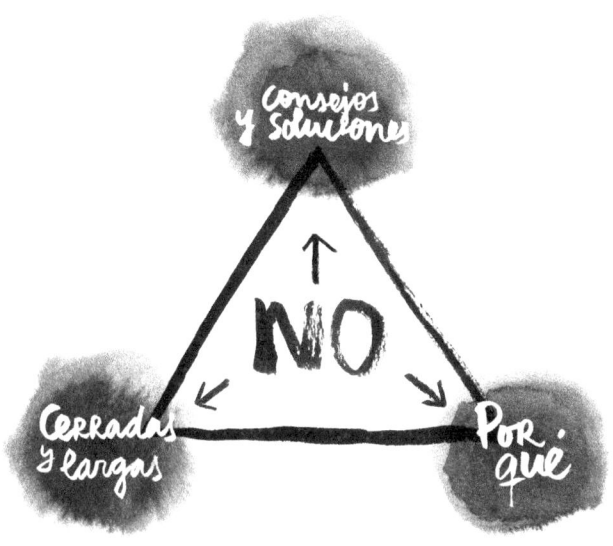

«Saboteador libro»

En enero de 2014, justo antes de comenzar a escribir este libro, en el taller de las «7**P**s» en el que trabajamos los «saboteadores», me ofrecí para que los participantes practicaran
conmigo las «preguntas potentes». Planteé una situación que
hacía referencia a mi dificultad para comenzar con el proyecto de este libro, pues se alargaba demasiado en el tiempo y
eso me estaba generando cierto malestar. Antes de comenzar,
les puse en contexto y les expliqué lo que mi «saboteador»
me decía al respecto («no estás suficientemente preparado»,
«te van a machacar», «no has sido nadie como futbolista y no
tienes nada que enseñar», «no eres escritor», «es una pérdida de tiempo», «no vas a cambiar nada»...) y algunas otras
lindezas similares.

Tras compartir mi «problema», ellos me hacían preguntas que yo no respondía, pero que puntuaba de 1 a 10 en función del impacto que tenían en mí y dónde me llevaba cada una. Si eran muy largas, tenían consejos implícitos, me daban soluciones, eran cerradas, manipuladoras, solo buscaban información o me conectaban con mi «saboteador» (*¿Por qué no lo escribes?...* pufff), les ponía baja puntuación. Si, por el contrario, me llevaban a sitios donde yo solo no había llegado antes, me conectaban con lo importante, con cosas de verdad, esenciales, con valores, con energía, si reducían el poder de mi «saboteador», si me ayudaban a cambiar el tipo de observador que estaba siendo de la situación, si buscaban con curiosidad dentro de mi «bellota»... entonces las puntuaba alto.

Recibí, como siempre, preguntas realmente «potentes» que me ayudaban a reflexionar y profundizar sobre el tema del libro, pero hubo concretamente dos que hicieron «clic» en mi interior. La primera fue: *¿Cómo habría sido leer ese libro con 22 años?* Después de sentirla, la puntué con un 9, y la segunda, mejor todavía: *¿Cómo habría sido que ese libro lo leyera tu entrenador?* Un 10. Reconozco que esta pregunta me conectó de inmediato con mi propósito de expandir las bondades de esta apasionante disciplina y esa misma semana comencé a escribir el libro.

El hombre que regalaba preguntas

Reproduzco aquí un texto publicado en *Cartografía Emocional*[6], que leí y guardé hace un tiempo y que me ayudó a tomar consciencia del poder transformador de las preguntas

---

6   https://cartografiaemocional.wordpress.com/2011/08/10/el-hombre-que-regalaba-preguntas/

potentes.

«*Vino cargado de preguntas para todos. Preguntas que encendían en nuestros corazones la semilla de la curiosidad. Cuestiones que nos llevaban hacia la búsqueda de respuestas, aunque para ello tuviéramos que enfrentarnos a aquellas creencias que durante toda nuestra vida nos habían impedido encontrarlas. Interrogantes que nos invitaban a explorar el mundo de nuestro alrededor y el mundo que existe dentro de nosotros mismos.*

A partir de entonces, todo comenzó a cambiar. Empezamos a crear, a innovar, a construir, y a hacer cosas para mejorar nuestras vidas, nuestras relaciones y nuestra comunidad. Sus preguntas nos dieron alas para viajar en el tiempo, nos ayudaron a entender mejor nuestro pasado, a conectar con lo mejor de nosotros, con aquello que nos da la vida y que nos permite crecer y ser mejores. También nos ayudaron a soñar, a pensar en mejores futuros y a construir escenarios llenos de posibilidades para que nuestras vidas fueran más plenas y mereciera la pena ser vividas.

Conectamos con nuestro poder. Encontramos en nuestro interior una gran energía que utilizamos para cambiar y hacer cosas que nos acercaran al mundo que soñamos, pues desde la pregunta encontramos aquellos caminos que convierten al sueño en una realidad.

Cuando se marchó descubrimos que nos habíamos convertido en mejores personas. Habíamos aprendido a conectar con lo mejor de nosotros. Comprendimos el valor de nuestras vidas. Nos hicimos conscientes de que hay una parte de nosotros que las mantiene y las alimenta, aunque para ello tengamos que cambiar, adaptarnos, crecer y evolucionar en la dirección que nos señalan nuestras respuestas».

Carta de despedida al miedo

En 2009 me apunté a una formación cuyo título llamó mucho mi atención. Se llamaba «Taller del miedo» y lo impartía una doctora. Fueron dos días completos para ocho personas, sin teoría y repletos de experiencias, tomando consciencia de los «saboteadores», hablando como ellos al oído, escuchándoles muy cerca de nuestra espalda y sintiendo cómo nos robaban la energía. El segundo día les dimos la vuelta y cada uno conectó con su esencia, con la vitalidad, con la valentía y, antes de marcharnos y como cierre del taller, Lourdes, su facilitadora, nos invitó a escribir una «carta de despedida al miedo». Esta fue la mía:

> «Tengo el gran placer de comunicarte que estás despedido.
>
> Sé que han sido muchos años muy pendiente de todo lo que hago, protegiéndome para evitarme el dolor, para que nadie me haga daño, trabajando intensamente para ofrecerme una vida confortable, segura y sin riesgos.
>
> Siempre te he sentido cerca, demasiado cerca, aparecías puntual cada vez que debía afrontar retos importantes, decías que era para evitar que me pusiera en ridículo o que demostrara a todos que no era tan bueno. Sé que querías protegerme del qué dirán, del fracaso y, sobre todo, de la vergüenza. También sé que podía parecer que estábamos de acuerdo, pero es que yo no te conocía realmente. Cada vez que he caído por la pendiente del fracaso, siempre has estado tú ahí para decirme que ya me lo habías avisado y que debía haberte hecho caso, que ya me habías dicho que lo que quería hacer era una locura, que era muy difícil... pero que todo estaba bien, porque para la próxima ya habría aprendido a ni

siquiera intentarlo y a escucharte más. Una pauta que se repetía una y otra vez. Siempre lo mismo. Tu sombra, cada vez más grande y alargada, hasta el punto de que, en muchas ocasiones, era incapaz de distinguir entre tú y yo.

Ahora sé que cuando no me dejabas decir «te quiero» o pedir ayuda o perdón o decir «no sé», no era para que no pareciera débil como me susurrabas, sino para que no adquiriera la fortaleza de sentirme humilde, poderoso y pleno. Te preocupaba que descubriera tu verdadera naturaleza y me encerrabas en un castillo que parecía seguro y cómodo... pero estaba aislado, con el puente levadizo siempre levantado. Inaccesible y superficial. Eso sí, siempre muy simpático. ¡Qué sentido del humor! ¡Qué agradable! Una vez más, eras tú. Esa máscara que me impedía expresar mis emociones o sentimientos y que tiraba siempre de una fina ironía para que nadie se acercase en exceso y perturbara nuestra tranquilidad. Esa capacidad para desdramatizar hasta las situaciones más tristes y hacerlas parecer superficiales, poco trascendentes. Una vez más, para no sentir, para no profundizar y para protegerme del dolor. Incapaz de mostrarme vulnerable y conectar con todos mis recursos.

Por fin me he parado, me he dado la vuelta y te he visto la cara. En realidad, tienes un discurso repetitivo, obsesivo y absurdo. Eres patético. Se te acabó el 'chollo'. Desde ahora, será diferente. Trabajaré para poder vivir conectado a mis valores auténticos, donde tú no alcanzas. Ahí no hay espacio para ti. En el lugar donde resueno hay luz y allí tú no tienes cabida. Eres oscuridad y cualquier pequeño rayo, por diminuto que sea, te invade y te vence. Estás fuera. Desde este momento pondré un anuncio para buscarte un sustituto. Alguien que confíe *en mí. Que se fije en todo lo bueno que tengo para ofre-cer, que me ayude a poner nombre a mis sueños y que me dé la fuerza y la energía que necesito para correr tras ellos como si fueran el último autobús de la noche.*

¡Espera, ya lo tengo! No necesito buscar más. Lo he encontrado. Soy yo mismo. Yo tengo todo eso. En el mismo instante en que te estoy despidiendo y abriendo la puerta para que te vayas, estoy dejando sitio para que la pequeña luz que siempre ha estado en mi interior ocupe su espacio y acabe por expulsarte.

Me despido de ti para siempre diciéndote que, aunque sé que seguirás estando ahí, nunca más volveré a hablar contigo y quiero que sepas que cuando te sienta detrás (pues nunca das la cara), me pararé, me daré la vuelta, te miraré de frente y sé que desaparecerás porque, en realidad, tú sí eres un cobarde»[7].

Preguntar en 7 píldoras

1. Preguntamos para ayudar al otro a darse cuenta del observador de la realidad que está siendo, para que pueda descubrir nuevas interpretaciones y posibilidades, para que conecte con lo importante, con lo que quiere, con lo mejor que tiene, con lo que le emociona y con la energía que necesita para ponerse en acción.

2. Con nuestras preguntas aumentamos su consciencia y responsabilidad, le ayudamos a explorar más profundamente, le acompañamos a buscar donde él solo no es capaz de llegar hasta que encuentre, dentro de su «bellota», sus propios recursos, soluciones y respuestas.

---

7   Artículo publicado el 30 de mayo de 2008 en el blog *Píldoras de energizol.*

3. Las «preguntas potentes» son cortas, abiertas, neutras y están libres de juicios e interpretaciones. Interesan más los «*para qués*» que los «por qués» y no tendremos un inventario preparado de preguntas, sino que nacerán de mi genuina curiosidad ante la grandeza del ser humano completo, creativo y lleno de recursos que tengo delante.

4. Las preguntas no son para mí, no son una entrevista ni un examen para el que yo tengo las respuestas, son para el otro y no buscan ni tienen contestación inmediata, sino que necesitan un espacio de silencio para que él pueda reflexionar hasta descubrir sus propias respuestas.

5. Los «saboteadores» son pensamientos inútiles y negativos que inundan nuestras cabezas y nos bloquean, nos paralizan, nos hacen pequeños e inhiben nuestro talento conectándonos con nuestra peor versión. Ellos no son *tú* y no negociamos con ellos, solo los escuchamos para poder superarlos y reducir así su poder sobre nosotros.

6. Preguntamos para hacer sentir y reflexionar al otro de forma diferente sobre el tema, objetivo o situación que le (pre)ocupa, no para obtener información sobre el «problema» o sobre su «saboteador», ni para entenderlo o profundizar sobre él, sino para ayudarle cambiar el observador de la realidad que está siendo y re-definir el «problema» hasta convertirlo en un reto.

7. Llamamos *energizol* a esa vitalidad y energía inagotable que surge de la conexión con el yo más profundo y esencial de cada uno. Dispones de cantidades industriales de *energizol*, ahí, dentro de ti, esperando a que lo descubras y conectes con él para cruzar el puente que une lo que estás siendo ahora con lo que quieres y podrías llegar a ser.

Positivizar

«*Cada persona debe tomar la decisión más importante de su vida: ¿vivo en un Universo amigable u hostil?*»

ALBERT EINSTEIN

Hace algunos años, participando en unas jornadas de formación con Jim Selman, referente del liderazgo transformador y organizacional, le escuché hacer una afirmación que me descolocó. Dijo: «Tu pasado tan solo es una historia que te cuentas, no es la verdad. Podrías contarte otras historias y también serían verdad». En un primer momento pensé: «Pues vaya estupidez. Mi historia es la que es y no se puede cambiar». Me costó aceptarlo, pero cuando entendí las implicaciones de semejante declaración, comencé a revisar mi propia historia y a contármela de otra manera, buscando nuevas interpretaciones de algunos hechos del pasado y encontrando otro sentido y significado a experiencias que me estaban limitando.

No se trata de hacerse trampas, de no aceptar los hechos o de retorcerlos hasta dejarlos irreconocibles. Al contrario, se impone una nueva mirada que nos permita hacer las paces con nuestro pasado, asumiendo las responsabilidades oportunas y reparando lo necesario si fuera posible, o reclamando esas reparaciones si fuera el caso, pero observando todo con cariño y agradecimiento.

Para poder profundizar en la importancia de esta reveladora posibilidad y poner en contexto la tercera «**P**» (**P**ositivizar), necesitamos hacer un breve repaso a algunas nociones básicas de filosofía (disculpas anticipadas por la brevedad y subjetividad del resumen a expertos en la materia). Solo unas pocas páginas para explicar de dónde proviene esta inspiradora idea de las *convers(a)cciones*, que no es una ocurrencia de algún iluminado, sino la herramienta más valiosa al servicio de los líderes transformadores, que surge como resultado de los numerosos descubrimientos que durante el último siglo se han llevado a cabo en muchas disciplinas del conocimiento humano.

Parménides versus Heráclito

Hace casi 25 siglos, estos dos gigantes de la filosofía comenzaron en Grecia un debate que alcanza hasta nuestros días. Parménides defendía que nada cambia, que «el Ser es estático, fijo e inmutable» y su discurso podría resumirse en una frase lapidaria que utilizamos, escuchamos y sufrimos a diario: «Yo soy así». Una autopista de seis carriles sin límite de velocidad hacia las excusas y justificaciones para no hacer, no atreverse y no cambiar. La frase perfecta para culpar a los demás, para no responsabilizarse de los propios actos y para seguir jugando el papel de víctima en el que tan cómodos nos sentimos pero que tanto daño nos hace.

Por su parte, Heráclito postulaba que «estamos en un proceso de flujo constante, todo está en permanente devenir, cambiando continuamente, como lo hace un río. Nada es inmutable». Desde esta perspectiva, nuestras posibilidades de acción y transformación de la realidad aumentan de forma exponencial. Es posible cambiar. Puedo ser distinto y mejor. Puedo tomar las riendas de mi vida, asumir un papel protagonista y actuar en consecuencia.

Estas dos visiones contrapuestas convivían en los albores de la filosofía, cada una de ellas con su propia corriente de seguidores, lo que producía una especie de empate que pocos siglos después fue resuelto por «K.O. técnico» a favor de Parménides.

Fue Sócrates quien, en su incesante búsqueda de la virtud y del sentido de la vida, colocó la «verdad» absoluta como el referente que trascendía incluso a la vida humana, siendo el conocimiento el único camino de que disponía el hombre para acceder a ella. la «verdad» es la que es. Sócrates se hizo «parmenidista» y la razón comenzó a tomar ventaja como la única herramienta válida para alcanzarla. Poco más tarde, sus aventajados discípulos, Platón y Aristóteles, recogieron este postulado del maestro y se centraron en la búsqueda de una «verdad trascendente», que iba más allá del mundo físico y de los hombres (la metafísica), los cuales solo viven una apariencia de verdad, pues esta no está a su alcance, les excede. Esta «verdad» se ubicó en el ámbito de las ideas abstractas, universales e inmutables. Así comenzó el imperio de la razón.

El paradigma cartesiano de «la realidad es la que es»

Un paradigma es un concepto que define la comunidad científica de una época y determina una forma de percibir el mundo y la realidad. Condiciona al ser humano en su manera de actuar y responder a las diversas circunstancias que la vida le presenta. A todos los efectos, se convierte en la «verdad». Por ejemplo, en su momento se estableció que la Tierra era el centro del Universo, y esa era la «verdad» hasta que, siglos después, Copérnico obligó a un cambio de paradigma demostrando que el centro era el Sol y enfrentándose a una violenta e intensa resistencia por parte de los «sabios» que defendían el antiguo paradigma. Cambió la «verdad».

René Descartes, matemático francés del s. XVI y padre de la filosofía moderna que da nombre al paradigma cartesiano, confirmó la supremacía de la razón como el único camino al conocimiento y comprensión de la «verdad» y de la «realidad» absolutas e inmutables. Solo interesaba lo concreto, lo material y lo medible. Solo era real lo que podía ser percibido por los sentidos y medido con precisión. El *pensamiento* era la base del Ser y la *razón* lo que nos hacía humanos. Las emociones, sentimientos, la intuición y todo lo relacionado con el corazón era invisible y, como no podía ser cuantificado, no existía. Blaise Pascal, paisano y coetáneo de Descartes, fabuloso matemático, físico y, a la vez, filósofo y teólogo, fue la excepción que se opuso a esta radical y dañina separación entre la razón y el corazón, entre la mente y el espíritu, como quedó reflejado en una de sus famosas citas: «El corazón tiene razones que la razón desconoce».

Así, hasta hace un siglo y durante casi 400 años, esta «verdad» cartesiana del «pienso, luego existo», se consolidó como la única manera de interpretar la realidad, se impuso en todos los ámbitos del conocimiento y tuvo una enorme influencia en el desarrollo de disciplinas fundamentales para el avance de la humanidad, como la medicina, la biología, la física, química, psicología o las matemáticas. A cambio provocó una pobre y limitada comprensión del ser humano, abandonado a su suerte y sin posibilidades reales de transformación, con la única alternativa de adaptarse a lo que hay, a lo que es y a cómo son las cosas; a la «verdad».

El nuevo paradigma: «La realidad es interpretable»

Desde el siglo pasado comienza a imponerse un nuevo paradigma, más global, una visión de conjunto que se opone a la visión cartesiana, analítica y mecánica que percibe y reconoce solo una ínfima parte de la realidad. Una visión que devuelve al ser humano su capacidad para interpretar el mundo en el que vive, para transformarlo y transformarse, para construirse y ser cada vez mejor en un devenir continuo. Un Ser que se constituye tras cada experiencia, que puede cambiar, mejorar y crecer de forma permanente, hasta alcanzar su mejor versión... en cada ocasión.

Así, tras más de 20 siglos K.O. en la lona del ring, el legendario Heráclito se levanta y lo hace con fuerza, aupado sobre los nuevos descubrimientos científicos en campos tan diversos como la física, la biología (directamente relacionada ahora con las nuevas corrientes filosóficas), o la neurociencia (que demuestra que nuestro cerebro es plástico, es decir, que somos un sistema vivo y flexible que aprende a través de las conexiones neuronales que están en reconstrucción permanente y, por lo tanto, que los seres humanos estamos en continua transformación). Se va diluyendo así, aceleradamente, el programa metafísico instalado desde hace más de 2.000 años en nuestro ADN, junto a su interpretación de una «realidad», una «verdad», un «Ser», fijos, únicos, estables e inmutables.... aunque, como veremos, sus implicaciones prácticas todavía estén muy presentes en nuestra forma de ser y estar en el mundo.

Ya no se trata solo de entender, describir e interpretar el mundo o el Universo como proponían los metafísicos, sino de transformarlo, de intervenir en él, de hacerlo mejor. Ahora, sea cual sea el campo en el que estemos actuando (entrenadores, padres, familia, trabajo...) podemos elegir quiénes queremos ser y qué realidad queremos crear para cada uno de nosotros y para los demás. Podemos co-crearla, pues esta será el resultado de nuestra propia relación con el mundo que nos rodea, del observador que estamos siendo en cada momento y de las *convers(a)cciones* que elijamos para transformarla.

«Cambio yo, cambia todo»

Uno de los científicos protagonistas de este nuevo paradigma fue Max Planck, físico alemán, fundador de la teoría cuántica y premio Nobel en 1918. Un científico necesitado de hechos observables, medibles y concretos que llegó a esta sorprendente conclusión: «No podemos separar la realidad del observador. Cuando cambio mi forma de ver las cosas, las cosas cambian».

Exactamente la misma a la que llegó un exfutbolista internacional, entrenador y, mientras escribo esta historia, director deportivo de su club. Hace unos años, fue destituido a mitad de temporada como técnico del filial debido a su carácter impetuoso y a su estilo excesivamente autoritario, además de por los malos resultados que no avalaban sus métodos. Como tenía una temporada y media más de contrato, la Junta Directiva le encomendó la tarea de hacer informes de jugadores y equipos rivales, posiblemente con la intención de que molestara lo menos posible. En aquellas semanas tras su destitución, coincidimos un día en una conferencia para entrenadores que ofrecí en su ciudad. Me sorprendió su presencia en el auditorio pues no pensaba que estuviera muy interesado en cuestiones de *coaching* y liderazgo. Error. Después de la charla se acercó y, tras unos minutos de conversación, aceptó el reto de matricularse en la siguiente edición del *Máster de coaching y liderazgo deportivo* que impartíamos pocas semanas después en la RFEF.

Siendo como era una leyenda del club, su situación en la ciudad deportiva a la que acudía a trabajar a diario le resultaba complicada e incómoda, sin despacho y sin demasiadas tareas ni responsabilidades asignadas. A pesar de ello, su actitud durante la formación fue de gran apertura y curiosidad, disfrutando intensamente cada día y demostrando gran valentía, generosidad y sensibilidad con todos sus compañeros de curso.

En la jornada 9ª o 10ª, antes de comenzar la clase, pidió permiso para compartir algo que le estaba pasando. Nos susurró, como si no quisiera que le oyeran, que en la ciudad deportiva todos habían cambiado desde que comenzó el Máster. Decía que eran más amables, más abiertos con él, más simpáticos y que, tanto el ambiente como las relaciones, habían mejorado notablemente. Recuerdo que todos nos quedamos en silencio, observándole, y, entonces, en un sorprendente momento *¡WOW!* de descubrimiento, él mismo declaró: «No han sido ellos. He sido yo. Yo he cambiado y todo ha cambiado». Él tenía sobrados motivos para poder sentirse agraviado, ofendido, humillado, maltratado... multitud de razones para justificar sus emociones y sus comportamientos defensivos, pero eligió otra interpretación.

Decidió que aquel espacio sería el laboratorio perfecto para experimentar sus nuevas habilidades recién adquiridas, para comenzar a probar y ofrecer su nueva versión (5.1. la llamó) a sus 51 años recién cumplidos, con competencias recién instaladas, conectado a sus valores auténticos, con otra energía, con una mirada más confiada y dejando espacio a la alegría y a la esperanza de poder crear un nuevo y mejor futuro posible, tanto para él como para los demás. Y así lo hizo. Colgó un cartel de «*coach* deportivo» en un almacén para guardar botas, metió una mesa y un par de sillas y comenzó a tener allí *convers(a)cciones* que ofrecía a todo aquél con quien se cruzaba por los pasillos. Le daba igual quién fuera o a qué se dedicara: jugadores del primer equipo, entrenadores o futbolistas de la cantera, o cualquier empleado que se lo pidiera.

Una mañana me invitó a la ciudad deportiva para enseñarme sus instalaciones y recorriéndolas juntos pude comprobar cómo saludaba a la gente, de verdad, como si todos fueran valiosos e importantes para él, a los jardineros, a los utileros, a los fisios... con todos se mostraba cariñoso, cercano y accesible. Distinto. «¡Me alegro de verte!» les decía y pude sentir cómo su nueva energía, la alegría y la ilusión que desprendían, provocaban un impacto radicalmente diferente en el sistema. Confirmé que tenía razón: todos habían cambiado...

Dime qué observas y te diré quién eres

«La realidad es interpretable», uno de los principios de la *Ontología del lenguaje*, (el muy recomendable libro del filósofo chileno Rafael Echeverría), significa que, de existir, no tenemos acceso a la «verdad» absoluta, que vivimos en mundos interpretativos y que cada uno de nosotros, en función de su «filtro de percepciones», es un observador diferente de la realidad, pero ninguno tenemos la certeza de que las cosas son como decimos que son. Tan solo podemos observar «nuestra verdad», una parte muy pequeña de la realidad que percibimos a través de nuestros limitados sentidos. Lo cierto es que no describimos el mundo como es, sino como nosotros somos.

Más allá de las verdades simples entendidas como un consenso en el lenguaje sobre cuestiones básicas que todos aceptamos y nos facilitan la vida, «la realidad es interpretable» significa que nadie tiene toda la razón o que todos podemos tener un poquito de ella, que yo podría pensar algo diferente sobre lo que (me) está pasando y que eso también podría ser verdad. Y, sobre todo, significa que si lo que estoy pensando no me está ayudando, puedo elegir qué otras cosas puedo pensar, pues como dejó escrito Viktor Frankl en *El hombre en busca de sentido,* «la última de las libertades humanas es elegir nuestra actitud ante cualquier circunstancia». Así es que, a pesar del peso e influencia de los contextos sociales y culturales, la herencia y la genética, yo también puedo decidir quién quiero ser ante cada situación, escogiendo mis respuestas, acciones y comportamientos.

En definitiva, desde este nuevo paradigma, puedo definir mi carácter y crear mi Identidad una y otra vez, aprovechando cada experiencia para avanzar en el apasionante proceso de mi transformación permanente hacia la utopía de mi mejor versión… siempre fuera de mi alcance y al mismo tiempo cada vez más cerca, retándome y tirando de mí.

Hechos e interpretaciones

> *«Cuando nació nuestro hijo Álvaro (síndrome de Down) nos preguntamos: ¿por qué a nosotros? Poco después, nos preguntábamos: ¿y por qué no? Ahora y desde hace mucho tiempo, nos preguntamos: ¿cómo podríamos vivir sin él?»*
>
> VICENTE DEL BOSQUE

La vida y el deporte son «cosas que pasan», son circunstancias, eventos, hechos ciertos... y neutros, no son ni buenos ni malos, solamente, son. Derrotas, lesiones, victorias, suplencias, descensos, títulos, sanciones, despidos, pérdidas, accidentes, enfermedades... La muerte, solo hay que ver cómo en algunas culturas es festejada durante días con alegría pues se cree que el alma del difunto por fin cambia de ropajes para comenzar el tránsito hacia su liberación definitiva. Aquí, hasta tiempos recientes, cuando fallecía el marido, la viuda debía vestirse de negro, casi como una muerta en vida, y mantener el luto hasta su último día. El hecho, la muerte, es el mismo, pero las interpretaciones son opuestas. Las dos son «verdad»... para alguien. La imagen anterior ilustra este proceso. Ocurre algo, un *hecho*, porque siempre está ocurriendo algo, pero lo interesante es tomar consciencia de *cómo interpreto yo ese hecho* y qué impacto tiene en mí ese pensamiento. Eso será lo que defina mi actitud.

Epícteto, uno de los seguidores de Heráclito, escribió: «No nos afecta lo que nos sucede, sino lo que nos decimos sobre lo que nos sucede». Si la interpretación que estás haciendo del hecho te ayuda a seguir adelante, a alcanzar tus objetivos, a hacer lo que debes, a no pararte, si te abre posibilidades de acción, si te da energía y poder para actuar, ¡adelante!... ¡tira por ahí! Se trata de un pensamiento positivo, una semilla que dará buenos frutos. Si, por el contrario, ese pensamiento te desanima, te roba energía, te bloquea, te quita poder y te aleja de la persona que realmente quieres ser, si tu «verdad» no te está sirviendo, existen otras interpretaciones posibles que también pueden ser verdad para ti. ¡Puedes elegir pensar diferente!

Sí... sé lo que puedes estar pensando... ni que fuera tan fácil... y tienes razón, pero no me digas que no es liberador tomar consciencia (paso previo e imprescindible para poder cambiar cualquier cosa) de que hay otras alternativas que también están disponibles para ti. Que no solo tienes la opción de reaccionar en automático ante cada situación, en función de cómo crees que eres y cómo crees que son las cosas, sino que también podrías ser en función de cómo actúas. Afirmo que está en tu mano elegir una respuesta adecuada que te acerque a la persona que quieres ser, en lugar de una reacción instintiva que te mantiene sujeto a quien estás siendo... pero no quieres ser.

¡Me ha humillado!

Entró en el despacho hecho una furia. Me dijo que estaba harto y que no aguantaba más. Consideró un desprecio insoportable que el entrenador le sacara para perder tiempo en el descuento del último partido. Estaba muy claro que le tenía manía y no le respetaba. Para colmo, le recriminó públicamente en el vestuario su actitud durante esos cinco minutos: «En lugar de disculparse por hacerme pasar esa humillación, me pega la bronca». Estaba indignado y triste.

Después de que acabara de desahogarse, le pregunté qué quería hacer en esa situación, si necesitaba ayuda para cambiar de observador, para ver cosas que quizá no estaba apreciando y buscar así nuevas interpretaciones de la realidad que le ayudaran a transformar su estado de ánimo. Le pregunté cuál era el «hecho». Me respondió que el «hecho» era la humillación de sacarle en el descuento para perder tiempo. Le comenté que me parecía que estaba juntando el hecho con la interpretación del mismo y volví preguntarle cuál era el hecho cierto y neutro. Tras unos momentos de silencio, me respondió: «cambio en el minuto 90».

Como al inicio de la conversación ya me había expresado claramente cuál era su interpretación de ese hecho, le pregunté cómo le hacía sentir esa creencia suya de «jugar el descuento es humillante». Fue capaz de identificar y nombrar las incómodas emociones que le generaba ese pensamiento, así como de describir con detalle qué impacto estaba teniendo en su actitud. Era jueves y me dijo cómo había entrenado los tres días anteriores: enfadado, sin hablar con nadie, pensando que el entrenador le debía una disculpa, indolente, apático, sin alegría, pasota, desagradable y desconcentrado, comiéndose el coco... queriendo demostrar a su entrenador lo enfadado y dolido que estaba. Le pregunté qué era lo peor de esa situación, qué se estaba perdiendo con su actitud, si le ayudaba en algo y en quién se estaba convirtiendo actuando de esa manera. Él fue honesto y valiente para reconocer que estaba incómodo sintiéndose y entrenando así. Su enfado iba disminuyendo según reflexionaba y tomaba consciencia de lo que le estaba pasando y del impacto que estaba teniendo en él su pensamiento.

Tras explorar profundamente su interpretación actual, le pregunté qué otras cosas podría pensar sobre el mismo hecho (cambio en el minuto 90). Después de analizar algunas alternativas («me castiga por no estar jugando bien», «quiere que me sienta parte de la victoria», «me da un toque de atención para que espabile»...) que eran menos dañinas que su primera interpretación, pero que tampoco le convencían en exceso, descubrió otra que le hizo sentir diferente. Pensó que con el marcador 0-1, su entrenador confió en él, no para perder tiempo, sino para aprovechar su calidad y mantener la posesión durante los cinco minutos del descuento y asegurar la victoria. Parece ser que esas fueron precisamente las indicaciones que le dio el míster antes de salir al campo, pero él estaba tan ofuscado que ni siquiera las escuchó. Perdió todos los balones que tocó y no cumplió con su tarea, hasta el punto que una de sus pérdidas generó una clara ocasión de gol en contra.

Esta nueva interpretación le ayudó a serenarse y a sentirse un poco avergonzado por su inmadura y egoísta reacción inicial. Desde ahí, ya no solo pensaba que no era cierto que el entrenador le tuviera manía, sino que lo que hizo fue confiar en él para cerrar el partido. El *hecho* seguía siendo el mismo pero, esta nueva y elegida «verdad», cambió de inmediato su emoción. Ya se encontraba más tranquilo, contento y satisfecho por su aprendizaje y por su descubrimiento, por haber sabido darle la vuelta a la situación y por haber sido capaz de transformar su estado de ánimo, hasta el punto de decidir que al día siguiente, antes de entrenar, hablaría con todos sus compañeros y se disculparía por su actitud en el partido y en los entrenamientos de esa semana. También lo haría con su entrenador. Tras la *convers(a)cción* salió del despacho más consciente y responsable, sonriendo y lleno de energía.

Creencias

> «*Un hombre estaba poniendo flores en la tumba de un familiar cuando vio a una mujer china poniendo un cuenco de arroz en otra cercana. El hombre se dirigió a ella y le preguntó con sorna: ¿De verdad cree que el difunto vendrá a comer el arroz? Sí, cuando el suyo venga a oler sus flores, respondió ella*».
>
> Anónimo

Nuestra mayor dificultad es que tenemos el hábito de juntar, en un solo acto, el hecho con la *interpretación* del mismo y entonces la acción o la respuesta, la reacción más bien, surge automáticamente. Es un proceso inconsciente. Sin duda es más cómodo, más rápido y a veces necesario, pero debemos acostumbrarnos a tomar las riendas de nuestro pensamiento y pasarlo de automático a manual. Necesitamos aprender a separar el *hecho* de la *interpretación* y a tomar consciencia de qué estoy pensando, y si lo que pienso me acerca o me aleja de la persona, el entrenador o el deportista que realmente quiero ser.

Llamamos *creencias* a este «filtro de percepciones» de la realidad que cada quien aplica a cada hecho y que es lo que finalmente determina nuestra reacción intelectual, física y emocional ante todo lo que (nos) sucede. Las creencias son como una mochila que llevamos a cuestas, que vamos llenando desde nuestra más tierna infancia con multitud de elementos que van definiendo, poco a poco, el observador de la realidad que estamos siendo y que determina nuestra manera de ser y estar en el mundo. Las experiencias vividas y los genes ocupan por supuesto gran parte del espacio, la educación, la familia, la religión, el entorno, los amigos, los valores, los principios morales y éticos, el contexto social, deportivo, económico, cultural, las modas, las tribus, los tópicos... completan este filtro, absolutamente personal e intransferible, que define la verdad de cada uno.

Por otro lado, teniendo en cuenta la gran cantidad de variables que contiene y distorsionan la ya escasa percepción de la realidad que nuestro cerebro es capaz de procesar, parece bastante absurdo, soberbio y vanidoso esforzarse tanto en imponer siempre nuestra «verdad», es decir, nuestra interpretación, sobre la de otras personas. Lo importante no debería ser discutir para tener razón, sino dialogar para alcanzar el objetivo.

La diferencia entre las *creencias* y las *ideas* es que las primeras son inconscientes, pero son tan ciertas para nosotros que ni siquiera somos capaces de cuestionárnoslas. A través de nuestro lenguaje, decisiones, acciones y comportamientos, se van revelando y las declaramos como si fueran verdades incontestables asumidas por todos. ¡Es la verdad!...

¡Cómo no lo ven!... Podemos contrastar nuestra ideas con las de otros, incluso las podemos discutir y cambiar, pero no así las creencias que, desde lo más profundo de nuestra mente, gobiernan todos nuestros actos. Podríamos decir que «yo tengo ideas, pero mis creencias me tienen a mí».

De hecho, todas mis acciones, incluido el lenguaje, dependen del tipo de observador de la realidad que estoy siendo. Si quiero cambiarlas necesito aprender a ser un observador diferente, revisar cómo me cuento las cosas y cómo (me) explico la realidad, revisando mi filtro de percepciones, mis «gafas» de ver. Necesito desmontar mis creencias limitantes, repletas de juicios infundados, tópicos, prejuicios colectivos, afirmaciones falsas y lugares comunes a los que en demasiadas ocasiones acudimos para formar parte de la masa, para sentirnos normales y aceptados por la tribu. Muchas veces nos dedicamos a pensar lo que otros han pensado antes, a decir lo que otros han dicho antes; lo hacemos nuestro y nos lo creemos. A menudo, nos convertimos en esclavos de nuestras creencias limitantes, de nuestras «verdades» que nos hacen sufrir. Toca desmontarlas, re-definirlas y transformarlas para que nos ayuden a saltar el foso que separa lo que estamos siendo de lo que podríamos llegar a ser.

«¡Te van a echar!»

En un momento decisivo de la temporada, un entrenador compartió conmigo su preocupación. Sentía que le quedaba poco en el cargo, que los jugadores ya no confiaban en él, y que los resultados no estaban acompañando. Para colmo de males, la Junta Directiva acababa de ratificarle, el paso previo a su destitución según las leyes no escritas del fútbol. Estaba ansioso, intranquilo, ofuscado, decepcionado y triste. Sufría. Después de escucharle durante largo rato hablar sobre su «problema», angustiado por la incertidumbre de su futuro, castigándose por lo que podría haber hecho y no hizo, culpándose sin compasión, juzgándose con dureza, quejándose de todo y de todos, totalmente bloqueado, solamente alcancé a decirle: «te van a echar»… «Quizá sea en una semana, nueve meses si te va bien o puede que en tres años si tienes mucha suerte, pero lo que parece inevitable es que, antes o después, te echarán… como a la inmensa mayoría de tus colegas. Dicho así, quizá suene un poco duro, pero también puede ser una gran liberación».

Creo que inconsciente y desafortunadamente, la pregunta que se hacen todos los entrenadores (y que nos haríamos cualquiera) en situaciones de gran tensión como la que vivía mi amigo es: *¿qué tengo que hacer para que no me echen?* No parece una pregunta muy inspiradora ni sugerente y, desde luego, no es nada potente. Al contrario, parece desesperada. La respuesta parece evidente y, desgraciadamente, no depende de ti: «¡Ganar!» es, posiblemente, la única respuesta que resuena en sus bloqueadas cabezas.

En nuestra *convers(a)cción* aparecía una y otra vez la misma creencia: «ganar es lo único que importa». Esta «verdad», en ese momento en el que los resultados no se estaban dando, conectaba a ese entrenador inmediatamente con sus «saboteadores» («no volverás a encontrar equipo», «eres un fracasado», «no estás a la altura», «no vales para nada»…) y también con la pérdida, la angustia, la preocupación, el miedo y la tristeza. Solo veía problemas, enemigos y complots por doquier, personas o colectivos que estaban siendo injustos con él («el público nunca te ha reconocido», «la prensa va a por ti», «los jugadores te están haciendo la cama», «¡desagradecidos!», «los directivos no tienen ni idea»…) Un negro escenario que le generaba gran sufrimiento. Su manera de observar la realidad le mantenía bloqueado y firmemente aferrado a una verdad que le hacía sentirse desconfiado, inseguro, temeroso y aislado. También había lugar para el resentimiento y el rencor que le situaban en el papel de víctima, inocente pero impotente, le sacaban totalmente del momento presente y le conectaban con su peor versión. En esas condiciones, ya estaba fuera... y él ni siquiera se había dado cuenta.

En esa *convers(a)cción* no se trataba de discutir si esa creencia («ganar es lo único que importa») de la que surgían todos sus «saboteadores» (que son quienes ponen voz a las creencias limitantes), era verdad o no. ¡Eso no era relevante! Seguro que hay 1 500 argumentos a favor y otros tantos en contra... ¡No buscaba tener razón!, no era ese mi objetivo, no quería convencerle de que estaba equivocado; solo necesitaba ayudarle descubrir cómo le estaba afectando su verdad y quién estaba siendo él desde ahí, explorando y desmontando su limitante creencia hasta encontrar otra verdad disponible para él.

Tras revisarla profundamente surgió una pregunta diferente: *¿quién quieres ser mientras estás ahí?* ¡WOW!... Silencio... De inmediato se produjo un cambio radical en la emoción, en su lenguaje corporal y en su energía. Se acababa de abrir un nuevo escenario hasta entonces absolutamente inexplorado, un mundo de nuevas posibilidades que le conectaba con su naturaleza valiente, su auténtica naturaleza... y la de todos. El descubrimiento de que, a partir de ese momento, independientemente de lo que pasara, él sería quien decidiera qué iba a ser durante todo el tiempo que durase en el cargo, comprometiéndose a vivir intensamente la experiencia, sin pasar de puntillas por ella, mostrándose abierto y accesible, ofreciendo a todos lo mejor de sí mismo y afrontando cada momento con coraje, alegría y entusiasmo, contagiando a sus jugadores y al *staff*, hasta el último día... fuera ese cuando fuese.

Esta pregunta (*¿quién quieres ser mientras estás ahí?*) le conectó con lo que realmente era importante para él, con su privilegio de ser y sentirse entrenador, manteniéndole enchufado con el optimismo, la ilusión y la esperanza. Decidió que, a partir de ese momento, ya no serían las circunstancias las que determinarían sus reacciones, sino que sería él quien decidiría afrontar como un reto esa situación, como un desafío de la vida para descubrir de qué era capaz, eligiendo con valentía las respuestas que le acercaran a ser quien quería ser... a quien realmente era, a su mejor versión.

No es lo mismo hacer (actuar) reaccionando ante el miedo, la desconfianza, o la inseguridad, que *hacer desde el Ser*. El impacto de las acciones que surgen desde la conexión con lo más profundo y auténtico de cada uno, es absolutamente incomparable y te conecta irremediablemente con tu mejor versión, con el líder al servicio que llevas dentro y que está deseando salir para tomar las riendas de este apasionante viaje del que regresarás totalmente transformado pues, pase lo que pase, habrá cambiado tu mirada sobre la vida, sobre los demás y sobre ti mismo. Y tú, *¿quién vas a ser mientras estás?*[8]

Creencias y sufrimiento

En demasiadas ocasiones, no ser capaces de separar el hecho de la *interpretación* que automáticamente le asociamos, nos dificulta enormemente poder aceptarlo y entonces, como no podemos cambiarlo, nos peleamos con él... y sufrimos. Necesitamos aprender a aceptar los hechos, sin confundirlos con una interpretación inconsciente e irreflexiva que nos bloquea y nos impide decidir y responder adecuadamente como la persona que queremos ser o como el líder que nues-

---

8   Artículo publicado en octubre del 2013 en el blog *Píldoras de energizol.*

tro equipo necesita.

Juup Heynckes, tras ganar la Triple Corona en junio 2013 (Champions, Liga y Copa) declaró que el punto de inflexión del nuevo Bayern dominador y referente, fue la dolorosa derrota en semifinales de la Champion 2009 contra el FC Barcelona en el Camp Nou por 4-0. A pesar de aquella eliminación con un resultado tan contundente, los propietarios del club bávaro no lo interpretaron como una humillación ni buscaron culpables dentro y fuera del club, no cortaron cabezas ni tiraron balones fuera intentando eludir responsabilidades. Al contrario, decidieron aprovechar aquella difícil experiencia para comenzar la transformación futbolística del equipo, desde lo que estaba siendo hacia lo que podría ser. Para ello, tomaron como referencia el estilo del mejor Barcelona y lo adaptaron a su carácter vigoroso, rápido, fuerte y enérgico, haciéndolo evolucionar hasta alcanzar la excelente versión que cuatro años después devolvió al club catalán un contundente 7-0 como resultado global en las semifinales de la Champion 2013 en la gloriosa temporada de su triplete (Liga, Copa y Champions).

No pretendo decir que un 4-0 no duela, ¡cómo no lo va hacer! Cualquiera que haya hecho deporte de competición, al nivel que sea, sabe lo que duele una derrota. Quizá los monjes budistas o los maestros zen sean capaces de no sentir decepción, disgusto, desilusión, rabia, frustración, impotencia y otras emociones similares ante un resultado así. Sería estúpido por mi parte, ni siquiera sugerir, que no deberías sentirte mal o sentir dolor cuando pierdes. De hecho, quizá sería hasta preocupante que no lo hicieras... Lo que te propongo es que sientas el dolor, lo observes y, si fuera conveniente, lo expreses de manera adecuada para descargar tu cuerpo y liberarte, pero que no te quedes ahí, sufriendo innecesariamente.

Andrés Iniesta, nada más consumarse la eliminación de su equipo frente al Atlético de Madrid en cuartos de final de la Champion 2014, declaró: «el dolor puede durar hoy y mañana. Después pensaremos que esto es fútbol, es deporte, y que no podemos ganar siempre». El dolor es inevitable, pero el sufrimiento, con todos los respetos y cautelas hacia la gente que sufre, es opcional, una decisión inconsciente en muchas ocasiones... pero opcional.

Existe una teoría muy ligada a la física cuántica que el psicólogo Carl Jung denominó *sincronicidad* que describió como una inteligencia organizadora y colectiva que está en todas las cosas, una realidad unificada de la que todo emerge, a la que todo regresa y en la que el todo existe en cada parte. Atendiendo a este concepto, se dice que las personas ancianas, hacia el final de sus vidas, en muchas ocasiones descubren que cada evento, cada hecho que experimentaron tuvo un sentido, como si en ese momento de clarividencia, todas las piezas del puzle encajaran dejando a la vista la imagen completa del cuadro que hasta entonces permanecía oculto.

Si esto es así, si todo lo que pasa, pasa para algo, estar dispuestos a dejarnos llevar por las «sincronicidades», sin juzgar al Universo y confiando en que todo lo que sucede conviene, y es justamente lo que necesitamos para conseguir lo que más profundamente deseamos, nos ayudaría a aceptar con serenidad las cosas que (nos) pasan y a dejar de pelearnos con los hechos. A dejar de sufrir. Desde esta idea de creer que todo lo que nos ocurre tiene un sentido, oculto en ocasiones, y es relevante para nuestro crecimiento y desarrollo personales (aunque no lo podamos entender), quizá podamos relajarnos y asumir con humildad que no podemos controlarlo ni explicarlo todo, sino que tenemos que abrirnos a otras posibilidades e interpretaciones de la realidad que hasta entonces permanecían inaccesibles para nosotros.

Siento que gran parte de los entrenadores con los que tengo *convers(a)cciones* buscan que les ayude a ver cosas que ellos saben que no están viendo, a cambiar el observador que

están siendo, a revisar sus creencias, a encontrar otras interpretaciones para transformar sus estados de ánimo y poder
seguir entusiasmados, ocupándose y liderando al servicio de
sus equipos, en lugar de continuar angustiados, sufriendo,
(pre)ocupándose, lamentándose, compadeciéndose, quejándose y culpándose.

Dice José Mourinho que: «los jóvenes de hoy no tienen
nada que ver con John Terry o Frank Lampard y no puedo
juzgarles por eso. Sé que si quiero seguir entrenando en el futuro, necesito entender cómo es el mundo de estos chiquillos
de 20 años». Si hasta Mourinho, *«the special one»*, acepta los
hechos que no puede cambiar, reconoce que necesita transformarse y puede hacerlo, ¡tú también puedes!

Cuando dejas de estar enfadado o triste por hechos ciertos y dejas de pelearte con ellos y de aferrarte a lo que *debería
ser*, y aceptas lo que *está siendo*, puedes acceder a otro nivel
de competencia, puedes ver la situación como una prueba
para tu aptitud como líder, como un maestro que se te ofrece
para que descubras en quién te tienes que convertir, qué debes aprender, qué debes cambiar en ti y a qué te debes atrever
para poder seguir avanzando en tu proceso de trasformación,
que no es un destino sino un camino.

Sugiero que veas cada problema, de cualquier índole, que
te planteen la vida y el deporte (ambas son cosas que pasan)
como un reto para tu crecimiento, descubriendo qué espera y
necesita de ti la Vida, el Universo, Dios, la Fuente, la Energía,
el Todo, el Ser... (elige lo que más te guste) en cada momento. No se trata de parecer que estás bien ante una situación
difícil, sino de que te atrevas a interpretarla como un desafío
que aparece ante ti para que descubras quién eres y de qué
eres capaz, y para estar bien de verdad, plenamente presente
y conectado a todos tus recursos y a lo mejor que tienes, para
seguir creciendo, brillando y liderando con energía, confianza y alegría al servicio de las personas que te importan.

Creencias limitantes en el deporte

«Tanto si crees que puedes como si crees que no, en ambos casos tienes razón».

HENRY FORD

Durante 100 años existió la creencia muy limitante y fuertemente arraigada en el mundo del atletismo de que ningún ser humano sería capaz de bajar de los 4 minutos en la carrera de la milla. Algunos médicos y científicos de la época subrayaban que el corazón podría reventar, se romperían los músculos y se fracturarían los huesos. Ante tan agoreras previsiones, nadie se atrevía ni siquiera a imaginarlo. El 6 de mayo de 1954, Roger Bannister, un joven atleta inglés, estudiante de medicina y futuro neurólogo, rompió esa creencia y completó una extraordinaria carrera que se conoció como «la milla milagro», recorriendo esos 1 609 kilómetros en 3 minutos y 59 segundos.

Bannister escribió en su diario: «Me preparé de modo cuidadoso y concentrado. Traté de establecer el récord con la actitud del 'ahora o nunca' porque sabía que, a menos que tuviese éxito en alcanzarlo, quizás perdería la oportunidad abandonándome a esa reacción mental tan común entre los atletas: esto es, pensar que siempre habrá una siguiente oportunidad para hacerlo, que quizás hoy no sea el día».

Él, que era un estudioso del cuerpo humano, sabía que podía hacerlo y por eso lo hizo. Hasta aquí la historia no tiene nada de especial ya que constantemente se rompen récords, y solo algunos tardan más que otros. Lo realmente sorprendente fue lo que pasó en las semanas posteriores. Tan solo seis semanas después del récord de Bannister, el australiano John Lundy lo bajó un segundo; a los 6 meses, 40 atletas ya lo habían bajado 4 minutos y, 6 años después, la cifra de los que lo habían conseguido superaba los 200 corredores. Sir Roger Bannister allanó el camino a sus competidores al no rendirse, creyendo que era posible y haciéndolo, transformando esa barrera insuperable en un reto alcanzable.

En cualquier ámbito o actividad existen multitud de creencias. Estamos rodeados de ellas. Comparto contigo algunas muy extendidas en el fútbol que son adaptables a otros deportes, «verdades» asumidas por la inmensa mayoría que aparecen de forma recurrente. Desde luego, no afirmo que cada una de ellas sea limitante para todos, pero sostengo que sí lo son para muchos.

«El fútbol es así»... «todos los árbitros son muy malos»... «el fútbol es para listos»... «si no has sido jugador no llegarás a ser entrenador profesional»... «se entrena donde se juega»... «no le pregunto al entrenador cuando juego y tampoco cuando no lo hago»... «los periodistas son mala gente»... «a los jugadores, si les das la mano, te cogen el brazo»... «el entrenador siempre tiene que tener la solución»... «todo buen equipo empieza por una gran defensa»..., «los jóvenes de hoy son unos jetas»... «hay que mantener las distancias con los jugadores»... «si no manejas el *otro fútbol* no eres competitivo»... «ganar es lo único importante»... «ganar, ganar, ganar y volver a ganar»... «los jóvenes de hoy no se comprometen»... «al enemigo ni agua»... «nadie se acuerda del que queda segundo»... «mostrarse vulnerable es signo de debilidad»... «es imposible llegar a profesional»... «las mujeres no pueden entrenar en la élite»... «vale todo para ganar»... «los directivos no tienen ni p. idea»... «es muy duro ser entrenador»... «¡con lo que cobran!»... «todos los futbolistas son egoístas»... «el presupuesto define la clasificación»... «en el fútbol está todo inventado»... «no se puede cambiar de la noche a la mañana»... «yo soy así»... «esto es lo que hay»... «el respeto hay que ganárselo»... «hay que ser un (poco) cabrón para que te respeten»...

Seguramente, según las estás leyendo, puedes estar pensando «¡es que son verdad!». Está bien, no te incomodes... pero, son «verdad»... para ti. A estas alturas del capítulo ya sabes que la realidad es interpretable y la pregunta, en todo caso, no es si son verdad o no, sino saber qué te da, qué te está quitando y en quién te convierte cada una de estas «verdades». Si te ayudan a avanzar hacia tus objetivos, a perseverar, a seguir aprendiendo, a sentirte útil y valioso, a abrirte a nuevas posibilidades, a seguir caminando con ilusión y alegría hacia tu mejor versión, a convertirte en el líder al servicio que necesitan tus jugadores, si te cargan de *energizol* y de entusiasmo para disfrutar intensamente del proceso, adelante. Esas «verdades» son potenciadoras para ti.

Si, por el contrario, en lo más profundo de tu ser, intuyes que alguna de esas creencias no te está ayudando en absoluto a dar lo mejor que tienes, si sabes... (porque tú lo sabes), que te están limitando, que te están convirtiendo en quien no quieres ser, en una persona desconfiada o insegura, que están dando de comer a tus «saboteadores», que te están quitando ilusión y energía, te animo a que elijas ahora una de ellas para observarla.

¡Practica!

Te propongo que las leas otra vez, todas, despacio, sintiendo cómo cada una de ellas rebota en tu interior, descubriendo cómo te aferras a alguna de ellas... o quizá hayas caído en la cuenta de otras que no están en la lista, esa «verdad» que siempre ha estado contigo y que puede que no te esté ayudando mucho en este momento. Esa es la que puedes elegir para trabajar. De nuevo... ¡lápiz y papel! Te reto a que te atrevas a revisarla y sentirla para poder después desmontarla y descubrir otros mundos que te abrirán sorprendentes posibilidades hasta ahora inexploradas. Solo si tienes el coraje de cuestionar y re-interpretar tus propias creencias, podrás ayudar a otros a transformar su realidad.

Me gusta la frase atribuida a Confucio de «leo y olvido; veo y entiendo; hago y aprendo». Por eso te pido que pares... ¡Piénsalo!... Este libro tendrá algún sentido si te sirve para cambiar algo, para hacer algo distinto de lo que estás haciendo, para transformarte... en algo. Este es un momento perfecto para enfrentarte con alguna de tus «verdades» innegociables. Te aseguro que si te limitas a leer, podrás pensar «¡qué interesante!»... pero nada cambiará. No es la razón, sino el corazón lo que te conecta con la acción. La *razón* te sirve para entender, pero es la *emoción* lo que te mueve. De nuevo, no te pido que me creas, solo que experimentes y, para ello, necesito que elijas una creencia y escribas tus reflexiones, sensaciones y respuestas a las preguntas que te iré planteando.

Desmontando creencias

Si ya has elegido tu creencia para trabajar, te ofrezco algunas cuestiones para ayudarte a profundizar y a tomar consciencia de qué impacto está teniendo en ti esta «verdad» tuya. Quiero que la sientas... y la escribas. Te propongo que, juntos, nos convirtamos en buscadores, en exploradores de nuevos territorios. Elige las preguntas que te resuenen y date tiempo para responder(te) cada una de ellas. Despacio, no hay prisa.

Si te ayuda, puedes pensar en un hecho concreto o en una situación a la que acabas de darte cuenta que asocias tu creencia de forma automática y cuyos efectos y resultados se alejan mucho de los que te gustaría conseguir. Por ejemplo, imagina que no te apuntaste a esa formación tan chula de liderazgo que te recomendaron porque, en lo más profundo de tu ser, compartías esa creencia tan extendida de que «en el fútbol está todo inventado». *¿Qué pasaría contigo si esa «verdad» fuera la que determinara esa y otras decisiones?... ¿Qué efecto estaría teniendo en tu futuro?... ¿En qué te estaría limitando?... ¿Cómo sería tu curiosidad para seguir aprendiendo de todo y de todos, para buscar nuevas soluciones y respuestas, para innovar en los entrenamientos?... ¿Quién estarías siendo?... ¿Cómo podrías convertirte en un líder transformador de la realidad si en el fútbol ya estuviera todo inventado?*

En esta primera parte de la práctica no se trata de convencerte de lo contrario de tu «verdad» (sea esta la que sea), ni de quitarte la razón, tan solo me interesa que tomes consciencia de cuál es su impacto en ti, hacia dónde te lleva y en quién te conviertes esta «verdad» tuya. Espero que puedas sacar a la luz esa creencia inconsciente, que la pongas ahí delante para observarla, cogiendo distancia, prestando atención y revisando las generalizaciones («todos», «siempre» «nadie», «nunca», «debería», «jamás», «tengo que», «es obvio», «lo natural es que»...) con las que la expresas para convertirla en la «verdad», así como los juicios, fundados o no, con los que la declaras y las afirmaciones, verdaderas o falsas, en las que la sustentas, Recuerda que no se trata de juzgarla, tan solo de reconocer(te) quién estás siendo desde ahí.

¿Ya tienes tu creencia para explorar?... ¡Vamos!

¿En qué te está ayudando esta creencia?... ¿en qué crees que te hace mejor?... ¿qué crees te está aportando?... ¿qué te está quitando?... ¿en qué te está limitando?... ¿qué te estás perdiendo?... ¿qué es lo peor?... ¿a qué tienes miedo?... ¿cuáles son sus efectos?... ¿qué resultados estás consiguiendo?... ¿cómo crees que te perciben los demás?... ¿cómo te comportas desde esta creencia?... ¿cómo es tu actitud?... ¿cómo te sientes?... ¿cómo te afecta?... ¿cómo te ves aquí?... ¿quién estás siendo?... desde esta creencia, ¿cómo te relacio-

nas con tus jugadores?... ¿y con tus colaboradores/prensa/ directivos/familia?... ¿quién estás siendo ahora para ellos con esa «verdad» tuya?... ¿cómo es tu nivel de presencia?... ¿cómo hablas CON (no A) tus jugadores?... ¿desde dónde les hablas?... ¿cómo es tu nivel de apertura y disponibilidad?... ¿cómo estás siendo de valiente?... ¿cuál está siendo tu impacto en ellos?... ¿cómo está siendo tu liderazgo?... ¿qué les estás quitando?... ¿qué no les estás dando?... ¿cómo es tu nivel de energía y entusiasmo cada día?... ¿a qué no te estás atreviendo?...

Descubriendo nuevos mundos

Una vez que la hemos explorado y revisado en profundidad, que has sentido cómo te está quitando poder para actuar y en quién te convierte, comenzamos a matizarla, a desdramatizar y relativizar, a desafiarla respetuosamente para abrir nuevas perspectivas y alternativas, para descubrir otras posibilidades, otros mundos posibles que también pueden ser «verdad» para ti. Buscamos re-interpretar tu realidad, re-etiquetar esa creencia limitante hasta que puedas cambiarla por otra potenciadora (otra «verdad») elegida por ti y mandar a paseo la antigua. Para encontrar esta otra *verdad*, seguimos preguntando:

¿Cómo podrías matizar esta creencia?... ¿qué otras cosas podrías pensar?... ¿en qué situaciones no se cumple?... ¿qué otras cosas también podrían ser «verdad» en esta situación?... ¿qué te diría tu «yo verdadero»?... ¿con qué valor tuyo podrías conectar?... ¿qué te diría un personaje que admires mucho?... ¿qué haría él en esta situación?... ¿qué podría ser diferente?... ¿qué harías diferente?... ¿quién estarías siendo?... ¿qué posibilidades se te abrirían?... ¿a qué

te estarías atreviendo?... ¿a qué te estás comprometiendo desde esta nueva interpretación?... ¿a qué estás diciendo que sí?... ¿y que no?... ¿qué estás eligiendo?... ¿quién estás siendo ahora?... ¿con qué valor tuyo estás totalmente conectado ahora?... ¿qué líder estas siendo para tus jugadores?... ¿cuáles son los primeros pasos/acciones?... ¿qué vas a hacer esta semana?... ¿cómo te sientes ahora?...

Según vamos reflexionando y desmontando nuestras creencias limitantes, el sufrimiento va desapareciendo y comenzamos a ver otros mundos posibles, otras «verdades» que nos conectan con lo que realmente es importante para nosotros, con nuestra naturaleza valiente y con nuevas acciones posibles, generándonos la energía y el estado de ánimo que nos moviliza e impulsa hacia la acción y la transformación que necesitamos, respondiendo en lugar de reaccionando y decidiendo, en cada momento, quiénes queremos ser.

«Pilla pilla»

Era el típico entrenamiento de sábado previo al partido del domingo. Como había llovido toda la semana, el campo estaba muy blandito y, como tantas veces, entramos a hurtadillas en el parque municipal, junto al estadio, aprovechando que no estaban los jardineros, para completar el calentamiento sin pisar el terreno de juego. Al parecer el entrenador tenía un día juguetón, algo absolutamente inusual en él, y uno de los ejercicios consistía en jugar al «pilla pilla». Es divertido. En un espacio limitado y suficiente para poder correr y moverse bien, uno la lleva y tiene que tocar a otro. Cuando lo hace, ambos se dan la mano y, sin soltarse, deben tocar a un tercero que se suma a la cadena. Y así, sucesivamente, hasta que no queda nadie libre.

Aquel día, supongo que gracias a mi excelente juego de cintura, flexibilidad y agilidad prodigiosas (modo ironía ON, pues si era durito en condiciones normales, no te digo nada a las 9.30 h de la mañana y con una tendinitis en los talones que me obligaba a llegar al baño a gatas tras levantarme de la cama), anduve fino y quedé libre hasta el final. En la última ronda, con todo el equipo ya encadenado y estrechando el círculo hasta el punto que ya no había salida posible, decidí echarme encima de todos para acabar el juego echando unas risas. Mala elección.

En ese momento retumbó un trueno. Todos pudimos escuchar con claridad su grito (todavía me llega el eco): «¡Lo sabía!»... ¡eres un perdedor!»... ¡no eres competitivo!»... ¡nunca lo has sido y nunca lo serás!». Esa fue su sentencia. Gané el juego, pero perdí mucho aquel día. Qué cierta esa reflexión sobre el liderazgo que dice que podemos olvidar todo lo que nos diga o haga un entrenador, pero nunca olvidamos cómo nos hizo sentir. Aún hoy, cuando lo estoy escribiendo, recuerdo perfectamente el impacto que tuvo en mí aquella demoledora declaración, resonando como un disparo delante de todos mis compañeros. Me sentí humillado. Estuve mucho tiempo sin entender cómo pudo decirme algo así. Ahora lo comprendo y, con la perspectiva de los años y la experiencia, siento compasión por mi entrenador.

Él tenía su razón. Bajo su punto de vista, no estaba siendo competitivo, pero su sentencia fue tan definitiva como desafortunada. No es lo mismo *ser* que *estar siendo*. Con la primera estamos etiquetando a la otra persona y eliminamos la opción de que pueda cambiar, corregir, aprender y mejorar. Con la segunda expresión, creamos un espacio para que pueda hacerlo e, incluso, nos ponemos en la mejor disposición para ayudarle a conseguirlo. Etiquetar es muy dañino para el otro, pero aún lo es más para ti, para quien necesita liderar. Este sencillo cambio de eres por estás siendo te abre muchas posibilidades para establecer nuevas *convers(a)cciones*, para ser curioso, para escuchar y preguntar, para ayudar al otro a tomar consciencia, para descubrir, para aprender y crecer y, sobre todo, para seguir creyendo que es posible cambiar y construir nuestro propio futuro, así como ayudar a otros a hacerlo con el suyo.

Ahora sé lo que esperaba el entrenador cuando descargó su ira sobre mí en aquel momento del »pilla pilla». Él esperaba que no me rindiera, que hiciera todo lo posible por superar aquella dificultad máxima del juego, que no bajara los brazos, que siguiera peleando, que estuviera presente en el juego y centrado hasta el final. Que no me saliera del ejercicio. Él confiaba en mí, pero era incapaz de expresarlo. De ahí su frustración, su enojo y su furia. Lo que le disgustó fue comprobar que reaccionaba igual que lo hacía en el campo y que, a veces, en situaciones límite, cuando la cosa se ponía muy complicada, me salía del partido y abandonaba. Bajaba los brazos y me desconectaba del juego, dejando al «saboteador» a los mandos de mi cuerpo.

Ser competitivo no es querer ganar, eso lo queremos todos. De hecho, si fuera suficiente con quererlo, yo sería tan bueno como el mejor, porque tenía tantas ganas e ilusión por ganar como el que más. No es tan sencillo. Competir es querer ganar poniendo, además de talento, todo lo necesario para conseguirlo: sacrificio, perseverancia, optimismo, pasión, determinación, disciplina, entusiasmo, deseo de mejorar cada día y de crecer sin parar. Ahora la cosa se complica. Ahí ya solo llegan sin ayuda unos pocos elegidos. ¿Que algunos nacen siendo ya competitivos? Posiblemente. Conozco algún caso cercano. ¿Que los demás podemos aprender a serlo? ¡Seguro! Desde luego es más fácil y cómodo poner la etiqueta a alguien de «no es competitivo» que ayudarle a serlo.

No sé qué hubieras hecho tú en mi situación, pero sí me imagino al gran Puyol siendo el último en el «pilla pilla»; le veo intentando subirse a algún árbol, tirarse por encima de los arbustos, pasar de un salto por encima de todos o por debajo de las piernas de algún despistado encadenado... en fin, le veo sin rendirse, peleando hasta el final, presente y conectado al juego, atento a cualquier posibilidad, con alegría, pero en alerta máxima, siendo un ejemplo de actitud para todos los demás «encadenados» de su equipo. Le veo exactamente igual que le veía en el campo.

Deportistas como Puyol me recuerdan la historia de Joe, el viejo luchador que antes de jubilarse soñaba con vencer a Jack «el destructor», el gran campeón. Su entrenador se oponía a ese combate pues sabía que Jack era un maestro aplicando una llave secreta con la que derrotaba a todos sus rivales. Pero Joe insistió tanto, que al final consiguió que se disputara su ansiada pelea. Nada más comenzar el combate, «el destructor» se lanzó sobre Joe inmovilizándole con su agarrada invencible. En ese momento su entrenador cerró los ojos preparándose para lo peor y así estuvo hasta que escuchó un gran estruendo sobre la lona del ring, seguido por el clamor de la multitud. Cuando volvió a abrir los ojos esperando contemplar el desastre, vio a Joe celebrando entusiasmado su victoria. ¡Increíble!... había logrado liberarse y derrotar al campeón.

Al regresar al vestuario, el entrenador, todavía impactado por el sorprendente resultado del combate, preguntó a Joe qué había hecho para obrar un milagro tal:

—Estaba yo cabeza abajo y con la cintura oprimida entre sus brazos, replegado sobre mí mismo, hecho un nudo y sin poder casi respirar, e iba a declararme vencido cuando, de pronto, vi un par de testículos frente a mi cara. Supe entonces que era mi única oportunidad para hacer que me soltara y, como el paquete estaba justo a la altura de mi boca, le di un tremendo mordisco —le explicó Joe.

–¡Vaya!... Te felicito, aunque no haya sido elegante, desde luego sí ha sido muy eficaz, –respondió su entrenador.

–Sí, es increíble lo que un hombre es capaz de hacer cuando se muerde sus propias pelotas, –concluyó Joe.

Bromas aparte (o no), yo no fui capaz en aquella situación de actuar como Joe. Un entrenador con las sencillas habilidades que estamos descubriendo, habría tenido ahí una excelente oportunidad para ayudarme a sacar de esa experiencia un gran aprendizaje que trasladar al campo creciendo dos palmos como persona y como jugador. Podía haberla aprovechado para darme *feedback* (información neutra y objetiva sobre hechos observables, sin opinión ni juicio) sobre mi comportamiento, aumentado mi consciencia sobre el impacto de mi reacción en el equipo, en quién me convertía actuar así, bajando los brazos, quién estaba siendo cuando me rendía sin pelear hasta el final, a qué estaba renunciando con ese comportamiento, qué podría haber sido diferente si, la siguiente vez que percibiera esas sensaciones en un partido, tomara consciencia de lo que (me) estaba pasando para poder ofrecer una respuesta mejor, decidida y elegida, más beneficiosa y positiva para mí y para mi equipo. Podría haberme preguntado en qué situaciones concretas de entrenamiento podríamos trabajar para mejorar ese aspecto durante la semana y a qué me estaba comprometiendo con esa decisión... Pero eligió desahogar su frustración. Me sentí insultado, abochornado y despreciado. En mi opinión, la suya fue peor elección incluso que la mía[9].

---

9   Publicado en el blog *Píldoras de energizol* (http://blogs.deia.com/pildorasdeenergizol/) en septiembre del 2013.

Etiquetar

«No es competitivo», «es vago», «es miedoso», «es egoísta», «es tronco», «es nervioso», «es lento», «es torpe con el balón», «es un jeta», «es un gordo», «no tiene cuerpo», «solo corre», «no es ganador, «es blando», «es muy malo», «no entiende el juego», «no sale por arriba», «es un golfo», «es malo con los pies», «no tiene actitud», «pasa de todo», «solo tiene gol»... Cuando etiquetamos a las personas que necesitan nuestro liderazgo, sin darnos cuenta vamos dictando sentencias definitivas con las que las clasificamos y categorizamos, como si fueran cosas y, poco a poco, es como si las fuéramos metiendo en cajas, con sus pegatinas correspondientes, de forma que corremos el grave riesgo de creer que ya sabemos lo que son y cómo serán en el futuro. Nuestra mente es muy obediente y, si sembramos una etiqueta limitante respecto a cualquiera, a partir de ahí, ya se encargará ella de tener razón y de que, en adelante, solamente veas aquello que confirma y refuerza ese pensamiento. Lo demás, lo que vaya en contra de la etiqueta, resultará invisible para tus ojos.

Etiquetar es cómodo para quien lo hace, y desgraciadamente también para la persona que lo sufre pues, a partir de entonces, solo tiene que limitarse a cumplir las pobres expectativas que los demás tienen sobre ella. Todos saben cómo es y, con el tiempo, ella misma se convencerá de que esa es su identidad, bloqueando así todas sus posibilidades de aprendizaje y transformación. Sencillamente se conformará con seguir siendo quien está siendo. Hasta aquí llega la influencia de Parménides, XXV siglos después, para imponer su dictadura del «yo soy así», un ser inmutable que no puede cambiar.

Cuando etiquetamos, nos comportamos de forma peligrosamente inconsciente, ignorante y descarada, atreviéndonos a reducir la grandeza del ser humano y sus inagotables posibilidades de cambio permanente, a cuatro juicios limitantes sobre algunos comportamientos que lo encorsetan, lo meten en la caja y la cierran con llave. Y así lo hacemos cada vez que juzgamos a nuestros jugadores (alumnos o hijos o colaboradores) en lugar de darles un *feedback* correcto sobre sus tareas y comportamientos, cuidando y respetando al máximo a la persona. Lo cierto es que se puede ser muy exigente en la tarea y a la vez muy respetuoso con el ser humano que tenemos delante. No se puede... se debe.

Necesitamos líderes al servicio de sus seguidores que no les etiqueten y que les transmitan que *están siendo*, pero que no *son* y que pueden cambiar y ser mejores. Líderes que les hagan sentir capaces de transformarse y les impulsen a descubrir quiénes podrían ser si se atrevieran a reventar la caja quitándose todas esas pegatinas que llevan acumulando durante años. Líderes que les inspiren a hacerlo y les ayuden a decidir y a elegir sus propias etiquetas. Líderes que no pierdan la paciencia, ni la esperanza para poder seguir creyendo en ellos, aun cuando los avances no sean tan rápidos ni evidentes como les gustaría. Necesitamos líderes conversacionalmente competentes, creadores de nuevas posibilidades, que se atrevan a creer para poder crear otros y mejores futuros posibles para ellos mismos y para sus jugadores y equipos.

Crear otros futuros posibles

Uno de los postulados de la *Ontología del lenguaje* de Rafael Echevarría que sirve de base filosófica a este nuevo paradigma emergente de «la realidad es interpretable», sostiene que el lenguaje es acción y crea nuevas realidades, no solo sirve para hablar de las cosas o para describirlas, sino que también nos permite participar y modelar el mundo en que vivimos, haciendo que las cosas ocurran y creando otros futuros deseados, siempre y cuando nos atrevamos a comprometernos con ellos, a declararlos, vivirlos y a ser el cambio, haciéndolo posible y real.

En el deporte, como en todos los ámbitos de actividad donde participa el ser humano, existen casos muy significativos de reconocidos líderes que han conseguido crear nuevas realidades donde ni siquiera había indicios que señalaran que esto era posible. En el fútbol por ejemplo, desde Johan Cruyff con su inolvidable *dream team* que transformó para siempre el juego en España, pasando por Arrigo Sacchi y su inteligente e imbatible Milan de los tulipanes, hasta el apasionado Guardiola evolucionando el fútbol hasta alcanzar un nivel de eficacia y estética insuperables, el hipnótico e incomparable Bielsa que dejó un legado de valentía sin límites, sacrificio, nobleza y respeto en el Athletic Club, o el indomable Simeone reflejando en su espartana filosofía del «partido a partido» su determinación inquebrantable de vivir cada día conectado a una visión, poderosa e inspiradora, que ha cambiado la realidad de un club victimista hasta su llegada que se conocía a sí mismo como «el pupas».

Ellos son líderes transformadores, visionarios, personas apasionadas y valientes capaces de crear una nueva realidad donde solo existía una remota posibilidad, que declaran su compromiso con una visión ardiente y la convierten en su propósito de vida desde el primer día, aun sin tener ninguna garantía de éxito.

Un entrenador al que admiro, dos meses después de completar su formación de las «7**P**s», cogió su primer equipo en Segunda B en 2013 tras solventar la directiva algunas dudas sobre su idoneidad para el puesto por su juventud (36 años) e inexperiencia (2 temporadas como entrenador). Finalmente confiaron en él y, a pesar de completar un gran inicio, el equipo encarriló una mala racha que le llevó a acumular ocho partidos sin ganar. Los rumores de destitución se fueron amplificando hasta que ya parecía evidente que el domingo siguiente era victoria o cese. Hablé con él durante aquellos días y le pregunté cómo estaba. Me encantó su respuesta: «Estoy muy tranquilo y viviendo intensamente esta experiencia, me siento sorprendentemente bien y muy presente, hablo mucho con los jugadores y me emociona ver cómo entrenan a tope cada día, así es que espero lo mejor para este domingo». Así estaba. Me acerqué al estadio para ver el partido y, en el minuto 88, perdía 1-2 contra el Noja. Podía sentirle en la banda, muy conectado a sus jugadores y al propio juego. Empataron en el 90 y marcaron el tercero en el 93. Seguidamente, ganaron los siguientes seis partidos y el club ascendió tras superar brillantemente tres eliminatorias de *play off*.

La temporada siguiente y con el presupuesto más bajo de la categoría, comenzaron el torneo con un rendimiento irregular. A mitad de competición le pregunté cómo veía a sus jugadores y su respuesta volvió a sorprenderme: «Estoy preocupado... solo veo «bellotas» corriendo por el césped» me contestó con una gran sonrisa. Pensé que se me estaba yendo de las manos el tema de las «bellotas»... pero él estaba entusiasmado. Su equipo quedó campeón y ascendió tras una segunda vuelta espectacular. En su debut en Primera, no le tembló el pulso para alinear como titulares a siete futbolistas que habían ascendido desde Segunda B y con ellos ganó el Derby a la Real Sociedad. Gaizka Garitano, entrenador del Eibar, está creando una nueva realidad para su club y para todos aquellos equipos humildes que pensaban que eso no era posible. Con la plantilla más barata con diferencia y aupado sobre la enorme ilusión generada en un pequeño pueblo de 25 000 habitantes, compite de manera ejemplar en la Liga más desigual del mundo, haciendo brotar y crecer espectacularmente a cada una de sus «bellotas» y dignificando la profesión que ama, mientras disfruta al máximo de la experiencia y la comparte con todos sus seguidores[10].

En definitiva, si como decía Jim Selman, mi pasado, ciertamente, solo es una historia que me cuento, no es la verdad, el futuro es pura posibilidad, una elección que hago cada día en cada una de las *convers(a)cciones* que mantengo en el presente, conmigo mismo y con los demás. Cada uno de nosotros podemos ser un creador de futuros posibles. El líder transformador en cualquier ámbito (deporte, familia, empresa, política...) es una persona sencilla, como tú y yo, que en

---

10   Justo antes de cerrar la edición de este libro, jugaban de visitante contra el Espanyol. Cuestionado por las importantes bajas que sufría su equipo para afrontar ese partido, respondió: «Sí, son bajas destacadas, pero no estoy preocupado sino encantado de poder ofrecer su oportunidad a otros jugadores que también se merecen jugar». La realidad es interpretable. Ganaron.

un momento dado de su vida se atreve a parar su inercia y a reflexionar sobre ella para diseñar, crear y comprometerse con un nuevo futuro, distinto y mejor, para él mismo y para sus seguidores.

A partir de ahí, declara, construye y vive su visión, día a día en el presente, haciendo que sea su razón de ser, con un sentido de urgencia que refleja un deseo profundo de alcanzarla y, gracias a un entusiasmo y a una determinación altamente contagiosos que brotan desde la conexión con lo más profundo de su Ser, poco a poco consigue ir ganando seguidores para su improbable causa, a los que acompaña cada día con sus *convers(a)cciones* en su proceso de crecimiento y desarrollo, inspirándoles a transformarse en las personas y en los equipos que se merezcan alcanzar esa nueva realidad, ese nuevo futuro deseado.

Positivizar en 7 píldoras

1. «La realidad es interpretable» y, de existir, no tenemos acceso a la «verdad» absoluta. Vivimos en mundos interpretativos y, cuando cambio mi forma de ver las cosas, las cosas cambian. Cambio yo, cambia todo.

2. La vida y el deporte son *cosas que pasan*, hechos neutros y ciertos. Son nuestras creencias, el filtro de percepciones de cada uno, las que definen qué es «verdad» para nosotros, constituyen el observador de la realidad que estamos siendo y determinan nuestra actitud. Ellas son las gafas que utilizamos para interpretar el mundo. Si no vemos bien, ¡podemos cambiarlas!

3. Si tu «verdad» no te está ayudando, no solo tienes la opción de reaccionar ante cada situación en función de

cómo crees que eres y cómo crees que son las cosas, sino que también podrías ser en función de cómo actúas. ¡Puedes elegir tu respuesta! «Yo soy así» ya no es una opción válida para ti. ¡Puedes transformarte! ¡Puedes ser mejor!

4. Desmontar creencias limitantes significa explorarlas y profundizar en ellas para descubrir qué impacto tienen en ti, si te abren posibilidades o te las cierran, si te dan poder para actuar o te lo quitan, si te llenan de energía o te la roban, si te acercan a la persona que realmente quieres ser o te alejan de ella.

5. Necesitamos líderes que no etiqueten a las personas que trabajan bajo su influencia o responsabilidad. Que entiendan que sus jugadores (hijos, alumnos o colaboradores...) *están siendo* pero no *son*, que es posible cambiar y transformarse, que lo crean de verdad y que les hagan sentir capaces de hacerlo.

6. Necesitamos líderes competentes conversacionalmente, conscientes de que es en la calidad de sus *convers(a)cciones* donde reside el poder para transformar Identidades y construir equipos. Líderes creadores de nuevas posibilidades, soñadores de nuevas realidades, que se atrevan a declararlas y a creer en ellas.

7. **P**ositivizar es tomar las riendas de tu mente y de tu vida, asumiendo la responsabilidad de decidir qué quieres pensar, de no hacerlo en automático y de revisar y adecuar tus propias creencias para responder adecuadamente, controlando tu actitud y eligiendo así quién quieres ser ante cada reto que la vida te ofrezca.

Potenciar

«*El mayor regalo que podemos hacer a los demás no es mostrarles nuestras riquezas sino hacerles ver las suyas propias*».

JOHANN WOLFGANG VON GOETHE

Mi «yo verdadero»

Estaba nervioso. Llevaba algunas semanas jugando mal y las críticas comenzaban a arreciar. Era de noche y quedaban pocos minutos para comenzar el partido. Intuía que quizá era mi última oportunidad para mantenerme como titular. El equipo contrario tenía un delantero centro argentino goleador y muy agresivo (violento en ocasiones) que se encontraba en un gran estado de forma. Él era mi pareja de baile para esa noche y el duelo no pintaba bien.

El partido comenzó con fuerza y mucho contacto entre ambos, hasta que en una disputa aérea por un balón, me golpeó intencionadamente con el codo en la cara. No llevábamos ni 15 minutos de partido, cuando la sangre comenzó a manar a borbotones por mi nariz. Retirado en la banda, con dificultades para respirar y atendido por el médico, veía al entrenador gesticulando para hacer el cambio. En ese momento, cuando ya estaba asimilando una derrota digna (pérdida de titularidad por lesión), algo en lo más profundo de mí se rebeló exigiéndome que volviera al campo de inmediato. No sé cuál fue el motivo, no me dio tiempo a pensar, pero le dije al médico que me colocara como pudiera la nariz porque volvía a salir.

A partir de ese momento todo mi ser se centró en el balón, en el 9, en mis compañeros y en el juego. Estaba 100% conectado a ese momento. Nada me distraía. Ni árbitros, ni protestas, ni trampas, ni negras profecías, ni pensamientos inútiles en mi cabeza. Solo silencio interior y una increíble y desconocida sensación de serenidad y quietud mientras jugaba.

Completé mi mejor partido de la temporada. Mi temido rival desapareció del partido y fue sustituido por su nula aportación. Al acabar todo eran felicitaciones, pero yo sentía una emoción muy especial. No era solamente satisfacción por el trabajo bien hecho o alegría por una victoria importante. Tampoco se trataba de alivio por haber salvado un *match ball* ni tranquilidad por haberme asegurado el puesto para las próximas jornadas. Era algo distinto, más profundo y desconocido. Era como si, en ese partido, hubiese descubierto algo muy importante de mí que estaba escondido y que, hasta entonces, nunca había sentido con tanta fuerza ni había sido consciente de ello. Aquella noche, jugando al fútbol, conecté intensamente con mi «yo verdadero», mi *yo* más auténtico, y con la esencia del juego. Aquella noche, sin darme cuenta, alcancé un momento de plenitud.

Esencia del juego

> *«Se conoce más a un hombre en una hora de juego que en un año de conversación».*
>
> PLATÓN

Se escucha a menudo hablar sobre los valores del deporte. Considero que no es el deporte el que tiene valores, el deporte pone el contexto, las reglas, los rivales, el escenario, la competición..., pero son las personas que lo practican quienes tienen el privilegio de poder aprovechar ese espacio para descubrir y jugar plenamente conectados a lo que de verdad son. En realidad la esencia del juego no tiene nombre, no se puede definir, tan solo podemos intentar explicar con algunas palabras las emociones que un deportista siente cuando está enchufado, en estado de gracia, cuando fluye totalmente conectado al juego, sin distracciones, cuando está *presente*.

En la esencia del juego hay sacrificio, deseo de ganar y reto, y también humildad, generosidad y cooperación. Hay respeto por las reglas, por los árbitros, por los contrarios y por el juego; también coraje y valentía. El riesgo también es un valor en el juego, así como la responsabilidad. Hay liderazgo, pasión y servicio, también amistad y colaboración. Hay gozo, alegría, diversión y disfrute, también seriedad, formalidad y disciplina. Hay competición y colaboración, nobleza y lealtad, solidaridad y entrega, agresividad y desafío. Hay creatividad, innovación e imaginación y también confianza, honestidad, sencillez, determinación, serenidad, perseverancia, paciencia, integridad...

Existe un valor que está siempre presente en los deportistas y equipos de alto rendimiento, que no tiene una palabra que lo defina exactamente y que intuyo que estaremos de acuerdo en que sin duda tiene gran trascendencia... y no solo en el deporte; «coopetir».

«Coopetir»

Cada vez que veo a Rafa Nadal jugar una final que se le complica, compruebo asombrado hasta qué punto se agranda su figura cuando se enfrenta a las situaciones más desfavorables. Donde la inmensa mayoría de los deportistas negociaría una rendición honorable con su rival, él es capaz, justo ahí, de demostrar una determinación incomparable, arriesgando, creciéndose y superando sus límites, una y otra vez, hasta convertirse en la leyenda que ya es.

Releyendo a Timothy Gallwey *(El juego interior del tenis)*, he llegado a la conclusión de que Rafa Nadal ha descubierto el sentido auténtico de la competición. Él es muy consciente de que, tanto en la victoria como en la derrota, no está en juego en absoluto su valía como persona. No es rehén de esa creencia tan limitante para un deportista, bajo cuya perspectiva lo que eres depende de tus resultados, de forma que solamente siendo el mejor, ganando, crees que encontrarás el respeto y el amor que mereces.

Así, se desesperan cuando pierden... no tanto por la derrota en sí, sino por la identificación que hacen entre la derrota y su identidad. Si pierdo, no soy suficientemente bueno y no me van a querer. Demoledor. Una creencia extendida al máximo en el deporte e instalada en nuestro disco duro desde la más tierna infancia, desde aquellos días en los que llegabas a casa después de un partido y la primera pregunta era: *¿Qué habéis hecho?* Ganar ya comenzaba a ser lo más importante. Si gano se ponen contentos, me felicitan y me siento reconocido, especial y querido. Si pierdo, les decepciono, no cumplo las expectativas, no estoy a la altura, no me quieren. Este es el origen de un absurdo e irracional miedo a no ser valiosos, a no ser suficientemente buenos y a no merecer el amor de las personas que nos importan.

Quizá por eso, a veces, en el momento decisivo, en el último punto, en el partido clave, en ese penalti, en el tiro libre definitivo... se apodera de nosotros el miedo a ganar, porque, inconscientemente, creemos que vamos a infligir al contrario el mismo daño y dolor que la derrota nos produce a nosotros... y nos sentimos culpables por ello... y fallamos. No es un pensamiento consciente, pero está ahí y, desde el fondo de tu mente, domina ese instante. No es el miedo a perder, sino el miedo a ganar lo que te bloquea en ese momento decisivo. No es la oscuridad sino la luz lo que nos paraliza.

Nadal, en este sentido, pertenece a otra especie. No hay más que escuchar sus ejemplares declaraciones tras sus victorias... y en las derrotas, el respeto exquisito que muestra hacia sus rivales, su sincero reconocimiento e incluso los agradecimientos que les brinda para entender que su inquebrantable deseo de ganar viene de otro sitio. Él entiende que ganar es, sencillamente, superar obstáculos para conquistar un objetivo. Desde ahí percibe a sus rivales como personas que cooperan con él para alcanzarlo y la competición no es más que el medio para conseguirlo. Cuanto mejores son sus oponentes, más le ayudan. Gracias a ellos consigue mejorar cada día, superar sus límites y convertirse en el mejor jugador de tenis que podría llegar ser. Sabe que ambos se necesitan para crecer. Cooperan y compiten. «Coopiten».

Desde esta sugerente perspectiva, Nadal no tiene miedo a ganar y no se le encoge el brazo en el momento caliente del partido. No está destrozando a nadie, ni perdiéndole el respeto, sabe que ni la valía personal de su adversario ni la suya se están poniendo en duda. Bajo esta creencia potenciadora, nadie es derrotado. Ambos competidores se benefician del esfuerzo realizado para superar la resistencia del rival. Los dos se hacen más fuertes y cada uno participa en el desarrollo y crecimiento del otro. Visto de esta forma, Nadal le hace un favor a cada uno de su rivales al esforzarse al máximo y obligarles a su vez a dar lo mejor que tienen. Eso es lo que espera él de sus contrarios y, quizá por eso, se lo agradece públicamente en las grandes finales.

Se compite para ganar, pero el secreto es no preocuparse por el resultado final (algo que realmente escapa a tu control y que solo te genera grandes dosis de ansiedad) y centrar toda tu energía y atención en cada punto y en cada jugada. Hacer el máximo esfuerzo para estar presente y plenamente consciente en cada acción. Ese es el auténtico reto: superar cada obstáculo, mejorar y crecer en cada jugada, en cada punto y en cada partido hasta transformarte en el jugador que merece ganar. La victoria es el resultado natural de este proceso.

Quienes confunden su identidad, su yo esencial y verdadero, con sus victorias, resultados, logros o con sus propias habilidades, ignoran el increíble e inconmensurable valor de cada ser humano. Quienes compiten solamente impulsados por esa creencia están poseídos por una afán de triunfo desmedido que eclipsa todo lo demás. Su tragedia es que, aunque en ocasiones alcancen el efímero éxito de la victoria, no encontrarán ahí la plenitud, la serenidad, el respeto y el amor que buscan desesperadamente.

Ellos persiguen la gloria, pero la gloria no se busca, se encuentra transitando por un sendero sin atajos, un camino reservado para valientes que se atreven a conectar con sus valores auténticos e inspiran a los demás con su ejemplo, dejando una huella indeleble en el recuerdo y en los corazones de quienes les admiramos por su determinación y coraje. Quizá esta sea la mejor definición de grandeza: dar lo mejor de ti mismo, sin ninguna expectativa ni garantía de éxito, comenzando algo valioso que no finalice contigo. Quizá dejar un auténtico legado consista en esto. Quizá sea precisamente eso lo que realmente define a un líder.

Las *convers(a)cciones* sirven a los deportistas y entrenadores para conectarles también con el sentido verdadero de la competición y para despertar a su «coopetidor», de manera que nunca más, ganar o perder un partido, ponga en duda su incalculable valor como personas porque eso es, sencillamente, «Tierra sagrada»[11].

Valores

Los valores, tal y como los entiendo, no vienen de fuera hacia dentro, sino al revés. Los principios éticos y morales, y las creencias –religiosas, culturales, sociales, deportivas o de cualquier tipo– puede que coincidan con los valores personales, o puede que no. No son, por tanto, lo que deberías ser, o lo que esperan que seas, tu familia, tus amigos, tus entrenadores, tu entorno, la prensa... sino lo que realmente eres. Son

---

[11]   Artículo publicado en el blog *Píldoras de energizol* en septiembre del 2013.

lo mejor que tienes para ofrecer, los que te definen como ser humano que juega, entrena, es padre, madre, jefe, amigo... Tus valores son tu brújula, personal e intransferible, son tu tesoro, son los que te convierten en un ser valioso, especial y diferente y son precisamente ellos los que te permitirán brillar conectado a tu mejor versión. No eres más importante que nadie, pero tampoco menos que ninguno, y nadie más que tú está en disposición de aportar a tu familia, equipo, empresa, comunidad o al mundo, lo que solo tú tienes y eres. Tu esencia es lo que te hace un ser único y por lo tanto incomparable, excepcional y de un valor incalculable.

Los mejores valores del ser humano tienen cabida, en su máxima expresión, en el deporte. Cada uno de nosotros, siendo todos seres únicos y diferentes, podemos jugar, entrenar, dirigir, formar... y liderar plenamente conectados a nuestros valores auténticos que, asimismo, forman parte de la esencia del juego. Esa es la grandeza del deporte y por eso mismo constituye un escenario privilegiado, tanto para descubrir quiénes somos, como para permitirnos serlo.

Esencia «Eau d' Pep»

En el año 1998 tuve el gran privilegio de poder contar con Pep Guardiola para co-protagonizar una colección divulgativa de ocho vídeos titulada Esto es *fútbol*. El capitán del Barcelona era ya una gran estrella y no era fácil acceder a él. Gracias a la ayuda de un amigo común, pudimos reunirnos en una concentración de la Selección en Valladolid. Planificador y metódico como ahora, me concedió quince minutos, entre la comida y la siesta, para que le contara el proyecto.

Recuerdo perfectamente la atención con la que me escuchó y la sensación que tuve en todo momento de que realmente le importaba lo que le estaba contando. Cuando acabé mi

exposición, demostró su gran curiosidad haciéndome algunas preguntas sobre mí y sobre el proyecto y finalmente me
dijo que le gustaban tanto la idea como su propósito, me dio
la mano y me confirmó su participación. Ni una sola mención
a su retribución y, cuando yo saqué el tema, me dijo que le pa-
gase lo que pudiese, como a los demás. Su decisión fue clave
para sacar adelante la colección. Después de él, se sumaron
Julen Guerrero, Kiko, Alfonso Pérez Muñoz, Aitor Karanka y
Cesar Sánchez, todos ellos en su plenitud deportiva, completando así un extraordinario elenco de estrellas a las que aprovecho desde aquí para expresar mi sincero agradecimiento
por la confianza que depositaron en mí.

Cuatro meses después, y finalizada la primera fase de
pre-producción, las fechas elegidas previamente para hacer
la grabación de Guardiola resultaron ser momentos muy de-
licados para él. Sufría una lesión tendinosa en el bíceps fe-
moral que le mantenía ya demasiados meses sin jugar y la
presión mediática por los problemas en su recuperación iba
en aumento. Desde la distancia, leyendo la prensa catalana,
mi preocupación por la posibilidad de que se echara atrás
también crecía cada día. Hubiera sido muy razonable que
decidiera renunciar alegando sus problemas físicos, o que
decidiera retrasar la grabación poniendo en riesgo así la viabilidad del proyecto. Afortunadamente no fue así y cumplió
su compromiso.

No pudo desplazarse hasta Bilbao como estaba previsto
inicialmente pero, a cambio, nos dedicó una jornada entera
en un campo del Centro de Alto Rendimiento (CAR) de Barcelona para grabar los gestos técnicos, y las demostraciones
y explicaciones que constituyen, sin duda, uno de los tesoros
más preciados de la colección.

Aquel día pude sentir su notable capacidad de expresión
y comunicación. Conociendo la dificultad que la mayoría tenemos para hablar ante una cámara, solíamos escribir los

textos en pizarras o en papel para que cada protagonista los leyera o se los aprendiera antes de grabarlos. Generalmente, no quedaban especialmente bien. Correctos, sí, pero no eran los mejores... excepto con Guardiola. Le dábamos los textos, él nos pedía unos minutos mientras se alejaba unos metros para leerlos y, seguidamente, los adaptaba a su lenguaje y estilo y los sacaba desde dentro con tal fuerza y convicción que generaba un impacto formidable en quien los escuchaba.

Gesticulaba con las manos, enfatizaba con la voz, incluso le pedía al cámara que le siguiera mientras se movía unos metros por el césped demostrando con todo su cuerpo cómo era imprescindible manejar las dos piernas para ejecutar un imaginario control orientado y continuar la jugada sin perder un segundo. Fue valiente para atreverse a incorporar frases que no estaban en el guión, y creativo para expresarlas y hacerlo a su manera, y fueron tales su nivel de presencia y conexión a la experiencia que, viéndole en directo durante el rodaje, supe que, gracias a él, la colección cumpliría fielmente su propósito. Sentí que a cualquier crío que viera esa parte del vídeo le faltaría tiempo para saltar del sofá y comenzar a pegarle con la pierna «mala».

Ahí estaba ya muy presente también otra de las grandes virtudes de Guardiola para el liderazgo y la dirección de equipos: su enorme talento para convencer, persuadir y seducir. Percibo que todo lo que dice lo siente antes. No es solamente un discurso racional, no se limita a decir lo que toca. No finge ni pretende ser quien no es. Su mensaje, su apasionada forma de transmitirlo y llevarlo a la práctica, está profundamente conectado con lo que realmente es, con su «yo verdadero» y con sus auténticos valores.

También pude sentir intensamente la arrolladora pasión y el contagioso entusiasmo que irradia cuando habla de fútbol, así como una búsqueda de la perfección casi obsesiva. Durante aquellas grabaciones hubo una explicación que todos dimos por buena en la primera toma, excepto él. Nos pidió por favor si podía repetirla y lo hizo varias veces hasta que se quedó totalmente satisfecho con el resultado. Su alto nivel de exigencia y su atención plena a los detalles, características claramente visibles de su forma de entrenar, también formaban parte ya de su naturaleza. Los valores en los que cimenta con firmeza su liderazgo y que le han convertido en uno de los técnicos más admirados del mundo, estaban dentro de su «bellota» desde el principio. Yo lo sentí así en su momento y guardo un agradecido recuerdo de aquel encuentro.

Percibo a Guardiola como una persona valiente que se atreve a vivir muy conectado a su esencia y a lo mejor que tiene para ponerlo al servicio de sus jugadores, y esa coherencia entre lo que realmente es, lo que dice y lo que hace, unida a su profundo conocimiento y amor por el juego, ejercen un formidable impacto sobre sus seguidores que le perciben como un líder transformador, emocionalmente inteligente, altamente inspirador, generador de compromiso y, sobre todo, digno de confianza.

Algunos pretenden mofarse de él diciendo que «mea colonia». Lo que yo creo es que desprende un agradable, fresco y novedoso aroma de autenticidad. Aprovechando las fiestas navideñas, quizá podrías regalarte un frasquito de perfume *Eau de Pep*, pues se dice que su fragancia ayuda a conectar con la esencia y lo mejor de cada uno. Ese sería sin duda un gran propósito para el nuevo año que comienza.[12]

---

12   Artículo publicado en el periódico DEIA el 5 de enero de 2011.

La plenitud

El golfista británico Brian Davis entregó la victoria del torneo Verizon Heritage, dotado con un millón de dólares, al avisar al árbitro de que había rozado un junco al golpear la bola. Nadie se había dado cuenta. Después de cinco años viviendo en Florida para convertirse en profesional del golf, era su primer gran triunfo en uno de los torneos más importantes del circuito americano. Su momento para pasar de un modesto puesto 98 del golf mundial, a los primeros puestos del ránking. Era el último hoyo y ahí estaba su gran oportunidad para comenzar a cumplir su sueño... pero Brian prefirió ser honesto. Brutalmente honesto.

Descubrir quién eres y qué es importante para ti, conocer lo que te conecta con tu esencia, es solo la primera parte para vivir en plenitud. No vale solo con saberlo. Lo que marca la diferencia entre la plenitud y la vida en conformidad, es tener la valentía de alinear nuestros actos con nuestro yo auténtico. No es fácil. De hecho, es muy difícil. Si fuera fácil, ¿por qué no estamos honrando nuestros valores todo el tiempo? Posiblemente, porque nuestro miedo suele ser mayor que nuestro deseo de plenitud.

Me imagino al «saboteador» de Davis en el momento en que tomó la decisión de avisar al árbitro, enjuiciándole y diciéndole cosas como «te has vuelto loco», «eres tonto», «vas a poner en ridículo», «nunca ganarás otro torneo», «todo el mundo se reirá de ti», «los demás no lo harían», «tu mujer te dejará por memo», «es nuestra última oportunidad para ser profesional del golf»... Es muy posible que Brian pensara que su «saboteador» le estaba intentando proteger del peligro, de la vergüenza o del fracaso pues, con frecuencia, esa voz es demasiado cauta en momentos clave que nos piden que tomemos decisiones valientes hacia una vida más plena. Brian eligió no hacerle caso y dar un salto sin red atreviéndose a ser quien realmente es.

La plenitud es un acto radical y no es el resultado de tener todo lo que quiero o de alcanzar mis objetivos, ni tampoco necesito que se den todas las circunstancias que me agradan para sentirme pleno, sino que surge cada vez que me atrevo a ser valiente y actúo alineado con lo que realmente es importante para mí ante cualquier situación o circunstancia que la vida me proponga.

Cuando veo a alguien como Brian, capaz de hacer algo tan drástico como dejar de ganar un millón de dólares a cambio de vivir conectado a su Esencia, me siento profundamente inspirado por su integridad: hacer lo que debes aunque nadie te esté mirando. Brian Davies perdió un torneo y bastante dinero, pero se conquistó a sí mismo y se ganó la admiración universal. ¿Cuánto vale eso?

....

«Estos son mis principios; si no le gustan, tengo otros» decía Groucho Marx. En el deporte se repite habitualmente la frase: «es que yo, en el campo, me transformo». No cuela. Tú, cada uno de nosotros, mostramos en el campo, o bajo presión en cualquier ámbito de la vida, lo que somos, lo mejor y nuestro lado más oscuro.

Algunos defienden, con gran descaro, que engañar al árbitro, provocar e insultar a los contrarios, simular y fingir faltas o agresiones, protestarlo todo, forzar el reglamento y retorcerlo hasta que quede irreconocible, todo este inventario de actitudes y comportamientos tan poco edificantes, son parte del juego y del espectáculo. «El fútbol es para listos» aseguran, ufanos. No sé si forman parte del espectáculo, pero del juego seguro que no, y reconozco que paso vergüenza ajena cuando veo semejantes actitudes. Son trampas. Todos saben que lo son y que nunca han formado parte de la esencia de ningún deporte. Al contrario. Hacer trampas es traicionar la esencia del juego desvirtuando la competición y el propio deporte que se dice defender. No todo vale para ganar. Esa no es la única verdad y, desde luego, defender esta creencia no es gratis.

Aprovechar cada oportunidad o situación del juego para engañar, provocar, fingir, exagerar o protestar tiene precio... y muy alto. Estar en el campo pensando en todo lo anterior implica estar desconectado del juego y de uno mismo. Cuando un jugador está así, crea el espacio para que aparezcan las pérdidas de concentración y atención, los errores groseros, las faltas a destiempo, la irritabilidad, el enfado, el descontrol, las tarjetas, las trifulcas, los «saboteadores» y un montón de pensamientos más que no ayudan en absoluto a que juegues mejor. Al revés, dejas de estar presente, alejándote en sentido opuesto de la plenitud y de tu máximo potencial.

Preguntas y resonancia

Cuando escuchamos en las *convers(a)cciones* andamos con las orejas tiesas, muy presentes y con todos los sentidos al servicio de la persona que tenemos delante. Rastreamos buscando cosas valiosas y esenciales para ella, y sabemos que hemos topado con «algo de verdad» cuando descubrimos la *resonancia*, el reflejo externo, el eco de algo profundamente verdadero. No sabemos exactamente lo que es, pero sentimos que es importante y auténtico, que nace en lo más hondo de su Ser. Cuando eso pasa, cuando percibimos que la persona que tenemos delante está resonante, son muchos los síntomas que podemos observar: desde la sonrisa, el tono, la cadencia y el ritmo de la voz, hasta los ojos brillantes, las lágrimas, los pelos de punta, el lenguaje corporal, la luz en el rostro, la alegría profunda, o los silencios... que reflejan una emoción genuina e intensa. Cuando alguien está resonando, sabemos que algo está pasando... «algo de verdad».

Como ya he comentado, veo al líder como un buscador de tesoros que explora en el interior de sus «bellotas» ayudando a cada una a conectar con lo que es importante para ella, con lo que le emociona y le hace resonar. Uno de los propósitos iniciales de las *convers(a)cciones* es ampliar su nivel de conciencia para descubrir la brújula que le guiará en su apasionante viaje de transformación desde lo que está siendo hasta lo que podría ser, pues cuando el compromiso de una persona es el resultado de la conexión con sus valores auténticos, entonces sus retos, antes inaccesibles y generadores de frustración, miedo y desconfianza, se convierten en deseables y alcanzables y, la energía para lograrlo *(energizol)* en prácticamente inagotable. Identificar y nombrar los valores propios es comenzar el camino hacia el compromiso con uno mismo y hacia la definición del carácter que nos impulsará a convertirnos en quienes queremos y podemos ser.

En las *convers(a)cciones* acompañamos al otro en la búsqueda de su tesoro y utilizamos de nuevo las preguntas potentes para desvelar qué hay ahí, escondido y oculto, ayudando a la persona que tenemos delante a nombrar e identificar cuáles son las emociones que le mueven y le conectan directamente con su Ser más profundo y auténtico. Con ellas buscamos *emocionar la emoción*, subirle dos puntos el volumen para que la viva y la sienta más intensamente y durante todo el tiempo que sea necesario para que pueda cargarse hasta arriba del *energizol* que necesitará para pasar a la acción, plenamente conectado ahora a su «yo verdadero» que le acercará irremediablemente a su mejor versión.

¡Practica!

¿Probamos contigo?... Te voy a proponer preguntas que te saquen de tu contexto actual, repleto de dudas, preocupaciones limitaciones (reales o ficticias), ataduras, responsabilidades, miedos, expectativas... para conectarte con un escenario muy alejado de la situación que estás viviendo y de todas las circunstancias que la definen, facilitándote el acceso a tu sabiduría interna, más profunda, más auténtica y esencial. Son preguntas para sacarte de tu cabeza y conectarte con tu emoción y tu intuición, la velocidad punta de la inteligencia.

Ahora es tu momento para reflexionar y descubrir qué es importante para ti. Algunas de las preguntas que aparecen a continuación tendrán impacto en ti y otras no... Pasa de las que no lo tengan y céntrate en las que sean sugerentes para ti, en las que te conecten con cosas importantes y valiosas, en las que te emocionen... Las demás, déjalas correr... ¡será por preguntas! Como no tengo el placer de conocerte, ni sé quién eres, ni tu edad, sexo, profesión o deporte, te planteo preguntas variadas. Decídete por las que más te gusten y después de tu primera respuesta a cada pregunta que hayas elegido sigue profundizando en ella sobre qué es importante, dónde te lleva esa reflexión, qué te sugiere, ¡sigue buscando!, qué nuevo escenario te muestra, qué te descubre de ti, de quién eres, qué te sorprende de tu respuesta, qué valor tuyo hay ahí; intenta ponerle nombre.... Explora profundamente en cada una de las preguntas que selecciones.

Con el ánimo de que te sirva de referencia para esta *convers(a)cción* privada que te reto a mantener contigo mismo y, teniendo en cuenta que no podré seguir re-preguntándote tras tu primera respuesta a cada pregunta, te ofrezco un ejemplo real de una conversación para descubrir valores con un entrenador:

Coach.- *¿Qué harías con 10 millones de euros?*

Entrenador.- Viajaría sin parar.

Esta fue su primera respuesta. A partir de ella, sigo preguntando hasta encontrar algo de «verdad»...

C.- *¿Para qué?*

E.- Para descubrir otros países, otras culturas, otras tradiciones, otras gentes...

C.- *¿Qué te aportaría hacer eso?*

E.- Me ayudaría a comprender mejor otras realidades, a ser más tolerante, a apreciar más lo que tengo, a ser más agradecido, a aprender, a ser más humilde, a saber más... me ayudaría a crecer como persona.

C.- *¿Qué significa crecer para ti?*

E.- Ser más empático, más generoso, conectar mejor con las personas, comprenderlas, estar más tranquilo, tener más auto-control, buscar un sentido y un propósito a lo que hago, conocerme mejor... Crecer me ayudaría a ser mejor entrenador, algo muy importante para mí.

C.- *Si crecieras y fueras mejor entrenador, ¿qué harías distinto?*

E.- Tendría mejor comunicación y conexión con mis jugadores, hablaría mucho más con ellos, les preguntaría y escucharía de verdad, me enfadaría menos, no les gritaría tanto, les respetaría más, les reforzaría y reconocería, les abrazaría, estaría mucho más cerca suyo, me reiría más con ellos, disfrutaría más de los entrenamientos y de los partidos...

C.- *¿Quién estarías siendo?*

E.- Ahí sería un entrenador abierto y disponible para ellos, menos distante, más sereno, más alegre, más presente, me sentiría útil, alguien que les aportara valor de verdad, mucho más allá de las cuestiones propias del juego, alguien que creyera en ellos y les hiciera sentir valiosos, a todos, no solo a los mejores o a los que juegan, sería un entrenador que les transmitiría entusiasmo y confianza... Ellos creerían en mí, confiarían en mí... Sería capaz de expresar cómo me siento y de escuchar cómo estarían ellos, sentiría que de verdad tiene sentido lo que hago, ahí sí que sería un líder para ellos... ¡ahí sería la hostia!

C.- *¿Qué valor estarías viviendo ahí?... ¿Qué sería importante para ti?*

E.- (Silencio largo)... Ayudar... Servir.

Una vez que hemos encontrado una pepita de oro, algo valioso para él, un valor suyo resonante y auténtico (servir), seguimos profundizando, seguimos preguntando para tomar consciencia de cómo ese valor está de presente en su vida, si lo está viviendo intensamente o se encuentra muy desconectado de él:

C.- *¿Qué es servir para ti?... ¿qué significa?... ¿cómo te sientes cuando estás realmente al servicio de otros?... ¿qué es posible cuando actúas así?... ¿de qué eres capaz?... ¿cuál es tu impacto en tus jugadores cuando lo haces?... Si pudieras elegir una imagen/metáfora/símbolo que reflejara lo* que ese valor significa para ti, ¿cuál sería?... ¿hay alguien a quien admires mucho por su valor de servicio?... ¿qué es lo que hace?...

C.- *Si tuvieras que puntuar de 1 a 10 (siendo 1, nada y 10, a tope), cómo estás viviendo, en este momento de tu vida, tu valor de servir, ¿cómo te puntuarías?*

E.- Un 5.

C.- *Descríbeme cómo es un 5... ¿qué echas de menos?... ¿en qué te ayuda?... ¿en qué te limita?... ¿cómo te sientes?... ¿qué te estás perdiendo?... ¿en qué situaciones echas de menos no hacerlo?... ¿qué te dice tu «saboteador»?... ¿cómo estás siendo?...*

Estas, y otras muchas, son preguntas para que la persona aterrice en su vida, para que tome consciencia de su realidad, de cómo está siendo, de qué impacto está teniendo y del precio que está pagando por vivir desconectado de lo que realmente es importante para él.

C.- *¿Cómo serían dos puntos más?... ¿qué estás haciendo?... ¿qué es diferente ahora?... ¿en qué es mejor la situación?... ¿cómo te sientes?... ¿cómo hablas con tus jugadores?... ¿cómo es un líder al servicio?... ¿qué tiene de bueno para tu equipo?... ¿qué le hace especial?... ¿qué es posible para él que no lo es para otros?...*

Aprovechamos las preguntas potentes que hemos visto en el capítulo de **P**reguntar para ayudarle a saltarse a su «saboteador» sintiendo cómo *resuena* cuando está conectado con su valor de servicio, llenándose así del *energizol* que necesita para definir y rematar un plan de acción que le ponga en el camino de transformarse en el *líder al servicio* que realmente puede y está deseando ser.

Como ves, tras cada pregunta, enganchados a la «creencia bellotera» que ilumina este libro y desde la genuina curiosidad que nos genera esa persona, seguimos profundizando en cada respuesta, acompañándole con más preguntas hasta lugares donde ella sola nunca había llegado antes, buscando y explorando hasta que se encuentre, de bruces, con algo resonante, sorprendente y verdadero para ella. Un valor, una pequeña parte de su tesoro, de lo que está dentro de su «bellota», de lo que realmente es y sobre lo que necesita tomar consciencia; sentirlo y hacerlo suyo para tenerlo mucho más presente en su vida, en sus decisiones y en sus acciones.

Ahora sí, te dejo con un buen taco de preguntas. Sé que no es lo mismo tener la receta que hacer un pastel, pero espero que este inventario te sirva como guía para que puedas ir despertando y conectando, poco a poco, con tu «yo verdadero». Date el gusto de profundizar y extenderte todo lo que quieras en cada respuesta, buscando qué hay oculto, importante y valioso tras cada una de ellas. ¡Que lo disfrutes!

¿A qué deportista/entrenador admiras?... ¿qué es lo que más te gusta de él/ella?... ¿en qué época histórica te habría gustado vivir?... ¿qué personaje de cine o tv te hubiera gustado interpretar?... si tuvieras una máquina del tiempo, ¿a dónde viajarías?... si pudieras elegir... ¿a quién elegirías para irte a comer?... ¿qué es lo que más te gusta de tu mejor amigo y por qué?... ¿qué cinco palabras te definen?, ¿cuál es tu hobby y qué te aporta?... ¿cuál es tu película favorita/libro/canción/vídeojuego/música?... ¿cuál ha sido una experiencia memorable para ti?... ¿cuál es tu sueño?... ¿qué 10 cosas te gustaría hacer antes de morir?... ¿cuál es el imejor recuerdo de tu infancia?... ¿qué harías con 1.000 MM de euros? ... ¿en qué lugar del mundo te gustaría vivir?... ¿qué

harías si te quedara un año de vida?... ¿cuáles fueron las mejores vacaciones de tu vida?... ¿cuáles serían tus vacaciones ideales?... ¿qué te gustaría que pusiera en tu lápida?... ¿qué te gustaría que dijeran en tu funeral?... ¿qué te pone feliz/alegre/triste...?... ¿qué harías si fueras el presidente de tu equipo/empresa/país?... si fueras un animal/instrumento/coche/color...¿cuál serías?... ¿cuándo fue la última vez que te enfadaste/reíste a carcajadas?... ¿qué te saca de quicio?... si pudieras elegir un consejero para toda la vida, ¿quién sería?... ¿qué harías si tuvieras una varita mágica?... si pudieras elegir uno, ¿qué súper-poder te gustaría tener?... ¿qué es el éxito/fracaso para ti?... si no fueras entrenador/deportista, ¿qué te gustaría ser?...

«Tunear» valores

Al principio de este capítulo hemos nombrado casi 50 valores que tienen cabida en la esencia del juego y, por supuesto, existen muchos más que ni siquiera hemos mencionado (quizá alguno de los tuyos que acabas de descubrir), pero lo cierto es que resulta muy complicado poder clasificar bajo un solo nombre todo lo que supone y significa un valor para cada persona. Hacerlo ofrece un acercamiento imprescindible pero insuficiente para sentir que ese valor te pertenece. Los nombres de los valores se acaban convirtiendo en lugares comunes que pierden sentido si no se personalizan y se hacen propios. De hecho, la misma palabra, cualquiera de ellas (generosidad, respeto, humildad...) puede tener, ¡tiene!, significados bien diferentes para cada cual. Necesitamos personalizar los valores, «tunearlos». Expresar qué significa ese valor exactamente para mí, definirlo con mis propias palabras, en qué situaciones lo vivo, cómo es y cómo lo siento en el campo, en la pista y fuera de ella, en el banquillo y en mi casa, cómo se refleja y qué impacto tiene en mí y en los demás... Profundizar en su significado, sentirlo intensamente, resonar con él hasta hacerlo mío, solo mío.

Llegado ese momento, es muy posible que sea capaz de buscar una imagen, un símbolo, una metáfora, una palabra... que capte todo lo que ese valor representa para mí y me ayude a fijar claramente ese concepto en lo más profundo de mi Ser. Se trata de encontrar un «anclaje» o una «estructura» para que pueda acceder a ese valor sin intermediarios, de forma inmediata. Tan solo trayendo a mi mente esa imagen, vendrá asociado todo lo que ese resonante valor supone para mí, permitiéndome conectar, esté donde esté y en la situación que sea, con mi particular e inagotable depósito de *energizol* para seguir haciendo lo que debo.

«Chocolate»

Es un valor tuneado. De mi mujer. Cuando estuvo reflexionando sobre los valores que iluminan su vida, llegó a la conclusión de que uno de ellos era disfrutar de la vida. Más concretamente, lo que le apasiona es disfrutar intensamente, gozar podríamos decir. Profundizando en lo que «gozar» significa para ella, tomó consciencia de que lo que realmente le hace sentirse plena es compartir pequeñas cosas con sus seres queridos y así descubrió que le gusta crear, para ella y para los demás, «momentos especiales de intensa presencia»: un desayuno, una conversación, un paseo, organizar una cena, un detalle, muchos detalles...

Reflexionando sobre una imagen que pudiera captar todo el significado que «gozar» tenía para ella, le vino la idea del chocolate... negro. Saborear una pastilla de ese chocolate, paladearla despacio, disfrutando intensamente de su sabor y del momento, sin prisa... «Chocolate» es la imagen que representa uno de sus valores, está muy presente en su vida, más aún desde que descubrió su impacto, tanto en ella como en los *demás*. De hecho, «soy chocolate» es su mensaje de presentación en el *WhatsApp* y cada semana le salta una alerta en su teléfono para que no se olvide de quién es.

Cuando yo me preparo un bocadillo, de chorizo por ejemplo, pongo un montón de lonchas, incluso las cojo de tres en tres y las meto en el bocata de cualquier manera. Me lo como a mordiscos y me lo acabo en cuatro bocados, sin disfrutarlo especialmente. Cuando me lo prepara ella, aún poniendo muy pocas rodajas, lo hace con cariño; el chorizo sale perfecto por los bordes del bocata, ella coge las lonchas de una en una, las compra y exige que se las corten muy finitas, calienta un poco el pan, lo pone crujiente, lo prepara con cariño... y entonces sabe totalmente diferente. Tan solo es un bocata... «Chocolate».

La «mirada bellotera»

«Todos somos genios, pero si juzgas a un pez por su habilidad para trepar árboles, vivirá toda su vida pensando que es un inútil».

ALBERT EINSTEIN

Cuando trabajamos **P**otenciar en nuestras formaciones, hacemos una dinámica muy sencilla pero muy poderosa que ofrece a los buscadores un cambio de perspectiva radical con resultados asombrosos. Cuando la experimenté por primera vez, me sorprendió hasta tal punto su impacto, que puedo asegurar que hoy en día este descubrimiento es una de las claves en mi quehacer diario.

Situamos a los participantes por parejas y les colocamos uno frente a otro, sentados y mirándose a la cara. Les proponemos una primera forma de mirar y ver a la persona que tienen delante. Tan solo les decimos: «la persona que tienes delante es un problema para ti». Deben hacer un esfuerzo e imaginar que lo es para poder sentirlo. Durante un minuto, se miran el uno al otro sin hablar, en completo silencio. Cuando el tiempo acaba, les preguntamos cómo ha sido la experiencia, cómo se han sentido y cómo era su actitud. «Incómodo, tenso, con ganas de que acabara, violento, no podía ni mirarle, le estoy juzgando y etiquetando, quiero quitármelo de encima, no hay ninguna apertura por mi parte»... son las respuestas más habituales. El lenguaje corporal, por su parte, confirma todas esas sensaciones: cerrado, piernas y brazos cruzados, evitando la mirada, echados hacia atrás. La actitud general es de «no le quiero escuchar, no estoy disponible, totalmente desconectado, estoy cerrado». Cuando vemos a alguien como un problema, esa es nuestra reacción, incluso física.

Seguidamente les proponemos una segunda mirada diferente. La instrucción para esta ocasión es: «La persona que tienes delante no es un problema para ti, pero tiene problemas». Les pedimos que perciban la diferencia y comienza de nuevo el minuto. Cuando el tiempo acaba, les preguntamos qué ha sido distinto. Responden que se han encontrado «mejor y más disponibles, más empáticos, queriendo escuchar al otro y comprenderle, más pendientes de él, sin enjuiciarle, más conectado y con ganas de ayudarle a solucionar sus problemas». El lenguaje corporal vuelve a confirmar estas nuevas sensaciones: cuerpo más relajado, brazos y piernas sueltas, más cercano y más abierto.

Por último, les ofrecemos una tercera alternativa de mirar y ver a quien está sentado frente a cada uno de ellos. Esta vez les decimos que «la persona que tienes delante tiene un propósito en esta vida, algo muy especial para ofrecer. Él no lo sabe, ni tú tampoco, pero lo tiene... y también tiene problemas... pero tiene un propósito». Tras el intenso minuto posterior, volvemos a preguntarles qué ha pasado. Las respuestas y la energía que se desprende expresan con claridad la transformación que ha sucedido: «sentía verdadera curiosidad por saber qué es lo que tiene, tenía muchas ganas de preguntarle, de inspirarle, de impulsarle y animarle a buscarlo, estaba totalmente abierto, disponible, muy conectado, creía en él, estaba deseando escucharle, el cambio ha sido asombroso»... El lenguaje corporal tampoco nos engaña en esta ocasión: sonrisas, el cuerpo echado hacia adelante, apertura total, mirada franca, cara de tontos, admirados y asombrados ante una persona con un tesoro por descubrir...

Cuando les preguntamos dónde estaban poniendo su atención, en el propósito o en los problemas, la respuesta fue unánime: en el propósito. Y cuando por último, nos cuestionamos de quién depende ver a una persona como un 1, un 2 o un 3... silencio revelador y, de nuevo, unanimidad: de mí. Solo de mí. De mí depende ver como «bellotas» a las personas que tengo el honor de liderar. De hecho, la «mirada bellotera» ni siquiera es una opción, es una obligación para todos aquellos que deseen transformarse en líderes al servicio.

Necesito creer que esa persona o ese equipo tienen ya dentro de sí todos los recursos que necesitan para superar sus dificultades, bloqueos o limitaciones, para afrontar con fuerza y energía sus áreas de mejora, alcanzar sus retos, creer que pueden cambiar, transformarse y ser mejores de lo que están siendo (yo también puedo serlo). Para poder tener «mirada bellotera» necesito creer que todas las personas tienen un propósito (y buscar el mío), aunque tengan problemas y su comportamiento y actitud actuales indiquen lo contrario, creer que tienen un tesoro a la espera de ser descubierto que les hace únicos, especiales y diferentes. Valiosos. Necesito *creer* para poder *crear* un futuro distinto y mejor, un futuro posible, para poder ser un *líder transformador* de la realidad. Y puedo hacerlo. De hecho, los verbos *creer y crear*, en castellano, se conjugan igual en primera persona del presente indicativo: yo creo. Quizá sea así porque resulta imprescindible creer (hacia dentro) para poder crear (hacia fuera). *Si creo, creo.*

El «efecto Pigmalión»

> *«Para el profesor Higgins yo seré siempre florista porque me trata siempre como tal; pero yo sé que para usted soy una señora, porque usted siempre me ha tratado como a una señora».*
>
> Eliza Doolittle en '*Pigmalion*' de George Bernard Shaw

El «efecto Pigmalión» ha inspirado obras de teatro y musicales, libros y películas, y ha sido objeto de muchas investigaciones en diferentes ámbitos: desde la psicología o la medicina hasta la economía, siendo la más conocida la que se llevó a efecto en el ámbito de la educación en 1968. De la mano de Rosenthal y Jacobson, se informó a un grupo de profesores de primaria acerca de cuáles de sus alumnos habían obtenido los mejores resultados en un test de evaluación que habían realizado previamente. También se les dijo que era de esperar que ellos fueran precisamente los que obtuvieran los mejores resultados académicos durante el curso. Y, efectivamente, eso es lo que sucedió. Hasta aquí, todo parece normal: si eran los mejores es normal que obtuvieran los mejores resultados. Lo interesante de la investigación es que nunca se llevó a efecto el test de evaluación previo y que el 20% de alumnos con la supuesta mejor puntuación en el test fue elegido al azar, sin tener en cuenta sus verdaderas capacidades.

A partir de las observaciones de Rosenthal y Jacobson, se constató que los maestros se habían creado unas expectativas tan altas acerca de esos alumnos, que sus propios comportamientos favorecieron el cumplimiento de dichas expectativas apoyando, confiando, exigiendo y creyendo más en esos alumnos con, supuestamente, mejores capacidades que en los demás. El «efecto Pigmalión» cuestiona por tanto uno de los postulados básicos que definen el análisis científico, que es el de poder usar los resultados de la investigación obtenida para hacer predicciones. Bajo esta nueva perspectiva, puede que sea al revés y que sea la propia predicción la que genere el acontecimiento...

«Pigmalión» Bielsa

Cuenta la leyenda que Pigmalión, rey de Chipre y escultor, modeló en marfil a Galatea, su mujer ideal. Su estatua era tan bella y perfecta que se enamoró de ella. El rey suplicó en el templo a la diosa Afrodita que su estatua cobrara vida para poder amarla y ser correspondido por ella. Cuando volvió a casa, besó a Galatea y su expectativa, cargada de deseo, se hizo finalmente realidad.

Lo que se conoce como «efecto Pigmalión» es un proceso mediante el cual, cuando alguien cree de verdad en otra persona, las expectativas y creencias que tiene respecto a ella afectan de tal manera a su propia conducta, que la segunda persona tiende a confirmarlas con su comportamiento. No es un efecto mágico. No sucede solamente por el mero hecho de *creer*, sino por cómo cambia mi actitud hacia el otro cuando *creo*. Desde mi «mirada bellotera», transformo mis gestos, palabras, declaraciones, conversaciones, juicios, hasta el lenguaje no verbal... Todo es distinto cuando *creo*.

Intuyo que, como a Pigmalión, a Bielsa le sucede algo parecido. Tras una vida entera buscando la excelencia en el juego, afronta ahora el reto de dar aliento a una escultura a medio hacer (quizá un león dormido) que estaba esperando, ansiosa y sin saberlo, unas manos expertas y apasionadas que le dieran vida y le hicieran soñar con otro futuro posible, con retos ambiciosos, con mejoras sorprendentes, con objetivos hasta entonces inalcanzables, con victorias imposibles, con partidos épicos, soñar con la gloria. Alguien que creyera en ellos, de verdad, y les ayudase a sacar su mejor versión al servicio de un equipo digno de grabarse en nuestra memoria y en nuestros corazones.

Bielsa ha llegado para liderar a un grupo de futbolistas que, durante demasiado tiempo, lleva escuchando con insistencia que tiene limitaciones, que debe sumar y restar, que hay que ser realista en los objetivos, que con los grandes no se puede competir, que los demás tienen jugadores elegidos, que tenemos una filosofía que nos limita, que los presupuestos mandan, que la huerta de Lezama va por rachas, que los jugadores no manejan el 'otro fútbol', que la clasificación es lo único que importa, que es mejor que no soñar porque más dura será la caída...» Debe ser difícil crecer así. Todas estas limitantes creencias no parecen tener acomodo en la mochila de Bielsa. En su primer día, nada más aterrizar, resumió su mensaje con la siguiente declaración: «el Athletic jugará como un grande. Saldremos siempre a ganar, en casa y fuera, seremos protagonistas, tendremos el balón y respetaremos las reglas y a los árbitros». Casi me caigo de la silla cuando le escuché. Lo primero que pensé es: «ya sé porqué le llaman 'el loco'»...

Él elige y decide *creer*. De verdad. Percibo en él a una persona enigmática, tímida, perfeccionista, muy exigente,

brillante, obsesionada y apasionada por el fútbol, que defiende con enorme firmeza y convicción la esencia del juego. Así
es como se crea una posibilidad: declarándola y creyendo que
es posible antes de tener evidencias de que lo es. De hecho,
una declaración compromete a quien la hace y no significa
decir cómo quieres que sean las cosas, sino hacer que las cosas sean así. Bielsa la hace realidad cada día, habla de ella,
la comparte, la integra en sus conversaciones y declaraciones públicas, hasta hacernos creer a todos que es posible. Y
tiene el valor de hacerlo sin tener garantizados de antemano
los resultados ni, por supuesto, que los demás le sigan en esa
apuesta tan poco *razonable*.

Generar una *visión transformadora* resulta muy incómodo al comienzo, porque ningún futuro posible parece
realista al principio. Su trabajo, desde esa realidad declara-
da como posible, es identificar lo que falta y cambiarlo hasta
conseguir ser lo que declaramos que somos. Liderar el crecimiento y la transformación necesarias del equipo hasta
hacerlo merecedor de alcanzar esa posibilidad. Eso es crear
un *futuro posible*, crear algo que no existe y que nada tiene
que ver con un *futuro predecible* o con un poquito más de lo
mismo.

Poco a poco, a pesar de los malos resultados iniciales,
está consiguiendo atraer hacia esa poderosa visión a los jugadores, a la afición, a los medios de comunicación y a todos los
aficionados al fútbol. La *visión* es pura posibilidad, no es algo
que se puede predecir. Si así fuera, no sería una visión. Los
sueños razonables no inspiran a nadie... Empezamos a creer
que podemos volver a hacerlo... volver a conseguirlo.... volver
a disfrutar de un gran equipo... volver a ser campeones. ¿Por
qué no?

El elemento distintivo de su poderoso liderazgo transformador es que él vive cada día su visión, en cada rueda de
prensa, en cada detalle, en cada partido y en cada decisión...

Bielsa es esa visión a cada instante. Una visión poderosa e inspiradora, que tira con fuerza del club, del equipo y de cada uno de sus componentes hacia la nueva realidad que quiere crear. Sin excusas, sin justificaciones, sin declaraciones populistas, tomando decisiones arriesgadas, respetando a los árbitros, sin demagogia de baratillo, reconociendo sus errores, él se centra exclusivamente en creer en sus futbolistas, haciéndoles crecer cada día y en cada partido, consiguiendo transformaciones impensables en algunos casos y mejoras de rendimiento sorprendentes en otros.

Desconozco su nivel de integración en la ciudad o de implicación en el club, la calidad de las relaciones que tiene con otros estamentos de la institución, si le gustan los *txokos*, o la *amatxu* de Begoña, ni siquiera sé si tiene intención de permanecer más allá del año que tiene firmado... pero tampoco me interesa saberlo. No se le contrató para que diseñara el futuro del club, ni para ejercer de portavoz, ni de profesor para los técnicos de Lezama. Será responsabilidad de otros profesionales recoger el aprendizaje de lo que está pasando para consolidar lo que merezca la pena, afianzarlo y extenderlo como la pólvora por toda la organización, de manera que lo que estamos viviendo ahora constituya un legado sobre el que seguir edificando el Athletic del futuro.

Bielsa ha venido para hacer exactamente lo que se le ha pedido: una revolución. No alcanzo a imaginar las dosis industriales de entusiasmo y energía que necesita cada día para afrontar semejante reto. Para corregir la deriva y ayudarnos a re-conectar con lo que realmente somos, permitiéndonos re-descubrir en el terreno de juego aquello con lo que nos identificamos tan profundamente. Ese es el extraordinario desafío que está afrontando y, viendo lo que hace y cómo lo hace, me transmite la gran seguridad de saber que no renunciará a lo que es innegociable para él: liderar a un equipo valiente, ambicioso, generoso, solidario, respetuoso y noble como ninguno.

Queda todavía mucho camino para completar la mutación pero, como a Galatea, la estatua de Pigmalión, veo ya a este Athletic abriendo los ojos, desperezándose y tomando consciencia de su verdadera naturaleza y de lo que puede llegar a ser. Yo, ahora, también *creo*[13].

«Marcarás goles»

Yo nunca había metido goles de estrategia. Era poderoso y dominador en el juego aéreo defensivo, pero en ataque hacía poco daño... bueno, cuando chocaba sí hacía daño, pero goles no metía. Sí que subía, saltaba y tocaba algunos balones pero, realmente, hacía poco más que bulto. Lo cierto es que no iba con la clara intención de marcar. Si acaso, en algún rechace... pero no recuerdo que marcara goles de cabeza hasta aquella temporada. Tenía 25 años y desde el inicio, en pretemporada, pude comprobar que el entrenador tenía una fe ciega en que yo sería el jugador referente en las jugadas de estrategia ofensiva del equipo. El míster, Blas Ziarreta, tenía gran experiencia, sus equipos eran dominadores del balón parado y siempre sacaban gran rendimiento a esa faceta del juego.

En mi línea de pensamiento habitual por aquella época, lo primero que me vino a la cabeza fue: «bufff, qué marrón!...

---

13   Artículo publicado en el DEIA en octubre 2011. Este artículo se publicó pocos meses después de la llegada de Bielsa a Bilbao, cuando los resultados todavía no acompañaban, el juego del Athletic generaba todavía muchas dudas y nadie alcanzaba, siquiera a imaginar, la enorme ola de admiración que el equipo desataría esa misma temporada en todo el planeta fútbol por su indomable espíritu y su espectacular juego. Lo que pasó después es otra historia.... quizá para otro libro. Quien tenga interés en entender lo que pudo suceder en la segunda temporada del entrenador, encontrará muchas pistas y muy clarificadoras en el libro *El líder resonante crea más* de Boyatzis, Goleman y Mckee, (en los estilos de liderazgo, páginas 87 a 124).

verás cuando se dé cuenta de que no remato ni una....». Podía haber pensado un montón de cosas buenas y positivas sobre esa situación... pero no, mi mente a lo suyo, en automático, pretendiendo eliminar riesgos, reales o imaginarios, y protegiéndome del ridículo: «Qué vergüenza cuando todos vean que no rematas ni una...» ¡Qué encanto mi mente! Siempre ayudando.

A Blas le dio igual todo mi diálogo interno. «¡Marcarás goles!» me dijo. Él me conocía bien, era un experto y sabía cuáles eran mis condiciones y mis limitaciones en el juego aéreo. Sabía que en carrera y de frente era contundente y que no tenía miedo al contacto. Él creía que si en defensa era bueno, también podía serlo en ataque y decidió creer en mí. Cada semana ensayábamos durante horas saques de esquina y faltas laterales para que yo rematara. Poco a poco, cada día me iba encontrando mejor y más cómodo en los remates, hasta el momento en el que me sentía ya como un imán, sabía que el balón vendría hacia mí y entraba al remate con tremenda determinación. Quería meter gol... de verdad.

Aquellas dos temporadas marqué 12 goles de estrategia. Rematé muchas veces y fallé otras tantas pero... ¡cómo disfruté! Me sentí poderoso, valioso y reconocido. Aumentó mucho mi confianza, me atrevía a hacer más cosas, a ser más valiente y a asumir más responsabilidades. Cada vez que había una posibilidad de subir a rematar, pensaba que podía marcar y lo veía hasta fácil. Mi mentalidad cambió radicalmente en este sentido y fue su creencia en mí lo que lo hizo posible.

Lo cierto es que no es solamente la creencia en alguien lo que cambia las cosas, sino lo que haces cuando crees. Blas creyó que yo podía hacerlo y trabajó conmigo. Insistió sobre los lanzadores, corrigió mi entrada al área, me explicó cómo podía hacer más daño, me dio libertad para equivocarme, no perdió la paciencia y siguió creyendo que podía hacerlo... y lo hice. Lo hice por mí y lo hice por él, por no defraudar su confianza. Cuando alguien te hace el gran regalo de creer tanto en ti, ¿cómo no vas a hacer todo lo posible por confirmar esa creencia? Creer en tus jugadores no es una opción, sino que es la única manera de conseguir la transformación de lo que están siendo, a lo que todavía no son pero podrían ser.

El «efecto Pigmalión» negativo

> *«Si domas un caballo a gritos, no esperes que te haga caso cuando hables».*
>
> Dagobert D. Runes

Desgraciadamente, como veíamos en el capítulo anterior cuando hablábamos de las «etiquetas», el «efecto Pigmalión» también funciona en sentido contrario. Cuando sientes –porque se siente– que la persona que debería liderarte no confía en ti, es como si te cortaran las alas, tu confianza disminuye drásticamente y tus posibilidades de transformación y aprendizaje se cierran a cal y canto. Esa falta de confianza se percibe y se transmite de muchas maneras, algunas de ellas quizá de manera inconsciente para quien las aplica, pero su impacto es muy visible para quien las sufre. Simples gestos, miradas, comentarios, falta de contacto físico y de comunicación... en ocasiones pueden convertirse en sarcasmo, ironía, gritos y broncas continuas e, incluso, si no se toma consciencia de su negativo impacto, estas actitudes pueden derivar en maltrato emocional con castigos humillantes, desprecios y ofensas absolutamente injustificables.

No te engañes, si alguna vez te descubres actuando así, generando tensión y miedo como emociones dominantes entre tus jugadores, toma consciencia de que estás muy lejos, a años luz, de tu mejor versión y muy cerca de convertirte en un déspota o en un tirano que ejerce un lamentable uso del poder que le confiere el cargo. Para dejar clara mi opinión y que no quede duda alguna al respecto, si semejantes comportamientos son inaceptables con adultos, se convierten directamente en despreciables y denunciables cuando se ejercen sobre deportistas en etapas de formación. Desde tu responsabilidad de entrenador ejerces un rol de gran trascendencia social pudiendo influir positivamente y con gran impacto en la vida y el futuro de tus jóvenes deportistas. ¡No lo desaproveches! Deja de preocuparte tanto por ganar o perder, por ser famoso o reconocido y ocúpate en merecer ser recordado por tus jugadores como la persona que les ayudó a ser mejores de lo que estaban siendo haciéndoles sentir valiosos, capaces y especiales.

Posiblemente esa sea la intención última de quienes se comportan tan autoritariamente y están convencidos de que tratar así a los jóvenes (quizá como ellos fueron tratados en su momento) es la mejor manera de ayudarles, e incluso pueden justificar esa actitud alegando que lo hacen por ellos y que algún día se lo agradecerán. ¡No lo harán! De hecho, esos comportamientos les arrastran en sentido opuesto al liderazgo de servicio que proponemos desde estas páginas. Cualquier indocumentado puede comportarse así y tú, si estás leyendo este libro, no eres cualquiera.

«Si tus jugadores te temen, te obedecerán pero, si te quieren, morirán por ti y juntos alcanzaréis resultados extraordinarios», es una cita adaptada de Sun Tzu. Si de verdad quieres aportar valor a tus jugadores, atrévete a aplicar la «mirada bellotera» con ellos. Liderar desde ahí, eso sí tiene mérito. Para eso sí hace falta ser valiente, para aprender y desarrollar nuevas habilidades y competencias de liderazgo, para trabajar la paciencia y el auto-control, para creer en ellos y no etiquetarles, para potenciarles y reconocerles, para escucharles y preguntarles, para mostrarse abierto, disponible y vulnerable, para acompañarles, apoyarles y seguir creyendo cuando estés a punto de bajar los brazos, para pedirles *feedback* sobre cómo te perciben (para eso sí hace falta coraje), para contagiar energía y entusiasmo, para disfrutar de tu privilegio y agradecerlo... para ver «bellotas». Para todo esto sí se necesitan personas valientes que se atrevan a no ser cualquiera, a brillar conectadas a su mejor versión y a ser referentes y luz para sus seguidores. ¿Te atreves?

Reconocimiento

> *«Tal vez suceda que una vez cada siglo, un elogio eche a perder a una persona o la haga insufrible. Pero es seguro que una vez cada minuto, algo digno y generoso muere por falta de reconocimiento».*
>
> JOHN MASEFIELD

Es un placer escuchar algunas ruedas de prensa de Simeone reconociendo el ingente esfuerzo que hacen sus jugadores en el campo, la solidaridad, la intensidad y la entrega que demuestran en cada partido. Me encanta cómo les felicita públicamente por su actitud y por su espíritu, por su implicación y por el compromiso con el sobre-esfuerzo y la sobre-exigencia a la que les somete para poder competir en todos los frentes contra sus multimillonarios rivales. Me gusta escuchar cómo refuerza a los que menos juegan, cómo hace sentirse importantes a todos, cómo insiste una y otra vez en lo que hacen bien, lo elogia sin descanso, se fija en los detalles y se centra en sus fortalezas.

Aprovecha cada ocasión para hacer un encendido, auténtico y sincero reconocimiento a sus jugadores (yo lo siento así, sin ser Simeone santo de mi devoción), se muestra admirado y agradecido por lo que están siendo, por lo que están consiguiendo y por cómo lo están haciendo. Siento que él disfruta de verdad con cada oportunidad que tiene de declarar públicamente que le encanta su equipo, sin preocuparse por esa limitante creencia de que «el elogio debilita» y otras verdades del tipo: «no hacen más que cumplir con su obligación» o «con lo que cobran»... Admiro mucho a las personas valientes que se atreven a hacer reconocimientos potentes.

En demasiadas ocasiones se confunde el elogio gratuito y fácil o el halago zalamero y manipulador, con el reconocimiento sincero y auténtico. La diferencia es que los primeros salen de la boca y el segundo surge a borbotones desde el corazón. El reconocimiento se enfoca directamente en la esencia de la persona, no se refiere solamente a lo que esta hace, sino a quién está siendo cuando lo hace, a lo más profundo y mejor que tiene. No es animar ni felicitar a alguien por una buena acción o jugada, ni es *feedback* o información para mejorar alguna cuestión concreta. Es reconocer su *ser* a través de su *hacer*.

Es como descubrir una pepita de oro dentro de la «bellota» del otro y estar deseando ofrecérsela. Cuando lo ves, cuando detrás de lo que una persona hace percibes que hay algo realmente especial y valioso, no puedes evitar acercarte a ella, sientes la necesidad de decírselo sin esperar nada a cambio y sin que nadie te lo pida: «¡Eh!... mira lo que encontrado... es tuyo y es fantástico. ¡Tómalo!». Deseas que tome consciencia de ese valor que le define, que lo haga suyo, que lo sienta y lo pueda hacer mucho más presente en su juego... y en su vida.

«Quien se guarda un reconocimiento, se está quedando con algo ajeno», dijo en una ocasión el genial Pablo Picasso. Ofrecer un reconocimiento auténtico y sincero es hacer un regalo de incalculable valor que no utilizamos casi nunca, dominados como estamos por creencias limitantes del tipo: «es su obligación», «se lo va a creer», «pensarán que soy blando si lo hago», «no me van a respetar», «mi trabajo es corregir lo que hacen mal», «demasiado vulnerable», «no me pagan para educarles», «mi trabajo no es quererles»... Hacer un reconocimiento es como iluminar la esencia de alguien y hacerla visible. ¡Cuánto vale eso! Es gratificante para quien lo hace y puede ser radicalmente transformador para quien lo recibe. Aceptar un reconocimiento, tal y como lo estamos expresando aquí, es como si te dieran un puñetazo directamente en el corazón, así es su impacto. Te deja sin aire. El reconocimiento no lleva nada por delante ni por detrás, no necesita largas explicaciones ni justificaciones. Es breve y directo. Te hace creer.

Hay muchas formas de expresar reconocimiento. Te ofrezco algunos ejemplos dentro del ámbito deportivo por si te pudieran ayudar: «valoro mucho la valentía que demuestras cuando encaras al contrario una y otra vez, a pesar de que no te estén saliendo bien las cosas» (bummm)... «Sé lo difícil que resulta para ti siendo portero y agradezco mucho cómo te comprometes con nuestra idea de juego cada vez recibes y aguantas el balón, sin ponerte nervioso, esperando a que tus compañeros se ofrezcan para salir jugando» (bummm)... «Me conmueven el optimismo y la alegría con los que estás viviendo el proceso de recuperación de tu grave lesión. Eres una fuente de inspiración para todos nosotros» (bummm)... «Reconozco tu gran humildad en la forma como entrenas cada día sin bajar los brazos y sin rendirte nunca, a pesar de estar jugando poco. Eres un regalo para este equipo. Gracias.» (bummm)... «Valoro mucho de ti la calma y la serenidad que nos contagias cuando las cosas se complican» (bummm)... «Es admirable el coraje y la entrega sin límites con los que afrontas cada acción, cada disputa y cada partido. Tu pasión y tu nobleza son una bendición para este grupo» (bummm)... «Cuando bajas a defender y ayudar a tu lateral sin que nadie te lo pida, veo en ti al jugador solidario que tanto necesitamos. ¡Sigue por ahí!» (bummm)... «Cuando te veo liderar cada día el calentamiento al comienzo del entreno, tan alegre y enchufado, y con tanta presencia, me siento contagiado por tu entusiasmo y agradecido de poder contar contigo» (bummm)... «Cada vez que te veo atreverte a pegarle con la izquierda, aunque no te salga bien, admiro mucho tu deseo de mejorar y aprender y tu determinación para no renunciar a convertirte en el jugador que puedes ser. ¡Sigue así!» (bummm)... Seguro que has adivinado ya lo que significa el «bummm»... Efectivamente, es el sonido de un reconocimiento sincero impactando directamente en el corazón.

Ahora que ya conoces la «mirada bellotera», además de fijarte, como es tu responsabilidad, en lo que no está funcionando, en lo que hay que mejorar, en lo que no está bien y es necesario cambiar, puedes comenzar a aplicar tu nuevo talento para descubrir lo que cada uno de tus jugadores y colaboradores tienen dentro de su «bellota», lo que les hace especiales y únicos. Eso siempre ha estado ahí pero, aunque ya lo sabías, no le habías prestado demasiada atención... hasta ahora.

Si eres entrenador, te reto a que pienses en ese jugador o colaborador que no te cae bien, al que tienes un poco enfilado, pues casi siempre está molestando y ayuda poco y, además, no es muy bueno. Quiero que pienses en él como una «bellota» y, si has llegado hasta aquí leyendo este libro, sé que serás capaz de hacerlo, de buscar qué tiene hasta encontrar algo de verdadero valor en él, algo que hace bien, da igual que sea en el campo, en el vestuario, en su forma de ser, de jugar o de relacionarse, piensa en algún momento o en alguna situación en la que ha respondido adecuadamente y ha sido digno de elogio... ¡Seguro que hay algo! Y ahora te pido que le hagas un reconocimiento sincero y auténtico. ¡Siéntelo! Hazlo de verdad, desde el corazón, y deja que rebote en el suyo. Hazle visible... quizá sea el que más lo necesita.

Para poder brillar, necesitamos saber cómo podemos hacerlo, en qué nos podemos apoyar, qué es lo mejor que tenemos dentro de nuestra «bellota» que nos hace valiosos y diferentes a cada uno de nosotros. Necesitamos ayuda para descubrirlo y hacerlo visible, para hacernos visibles, para conectar con nuestros valores auténticos, para identificarlos y ponerles nombre, para sentirlos más intensamente y tenerlos más presentes en cada entrenamiento, en cada partido y en toda nuestra vida.

En general, no somos conscientes de ello y vamos por ahí a ciegas, como caminando en la niebla, sin saber qué impacto tiene lo que hacemos, ni cómo se percibe. Necesitamos sentir la confianza de saber en qué somos buenos para poder atrevernos a afrontar con energía, perseverancia y determinación nuestras áreas de mejora, creciendo hasta alcanzar nuestro máximo potencial.

Hay cinco mensajes clave relacionados con las necesidades más profundas de todo ser humano que un líder necesita tener bien presentes. Podríamos resumirlos así:

1. Existes
2. Te veo
3. Eres valioso (eres único)
4. Tienes cosas importantes que aportar
5. Perteneces a este grupo (eres bienvenido)

Hace un tiempo, cuando comencé mi andadura empresarial después del fútbol, apareció en mi vida una persona que ejerció conmigo ese rol de líder al servicio creyendo en mí más incluso que yo mismo por aquel entonces, y ayudándome a descubrir y poner en práctica capacidades que yo ni siquiera era consciente de que tenía. Hace 7 u 8 años que la vida separó nuestras senderos pero intentamos juntarnos y conversar por lo menos una vez al año. Cada vez que lo hacemos, me saluda de esta manera: «Imanol, me alegro mucho de verte» y me lo dice con intensa presencia, mirándome a los ojos, apretándome la mano con fuerza y con una franca sonrisa que le ilumina toda la cara. Reflexionando sobre esto, he descubierto que solamente con ese saludo, ya me está enviando tres de los cinco mensajes clave: *existes, te veo y eres valioso*. Y, a partir ahí, visible y aceptado, me siento reconocido y capaz de cualquier cosa[14].

Tú, entrenador, padre, profesor, jefe... tienes la gran oportunidad de hacerme visible, de ayudarme a descubrir quién soy y qué es lo mejor que tengo para ofrecer, de ser cómplice de una posibilidad trascendente, de divisar y sacudir lo que todavía no es pero podría ser. Necesito que me quieras, aunque no te caiga bien, que te atrevas a mejorar y a crecer hasta convertirte en un líder que brille para mí, y a creer en ti y en mí, para que juntos podamos transformarnos.

Refuerzo

Hace unos años, cuando una de mis hijas me enseñó sus notas del trimestre que estaban realmente bien, mi vista se fijó al instante en la baja calificación del apartado «actitud en el comedor». Inmediatamente le pregunté qué estaba pasando y qué estaba haciendo para tener esa nota, le solté un discurso sobre el respeto y la educación en el comedor; supongo que me vine arriba y subí el tono de la arenga hasta que observé cómo dos lagrimones de impotencia y rabia resbalaban por sus mejillas. Al momento me di cuenta de lo que había he-

---

14   «*Sawabona*» es un saludo en idioma zulú utilizado por algunas tribus del sur de África que quiere decir: «*te veo, te respeto, te valoro y eres importante para mí*». En respuesta, las personas contestan «*shikoba*» que sigifica: «*entonces, existo para ti*».

cho (darse cuenta rápido de los errores es una de los grandes beneficios de ampliar la consciencia con el *coaching* porque, por lo demás, como se puede comprobar, uno sigue metiendo la pata, algo menos, eso sí). En lugar de aprovechar una situación de éxito para potenciar y reforzar, para que ella sacara un aprendizaje y para definir nuevos objetivos y planes de mejora, en lugar de liderar desde sus fortalezas, hice todo lo contrario de lo que predico, consiguiendo el mismo o parecido escaso efecto que consiguen quienes actúan así habitualmente.

Podría haberle reconocido sinceramente su trabajo y actitud durante el último trimestre, su dedicación y el especial interés que había puesto en alguna asignatura concreta. También habría podido valorar positivamente su responsabilidad y sus ganas de mejorar y, desde ahí, podríamos haber afrontado con serenidad y confianza esa mala nota de «actitud en el comedor».

El siguiente trimestre volvió con su boletín de notas y yo, prevenido y recordando mi anterior metedura de pata, estaba dispuesto a aplicar mis mejores habilidades potenciadoras. En esta ocasión venía con una mejora notable también en la polémica «actitud en el comedor». Visto lo visto, no pude por menos que expresar bien alto y claro: «estoy muy orgulloso de ti»... como si ella tuviera que sacar buenas notas por mí, como si yo la quisiera solo cuando las sacara. Una vez más perdí otra oportunidad de aprovechar una situación de éxito para potenciarla de verdad, ayudándole a tomar consciencia de quién había sido ella ese trimestre para conseguir esas notas, qué había cambiado y qué había sido diferente... y, al final de esa conversación, decirle: «¡qué orgulloso estoy de ti!». Al final, no lo único.

Reconozco que disfruto enormemente aplicando la habilidad del refuerzo para profundizar en las situaciones de éxito. Cuando un entrenador está consiguiendo resultados o un jugador ha hecho un gran partido, aprovecho ese momento para generar una conversación de toma de consciencia, para ayudarle a aterrizar y descubrir quién ha sido en ese partido y qué ha aprendido. Como siempre, utilizo preguntas: *¿de qué estás orgulloso?, ¿qué es lo mejor que has hecho durante el partido?, ¿qué has descubierto sobre ti?, ¿qué has aprendido?, ¿a qué te has atrevido?, ¿qué ha cambiado?, ¿qué has hecho diferente?, ¿qué valor tuyo has vivido hoy intensamente?, ¿quién has sido hoy?, ¿cómo te sientes?, ¿qué te gustaría repetir el próximo partido?, ¿qué te está costando todavía?, ¿qué quieres mejorar esta semana?, ¿cómo lo vas a hacer?...* A su servicio, liderando, acompañándole, ayudándole a descubrir de qué es capaz y que puede hacerlo, a conectar con lo mejor que tiene, con sus propios recursos y con su naturaleza valiente para que, desde ahí, pueda afrontar con determinación, confianza, alegría y energía sus áreas de mejora.

Si eres entrenador, puedes hacer exactamente lo mismo con tu equipo después de un buen partido, preguntarles con apertura, con presencia, respetando cada respuesta, agradeciéndolas todas y sin juzgar ninguna. Preguntarles *qué es lo que han hecho distinto, de qué están orgullosos, qué han aprendido, qué es lo que más les ha gustado, qué han demostrado, qué valores han vivido intensamente y en qué momentos, jugadas o situaciones los han sentido, a qué se han atrevido, qué ha sido lo mejor, qué les gustaría cambiar para el próximo partido...* Preguntas potentes para tomar consciencia de quién son y qué es lo mejor que tienen, para que puedan hacerlo más y con mayor intensidad. Eso es *reforzar*.

La vida de un deportista es muy corta, necesita aprovechar cada experiencia para extraer de ella aprendizajes y acortar su proceso de maduración exprimiendo como un limón cada una de sus vivencias para descubrir(se) quién está siendo, cuál es su reto, qué le está costando, qué es lo que quiere y quién quiere ser ante cada situación. Ayudarle a despertar, a crear su propia Identidad para transformarse en la persona y el jugador que puede, necesita y quiere ser.

Potenciar es hacer visible la esencia del otro, es mirar y ver, es ayudarle a descubrir su tesoro, lo que hay dentro de su «bellota», admirarse y actuar como testigo privilegiado de su sorprendente descubrimiento. Es impulsarle e inspirarle para que se atreva a ser quien realmente es. Solo necesitamos una actitud para poder hacerlo: la «mirada bellotera». Creer en la grandeza de cada ser humano y en su inmenso potencial, respetando profundamente su «Tierra Sagrada».

La carpintería

Cuentan que en la carpintería hubo una vez una extraña asamblea. Fue una reunión de herramientas para arreglar sus diferencias. El martillo ejerció la presidencia, pero la asamblea le notificó que tenía que renunciar. ¿La causa? ¡Hacía demasiado ruido! Y, además, se pasaba el tiempo golpeando. El martillo aceptó su culpa, pero pidió que también fuera expulsado el tornillo; dijo que había que darle muchas vueltas para que sirviera de algo. Ante el ataque, el tornillo aceptó también, pero a su vez pidió la expulsión de la lija. Hizo ver que era muy áspera en su trato y siempre tenía fricciones con los demás. Y la lija estuvo de acuerdo a condición de que fuera expulsado el metro que siempre se la pasaba midiendo a los demás según su medida, como si fuera el único perfecto.

En eso entró el carpintero, se puso el delantal e inició su trabajo. Utilizó el martillo, la lija, el metro y el tornillo. Finalmente, la tosca madera inicial se convirtió en un precioso mueble. Cuando la carpintería quedó nuevamente sola, la asamblea reanudó la deliberación. Fue entonces cuando tomó la palabra el serrucho, y dijo: «Señores, ha quedado demostrado que tenemos defectos, pero el carpintero trabaja con nuestras fortalezas. Eso es lo que nos hace valiosos. Así que no pensemos ya en nuestros puntos débiles y concentrémonos en la utilidad de nuestras virtudes».

La asamblea encontró entonces que el martillo era fuerte, el tornillo unía y daba consistencia, la lija era especial para afinar y limar asperezas y observaron que el metro era preciso y exacto. Se sintieron entonces un equipo capaz de producir muebles de alta calidad. Se sintieron orgullosos de sus capacidades y de trabajar juntos.

Ocurre lo mismo con los seres humanos. Observen y lo comprobarán. Cuando en un grupo el personal busca defectos en los demás, la situación se vuelve tensa y negativa. En cambio, al tratar de percibir y reconocer con sinceridad las fortalezas de los demás, florecen los mejores logros humanos. Es fácil encontrar defectos, cualquiera idiota puede hacerlo, pero encontrar cualidades, eso es solo para los espíritus superiores que son capaces de inspirar todos los éxitos humanos[15].

Potenciar en 7 píldoras

1. Tus valores definen lo que eres, no lo que crees que eres, deberías ser o los demás esperan que seas. Cuando vives conectado a tus valores auténticos, a tu «yo verdadero» y actúas en consecuencia, experimentas momentos sublimes de plenitud que te acercan a tu mejor versión.

2. La *plenitud* no es el resultado de tener todo lo que quieres o de alcanzar tus objetivos, ni tampoco de que se den to-

---

15   De autor desconocido, presentado en el libro *Cuentos para ser humano* de Luis Benavides.

das las circunstancias que te agradan para sentirte pleno, sino que surge cada vez que te atreves a actuar conectado con lo que realmente es importante para ti, en cualquier situación que la vida te proponga.

3. La *resonancia* es el eco de algo profundamente verdadero que nace en lo más profundo de nuestro ser y refleja una emoción genuina e intensa. Somos buscadores de tesoros y, cuando observamos que una persona está resonando, sabemos que hemos encontrado algo valioso y esencial, algo «de verdad».

4. Con la «mirada bellotera» elijo ver como seres humanos completos, creativos y llenos de recursos («bellotas») a las personas que tengo el honor de liderar, decidiendo creer en ellas para acompañarles en su proceso de transformación desde lo que *están siendo* a lo que *podrían ser*.

5. El *reconocimiento*, sincero y auténtico, se enfoca directamente en la esencia de la persona. No se refiere a lo que esta hace, sino a quién está siendo cuando lo hace, a lo más profundo y a lo mejor que tiene y es. (Re)conocer a alguien es iluminar el interior de su «bellota» y hacerla visible para que tome consciencia de los valores que le definen, para que los sienta y los haga suyos.

6. El «efecto Pigmalión» demuestra que, cuando uno cree de verdad en otra persona, las expectativas y creencias que tiene respecto a ella afectan de tal manera a su propia conducta que la segunda persona tiende a confirmarlas con su comportamiento. Desafortunadamente, también funciona en sentido contrario.

7. **P**otenciar es *mirar y ver,* ayudando a otra persona a descubrir y conectar con lo mejor que tiene dentro de su «bellota». Es impulsarle e inspirarle para que se atreva a ser quien realmente podría ser. Es decirle existes, te veo, eres valioso, tienes cosas importantes que aportar y eres bienvenido, perteneces a este equipo. Es creer en la grandeza de cada ser humano y en su inmenso potencial, respetando profundamente su «Tierra Sagrada».

em**P**atizar

«Si de verdad llegásemos a poder comprender, ya no podríamos juzgar».

André Malraux

En 2013 me invitaron a participar como ponente en el primer Congreso Internacional de ASESCO (Asociación Española de *Coaching*). El título de mi conferencia era: *De entrenador a líder. ¿Qué harías si no tuvieras miedo?* Dediqué una semana a preparar una presentación de dos horas con unas 40 diapositivas, 3 o 4 vídeos sorprendentes y un taco de citas deslumbrantes. Me quedó genial... o al menos eso pensaba yo. Llegué por la mañana al salón del hotel donde se celebraba el congreso con absoluta confianza en el éxito de mi ponencia y asistí a las excelentes conferencias que desde las 9:00 h se desarrollaron durante toda la jornada. Mi participación estaba programada para las 18:30 h, pero con los retrasos acumulados y tras la última pausa, los 200 *coaches* asistentes al congreso volvieron a entrar al salón sobre las 19:30 h Hacía calor, era tarde, la gente estaba cansada y dispersa. Empecé a preocuparme... Por una parte pensaba, «te has currado una presentación muy chula, la sueltas y listo. No es mi responsabilidad que estén cansados o que haya habido retrasos. Seguro que habrá algunos que la aprovechen y el resto... pues ellos se lo pierden. No es mi problema». Esas cosas me decía mi «saboteador». Por otro lado, mi intuición me decía que no tocaba soltar mi «rollo» demostrándoles lo bueno que era y todo lo que sabía... Sentía que esas personas, en ese momento, necesitaban otra cosa. No sabía qué hacer.

Cuando todos estuvieron sentados expresé en alto mis cavilaciones y decidí preguntarles: «¿Cómo estáis?, que levante por favor la mano quien esté cansado, ¿quién está ya un poco saturado?... ¿aburrido?... ¿pletórico?... ¿quién está pensando ya en lo que tiene que hacer después?... ¿en baños, cenas y cuentos?... ¿quién hace deporte regularmente?... ¿a quién le apasiona el deporte?... ¿quién lleva todo el día esperando esta ponencia?... que levante la mano quien...» Así lo hice. Recogí toda esa información, que confirmó mis sospechas, y decidí que tocaba otra cosa. Algo más dinámico y participativo. Algo que les mantuviera presentes y conectados a pesar del cansancio y la hora. Sí... ya sé que podía haberlo pensado cuando estaba preparando la ponencia, que ya sabía que era la última del día y demás... pero no lo hice entonces. Falta de experiencia, de previsión, no sé, pero allí estaba yo, en ese instante, con todo en el aire y todo por hacer.

Decidí cambiarla casi completamente, enseñando más de lo que soy y menos de lo que hago, atreviéndome a ofrecer algo de corazón. En ese momento, elegí ponerme a su servicio de verdad y aceptar que no se trataba de mí, sino de ellos, que el objetivo de esas dos horas no era satisfacer mi necesidad de reconocimiento, ni demostrar mi supuesta competencia y habilidades, sino dar respuesta al «hambre» que había en la sala. Tocaba responder a su curiosidad por llevarse algo útil y aplicable; reforzar su creencia en el poder transformador del *coaching* sobre el liderazgo; compartir con ellos la ilusión por seguir explorando una enorme tierra por conquistar y alimentar la esperanza de que, cada uno/a de los 200 participantes en el Congreso, tenía (tenemos) grandes oportunidades de desarrollo en el ámbito deportivo.

Pasé de la presentación y de las diapositivas que tenía preparadas y compartimos la experiencia de sentir el impacto de la presencia, de conectar, aunque fuera brevemente, con la esencia de cada uno, de agradecer y honrar a los que, alguna vez, nos vieron como «bellotas», experimentamos la fuerza de la «mirada bellotera» y descubrimos el impacto de *creer* para poder *crear*, nos reímos mucho, de nosotros y de nuestros cobardes «saboteadores», consiguiendo generar un espacio de ilusión, energía y esperanza para todos los asistentes. Cuando acabamos (las dos horas pasaron en un suspiro) sentí que había sido valiente, que había tenido el coraje y la confianza suficientes para empatizar realmente, para ponerme de verdad a su servicio, para ser humilde y anteponer sus necesidades a las mías respondiendo a ellas consciente y adecuadamente. Me sentí pleno y agradecido.

Liderazgo y humildad

En estos últimos años de estudio, formación y práctica profesional en *coaching* y liderazgo, he llegado a la conclusión de que uno de los valores esenciales que distingue a los grandes líderes es la humildad y, llegados a este punto, conviene repasar este concepto. Personalmente, hasta hace un tiempo, confundía *humildad* con *sencillez, modestia, obediencia, discreción*, con no *llamar la atención…* hasta que descubrí otra interpretación mucho más inspiradora y poderosa. No digo que los atributos señalados anteriormente no sean admirables y propios de personas humildes, pero considero que no son los que la definen.

Entiendo la *humildad* no como *hacerse de menos*, sino como pensar menos en uno mismo o, dicho de otra manera, *pensar antes en los demás que en mí*. Poner por delante a mi equipo, a mis jugadores o a mis compañeros. Eso ya son palabras mayores. Conozco infinidad de personas sencillas, discretas y sensatas, pero muchas menos con el nivel necesario de confianza y seguridad en sí mismas como para tener el coraje de ponerse al servicio de los demás. Hace falta ser muy valiente para atreverse a ser realmente humilde, para liderar, quizá por eso haya tantos entrenadores y tan pocos líderes.

«Secuestro emocional»

Era un partido de *play off* para el ascenso a 2ª. Quien lo ganara tenía casi asegurado el premio gordo de salir del pozo de la 2ªB para volver al fútbol profesional. Nosotros lo necesitábamos imperiosamente. Tras el descenso de la temporada anterior, el Club había hecho el esfuerzo de mantener los contratos para volver a subir en un año, y todos lo sentíamos como una obligación. Jugábamos en casa, donde solo habíamos encajado un gol en toda la temporada... la cosa pintaba bien. Perdimos 1-0 en la ida y debíamos ganar por dos de diferencia para conseguir el objetivo. Teníamos un 2-0 a favor en el minuto 40 de la primera parte y estábamos jugando un auténtico partidazo, pero en cinco últimos minutos fatídicos encajamos dos goles y entramos al vestuario totalmente desconcertados.

En ese momento se desató un huracán. El entrenador, preso de un ataque de ira y furia incontenibles, se dedicó durante quince interminables minutos a desahogar sobre nosotros su rabia y su frustración, dirigiéndonos todo tipo de descalificaciones, amenazas, insultos y humillaciones. No hubo forma de ponerse a cubierto de un temporal cuyos daños quedaron patentes en una lastimosa segunda parte en la que el equipo se había dejado el corazón en la caseta tratando de recuperarse del impacto. Jugamos sin alma. Perdimos 2-3, no ascendimos y, además de castigarnos con unas increíbles palizas físicas durante las últimas dos semanas de competición, el entrenador no volvió a dirigirnos la palabra durante aquella temporada.

No sé si el resultado hubiera podido ser diferente o no, lo que sí tengo claro es que aquellos inolvidables quince minutos no ayudaron en nada a que saliéramos al campo en la mejor disposición emocional y mental para alcanzar el objetivo. Seguramente, el entrenador tenía toda la razón en su análisis de los errores cometidos, en cómo teníamos que haber defendido, en que faltó concentración y en todo lo demás... pero, en ese preciso momento, no tocaba nada de eso. No se trataba de tener razón (cuestión del ego), sino de alcanzar el objetivo: ganar el partido.

Probablemente, el auto-control emocional sea una de la competencias que más y mejor debe dominar un líder. Ser víctima de un «secuestro emocional» como el de la historia anterior, te deja absolutamente impotente y sin acceso a todos tus recursos, hace que reacciones de forma descontrolada en lugar de buscar la respuesta más adecuada para cada situación, e impide que puedas ejercer el rol de *líder al servicio* de tus jugadores que, en momentos de gran tensión y responsabilidad como aquél, resulta imprescindible. Es precisamente en medio de la tempestad cuando se requiere liderazgo. No hace falta capitán cuando el mar está en calma.

A veces confundimos estar al servicio de las necesidades de las personas a las que debemos liderar, con ser esclavo de sus deseos y estar a su merced. Gran error. Ser esclavo es hacer lo que otros *quieren*, mientras que servir es hacer lo que otros *necesitan*. Hay una diferencia abismal entre satisfacer *deseos* o *necesidades*. De hecho, pocas veces coinciden. En aquel inolvidable *descanso* de 15 minutos, el equipo no necesitaba la brutal y descontrolada descarga de gritos y descalificaciones con la que el entrenador nos recibió. Posiblemente, la actitud de nuestro entrenador habría sufrido una radical transformación, una liberación, si se hubiera dado un minuto para empatizar con nosotros haciéndose a sí mismo una sencilla pregunta: *¿qué necesitan ahora mis jugadores de mí?, ¿cómo se sienten ellos en este momento?, ¿cómo estoy yo?, ¿qué me está pasando?, ¿quién necesito ser para ellos?, ¿cuál es el reto aquí para mí?...* Pensar antes en los demás que en mí. Humildad. Líder al servicio[16].

---

16   Publicado en el blog *Píldoras de energizol en* abril 2010.

Humildad y empatía

Antes pensaba que la humildad venía de serie, lo eres o no. Ahora sé que la *empatía* es la poderosa habilidad que te conecta con la *humildad* y, aunque posiblemente sea una de las capacidades más difíciles de aprender, también se puede mejorar y desarrollar. A veces estamos tan atrapados en nuestras creencias, en nuestra forma de ver y entender la realidad, en nuestra propia perspectiva, que ni siquiera nos damos la oportunidad de visitar las realidades de los demás.

A través de la empatía tomamos consciencia de las grandes posibilidades que se nos abren cuando nos atrevemos a meternos en los zapatos del otro... quitándonos previamente los nuestros. Es decir, sin aferrarnos a nuestra «verdad», sin defenderla con uñas y dientes ni tampoco renunciando a ella, tan solo la suspendemos puntualmente para poder explorar en profundidad otras «verdades» y otras perspectivas, liberados de nuestros juicios, opiniones y certezas absolutas. Cuando nos permitimos hacerlo de esta manera, cuando empatizamos así, ampliamos la comprensión, tanto de nosotros mismos, como del otro, superando así las capas tras las cuales se esconde su verdadera esencia. La empatía aumenta la conexión porque con ella demostramos una auténtica curiosidad y preocupación por los demás y por su vida, permitiéndonos ofrecer respuestas más adecuadas a cada situación y abrir nuevas *convers(ac)ciones*.

Lo realmente revelador y transformador de este proceso es que, después de atrevernos a explorar el mundo del otro, cuando volvemos a meternos en nuestros zapatos, nuestra forma de ver a esa persona ya no es la misma, ha cambiado, hemos cambiado, y entonces nos descubrimos deseando hacer algo que ni siquiera nos habíamos planteado antes que podíamos hacer, para apoyarla y ayudarla, poniéndonos así realmente a su servicio.

¿Un cafecito?

Quedaban solamente cuatro partidos y teníamos que ganarlos todos para conseguir el ascenso a Primera asegurando así la viabilidad del Club que pasaba (pasábamos) por graves problemas económicos. No hacerlo significaba posiblemente su desaparición, algo que no podíamos quitarnos de la cabeza. Jugábamos fuera contra un equipo de la parte baja de la tabla y, a pesar de ser el mes de mayo, salió un día invernal, con mucha lluvia y un viento helado que te calaba hasta los huesos. Nos marcaron el primero nada más comenzar y acusamos el gol de forma exagerada. Estábamos muy tensos y por la cabeza de cada uno de nosotros comenzaron a pulular todo tipo de fantasmas y pensamientos negativos que nos sacaban del partido, provocando continuos errores y pérdidas de concentración, ingredientes que anticipaban el descalabro.

El baño que nos estaban dando era espectacular y perdíamos 2-0 en el descanso. Cuando entramos en la caseta, algunos discutían, otros gritaban y la mayoría estábamos con la mirada perdida en el suelo, anticipando el inminente desastre que inevitablemente se iba a producir. Angustia, impotencia y mucho miedo eran las densas emociones que ocupaban todo el espacio. La ansiedad hacía que nuestra mente fuera a toda velocidad y nos viéramos ya hundidos, fracasados y con un futuro muy incierto. Una ola de fatalismo lo inundaba todo. Pesaba el ambiente. Silencio.

Cinco minutos más tarde apareció el entrenador en el vestuario. Todos esperábamos que se sumara de alguna manera al caos emocional que en ese momento invadía el vestuario, cuando él, a la vez que se alzaba los cuellos del abrigo, dijo con toda calma y una sonrisa: «¡Joé, qué frío hace! ¿Alguien quiere un cafecito?» Y se puso a servirnos cafés... El efecto que su inesperada respuesta tuvo en el estado de ánimo del equipo fue sorprendente. Los recursos que demostró en ese momento decisivo para controlar sus impulsos y permanecer sereno, a pesar de la presión que todos sentíamos, incluido él, supuso una liberación inmediata para todos nosotros. Su capacidad para conectar con el grupo, para sentir nuestra emoción, para auto controlarse y empatizar con nuestra gran angustia, tuvo un impacto profundamente transformador. Con una frase y una cálida sonrisa, en un solo instante los oscuros nubarrones que presagiaban la catástrofe comenzaron a evaporarse, dejando espacio a una leve brisa de ilusión renovada, esperanza y optimismo. Comenzamos a mirarnos a la cara, a levantar nuestras cabezas, se escucharon tímidas palabras de ánimo y confianza, alguna sonrisa... ¡Quizá todavía pudiéramos conseguirlo!

Sus recursos para mantener la calma y no descargar sobre el equipo su rabia y frustración por un primer tiempo lamentable que ponía en grave riesgo el futuro de todos, le ayudaron también a pensar con claridad, y a hacer algunos cambios y modificaciones tácticas que convirtieron la brisa de confianza en un huracán de juego y goles que nos permitió remontar y ganar el partido. Eligió ponerse a nuestro servicio y, en esos cinco minutos que tardó en entrar al vestuario, quizá se preguntó a sí mismo: *¿qué necesitan mis jugadores de mí en este momento?, ¿cómo les puedo ayudar?, ¿quién necesito ser ahora para ellos?, ¿cómo estoy yo?, ¿qué me está pasando?, ¿cuál es el reto aquí para mí?, ¿qué necesito hacer o decir?...*

Su decisión de ejercer de líder, conectar con la necesidad del grupo y ponerla por delante de la suya, cambió el partido y nuestro destino aquella temporada. Finalmente ascendimos... pero ahora sé que lo logramos en aquel descanso, gracias a un *líder al servicio* que se atrevió a preguntar: *¿alguien quiere un cafecito?*[17]

---

[17] Artículo publicado en el blog *Píldoras de energizol* en octubre del 2011.

Empatía y «escucha sublime»

Entiendo que es más fácil empatizar con las personas con las que tienes afinidad pero, si eres entrenador (profesor, directivo, jefe...) necesitas estar al servicio de todos, también de aquellos con los que no tienes buen *feeling*... por los menos hasta que finalice la temporada.

«El secreto del escuchar sublime es saber escuchar el bien», es una buena frase de Moisés Cordovero, místico judío del s. XVI, descubierto en sus estudios por Rafael Echeverría, (al que ya hemos mencionado anteriormente), y sobre la que reflexiona con gran lucidez en su libro *Actos del lenguaje*. La «escucha sublime» es un concepto que nos puede ayudar a liderar para todos.

Si ahora te preguntara si, a veces, voluntariamente, haces daño a las personas que quieres o que son importantes para ti, ¿qué responderías?... Cuando hago esa misma pregunta en los talleres de formación casi nadie levanta la mano. Entiendo que quizá se sientan culpables y no quieran reconocer algo así en público. Si acaso, hay un par de ellos por grupo que, tímidamente, confiesan que, a veces, algunas veces, sí que lo hacen, hacen daño queriendo. Los demás aprovechan la coyuntura para matizar que, bueno... que sí, que en determinadas ocasiones concretas, igual sí lo hacen.

Preguntados sobre qué situaciones son esas en las que pueden comportarse así, las resumen básicamente en dos: cuando se sienten amenazados o con miedo y cuando se han sentido atacados, heridos o tratados injustamente. Parafraseando al doctor Rafael Echeverría, «cuando nos sentimos vulnerables o vulnerados es cuando nos damos permiso, nos consideramos autorizados para hacer daño a la persona a quien señalamos como responsable de esa situación». Si eso nos sucede a nosotros, podemos convenir en que, quizás., también pueda ocurrir exactamente lo mismo con los demás.

Es decir, que cuando me siento atacado por el otro es posible que sea porque él, a su vez, se haya sentido vulnerado o vulnerable por mi comportamiento o por mi actitud, por acción o por omisión. Es decir, que yo tenga alguna responsabilidad directa en sus actos.

Esta nueva perspectiva, este «escuchar sublime», supone un cambio radical en mi manera de mirar y ver a la otra persona, de percibir la situación que modifica inmediatamente el observador que estoy siendo, mi interpretación y las emociones y reacciones que, en primera instancia, me generan sus comportamientos. Desde la «escucha del bien» ya no me siento atacado o agredido, sino interpelado por alguien que se siente dolido, amenazado o maltratado y que, como puede, está queriendo llamar mi atención. Aplicando este nivel superior de escucha, siento ahora curiosidad y hasta ternura por esa persona. Aprecio su vulnerabilidad y tengo ganas de comprenderla. Casi me avergüenza mi primera e instintiva reacción agresiva, siento la necesidad de ayudarla y ponerme a su servicio, aumentando notablemente mi compasión –que no lástima–, por ella.

Compasión: empatía en acción

Así como confundía el concepto de *humildad*, también lo hacía con el de *compasión*. Pensaba que *sentir compasión* y *compadecerse* eran sinónimos. No veía diferencia. Ahora sí la veo y es enorme. Compadecerse significa sentir pena por alguien. Cuando lo hacemos así, no estamos viendo a esa persona como a una «bellota», como a un ser completo, creativo y lleno de recursos, sino como a una víctima, la estamos infravalorando y no la consideramos capaz de superar la situación a la que se está enfrentando. Salvo cuando se trata de pérdidas irreparables en las que acompañamos a otra persona en su dolor y tristeza, de poco le sirve al otro nuestra lástima.

La *compasión* es un valor que se basa en la *empatía*, en el deseo de conectar con el otro para comprender profundamente su realidad, poniéndonos a su servicio y respondiendo así a sus legítimas necesidades. Tal y como describe la *coach* Herminia Gomá, la compasión es «empatía... en acción» e implica una franca y genuina consideración por los demás que te pone en marcha, en acción. No se trata de influir sobre el otro en el propio beneficio, sino de ayudarle en su proceso de cambio y superación de manera sostenida, apoyándole e inspirándole a lograr sus metas, deseos y aspiraciones, para lo cual el líder debe pensar más en los demás que en sí mismo. Cuando el líder es humilde y compasivo, está más abierto y en contacto directo con su gente. Está disponible y no se aísla. Evoluciona y ayuda a evolucionar a sus jugadores y colaboradores dejando de sentir que se está sacrificando por los demás. Disfruta haciéndolo y siente que está cumpliendo su verdadero propósito; mucho más que entrenar jugadores, está liderando personas, ayudándolas a crecer y a ser mejores. La compasión es sin duda un valor que nos hace más sabios, más conscientes, más humildes y mejores líderes.

Liderar es amar

> *«Mis jugadores no tienen porqué caerme bien, pero tengo que quererlos».*
>
> Vince Lombardi

Lombardi se refiere al amor como comportamiento, no como sentimiento. No necesitas que tus jugadores te caigan bien para comportarte con ellos de forma generosa, amable, humilde, cariñosa, respetuosa y al servicio de todos ellos, porque todos son tus jugadores y necesitan que les quieras para ganar y no porque ganaron.

Cuando uno está siendo rebelde, perezoso, revoltoso, egoísta, está desmotivado, poco presente o cualquier otra actitud inadecuada e, incluso, está siendo perjudicial para el grupo, te puedes sentir atacado en tu responsabilidad y amenazado en tu autoridad, puedes sentir que no te respeta y que os está haciendo daño al equipo y a ti. Ante una situación así puedes reaccionar y tomar decisiones drásticas, hacer hincapié en su mal comportamiento, ponerle en evidencia ante sus compañeros, castigarle, amenazarle y expulsarle tanto del entrenamiento como, incluso, del equipo. Todas estas acciones estarían justificadas y tendrías numerosas y poderosas razones para tomarlas. Nadie podría acusarte de injusto.... Pero también podrías aplicar la «escucha sublime» o la «escucha del bien» y pensar que ese jugador no te quiere hacer daño, ni a ti ni a sus compañeros... aunque os lo esté haciendo. Quizá, como tú en ocasiones, tan solo se sienta vulnerable o vulnerado.

¿Cómo sería aplicar la «escucha sublime» en cualquiera de estas situaciones?, ¿cómo sería no ver a tu jugador como un problema o como alguien que te va a perjudicar, sino como a un maestro que la vida te ofrece y como un reto para tu liderazgo? En situaciones así, y antes de tomar decisiones radicales, quizá podrías hacerte algunas preguntas potentes: *¿cuál es el reto aquí para mí?, ¿qué necesita de mí esta situación?, ¿qué necesita de mí este jugador?, ¿cómo le puedo ayudar?, ¿qué me está pidiendo?, ¿qué es lo que no estoy viendo?, ¿qué necesito hacer/decir que no estoy haciendo/diciendo)?, ¿quién necesito ser para él?, ¿a qué cosas no me estoy atreviendo?, ¿quién elijo ser ahora?...*

Tras reflexionar sobre estas preguntas es muy posible que tu actitud cambie radicalmente en relación a esa persona o situación (sea cual sea). Quizá ya no te sientas atacado ni necesites defenderte ni sientas que está poniendo en peligro tu autoridad. Quizá sientas compasión por ella («empatía en acción») y verdadera curiosidad para comprenderla más profundamente, para escucharla y preguntarla, para reconocerla, para potenciarla, en definitiva, para estar disponible para ella, ayudándola a descubrir y tomar consciencia de sus propios recursos.

Es fácil ser líder con aquellos jugadores que tienen buena actitud y que no nos complican las cosas, con los que son obedientes, con los buenos y con los que tengo buena relación. El auténtico desafío, el mérito, está en ponerse también al servicio de los otros, de ser inspirador para ellos, de creer en ellos, de aplicar la «mirada bellotera» también, sobre todo, con ellos. Ahí es cuando la «escucha sublime» adquiere su auténtica dimensión. Dime cómo le hablas y cómo tratas al peor de tu equipo, al que menos juega, al que no te gusta, al que peor te cae, y te hablaré de la calidad de tu liderazgo.

«Tierra Lucas»

Cuando el director técnico del Club (pongamos que se llamaba Miguel) abrió el periódico por la mañana y vio el titular con las declaraciones de su entrenador en primera página, casi se cae de la silla: «Yo no hice esta plantilla. No es mi responsabilidad». Después de leer la entrevista completa me llamó y me dijo: «A ver, listillo, dime ahora cómo c... se aplica aquí eso que comentamos en clase de la 'escucha sublime'». Estaba muy enfadado y dolido, se sentía traicionado por un entrenador al que había contratado hacía apenas dos meses como sustituto del que inició la temporada. Se trataba de un técnico al que conocía bien, pues habían trabajado juntos anteriormente en otros equipos y, aunque los resultados no se estaban dando, confiaba en su capacidad.

«Se va a enterar. Le voy a echar hoy mismo o, mejor, le voy a llamar a mi despacho y le voy a decir cuatro cosas. ¡Quién se ha creído que es!... ¡será desagradecido!... ¡es un cobarde!... me está acusando públicamente de no saber hacer mi trabajo... me pone a los pies de los caballos... ¡qué h.p.!.. ¡vaya un traidor!...» Después de pasar sus buenos 20 minutos desahogándose y despotricando sin parar, le pregunté quién quería ser en este momento y si estaba dispuesto a hacer un sencillo ejercicio para aplicar la «escucha sublime» en esta situación, pues era perfecta para hacerlo.

A pesar de tener sobrados motivos para sentirse injusta y directamente atacado por su entrenador (pongamos que se llamaba Lucas), le pregunté si consideraba que antes de reunirse con él podía merecer la pena explorar con curiosidad la realidad de su técnico para comprenderle más profundamente y, desde ahí, estar en mejores condiciones para generar una *convers(a)cción* con él, mucho más allá que un sermón, una bronca o una devolución de la ofensa. Le estaba pidiendo que, aplicando la «escucha sublime» se pudiera hacer en parte responsable de las incendiarias declaraciones de su entrenador, que tomara consciencia de que quizá Lucas pudiera haberse sentido vulnerable o vulnerado por lo que estaba viviendo, y que era su ayuda lo que realmente estaba necesitando y reclamando. Le estaba pidiendo que fuera compasivo para tener la posibilidad de elegir ponerse a su servicio, para poder ser el líder que la situación estaba requiriendo.

Como era un alumno valiente, Miguel aceptó y entonces le pedí que cerrara los ojos al otro lado del teléfono y le invité a que se metiera en los zapatos de su entrenador... quitándose previamente los suyos, suspendiendo por unos momentos todas las opiniones, juicios, sentencias y certezas que acababa de vomitar hacía tan solo unos minutos. No se trataba de renunciar a ellos, pero tampoco de defenderlos, tan solo suspenderlos, para poder explorar por un rato, con una mirada nueva y limpia, la «Tierra Lucas». Por un tiempo Miguel iba a ser Lucas y respondería a mis preguntas desde ahí, desde «Tierra Lucas», accediendo sin prejuicios ni barreras a mucha información que tenía disponible sobre él pero que, limitado por todas sus «verdades», no se había permitido sentir hasta este momento. Le dí unos instantes para viajar hasta «Tierra Lucas» y, cuando me dijo que ya estaba allí, comenzamos a explorar el nuevo territorio. Yo le preguntaba:

«Lucas, ¿cómo es tu día a día aquí, en esta ciudad?... ¿qué es lo mejor?... ¿cómo está adaptándose tu familia?... ¿qué tal tus hijos en el colegio?... ¿cómo lo lleva tu mujer?... ¿qué te apasiona de tu trabajo?... ¿qué es importante para ti?... ¿qué es lo que te gustaría conseguir aquí?... ¿cuál es tu sueño?... ¿qué te preocupa?... ¿qué es lo peor?... ¿cómo te sientes aquí?... ¿cuál es tu mayor temor?... ¿qué es lo mejor que tienes para aportar a este equipo?... ¿... y a este Club?... ¿qué te gustaría decirle a Miguel?... ¿qué echas de menos de él?... ¿qué te gustaría pedirle?... ¿cómo te gustaría que te tratara?... ¿cómo te gustaría que fuese vuestra relación?... ¿qué es lo que Miguel no sabe de ti?... ¿qué necesitas de él?... Lucas, ¿quieres decir algo más?...»

Durante casi 30 minutos Miguel estuvo respondiendo a mis preguntas... como si fuera Lucas. Cuando acabamos, tan solo escuchaba silencio... Miguel volvía a ser Miguel, había vuelto a sus zapatos y todo era diferente. Tras explorar de manera tan profunda y honesta «Tierra Lucas», su interpretación de la situación y su comprensión sobre su entrenador se habían transformado absolutamente. Ya no se sentía agredido; al contrario, estaba casi avergonzado por no haberse dado cuenta antes de tantas cosas y tan evidentes de la realidad de Lucas. Ahora solo quería llamarle, juntarse con él y ayudarle. Me dio las gracias y colgó.

La siguiente ocasión en la que nos vimos me dio un sentido abrazo. Me dijo que habían disfrutado de una conversación profundamente transformadora (una auténtica *convers(a)cción)* para ambos en la que él se disculpó por su distancia y Lucas por su torpeza. Me dijo que, desde entonces, tanto el nivel de la comunicación entre ambos como la calidad de su relación, habían subido dos puntos y que estaba profundamente emocionado y agradecido por su sorprendente descubrimiento.

Miguel tenía suficientes razones para haber actuado de forma bien diferente y nadie se lo podría haber recriminado. Las declaraciones de Lucas estaba fuera de lugar y ponían en duda su competencia profesional. Podía haber elegido sentirse amenazado y reaccionar impulsivamente defendiéndose del ataque, pero decidió otra cosa. Eligió aplicar la «escucha sublime», la «escucha del bien», calmar su mente, ser compasivo, humilde y mostrarse como un *líder auténtico* al servicio de su entrenador. Sin duda, una sabia elección.

¡Practica!

Ahora tú quizá no tengas una situación tan conflictiva como la de Miguel... o sí, pero seguro que tienes alguien importante en tu vida con quien te gustaría mejorar la calidad de la relación. Quizá sea un colaborador, un jugador, tu madre o tu padre, o un directivo, un amigo, tu hijo/a... alguien que te importe. Lo haremos de forma sencilla, tan solo te invito a meterte en sus zapatos y visitar «su Tierra», pero no desde la distancia y los juicios de la tuya, sino viajando hasta la suya, entrando en ella y accediendo así, sin obstáculos, a toda la información que tienes disponible en tu interior sobre esa persona y su realidad, y a la que nunca te permites acceder, bloqueado como estás por tus opiniones y certezas.

¿Ya has elegido en los zapatos de quién te vas a meter?... ¿Sí?... Bien. Puedes ir quitándote los tuyos, deja espacio y limpia el camino, vacíate y déjate sorprender por todo lo que sabes de esa persona y de lo que ni siquiera eras consciente. Ahora, desde la «Tierra» que estás explorando, vuelve a la página anterior para elegir, adaptar y responder(te) algunas de las preguntas que le hice a Miguel para reconocer la «Tierra Lucas». ¡Que lo disfrutes!

Nuestra «Tierra»

Teniendo en cuenta que las diferencias son un aspecto inevitable en cualquier grupo o colectivo, el respeto representa mucho más que tolerar o aceptar la diferencia; significa reconocerla y valorarla, y también al diferente. Trabajar la empatía con sus jugadores o colaboradores y con su equipo quizá sea una de las habilidades básicas que un entrenador (o un jefe), necesita desarrollar para poder ejercer un liderazgo eficaz, aplicando así uno de los pilares fundamentales de la inteligencia emocional.

Si lo trasladamos al fútbol, en demasiadas ocasiones escuchamos que el delantero no defiende o no se mueve, el centrocampista no se ofrece o se esconde, el defensa la pega sin sentido, el lateral no dobla, el portero no sale, este jugador va por libre en el campo, el entrenador es tal o cual... Cada uno de ellos vive en «su Tierra», con normas y expectativas diferentes y, en ocasiones, con prioridades opuestas. Cada puesto en un equipo, cada persona, cada «Tierra» es como un territorio individual, independiente y distinto, con sus propias creencias, necesidades, miedos y retos.

Cuando el sistema (equipo) aprende a apreciar la creatividad procedente de cada una de estas «Tierras», la diversidad puede convertirse en una poderosa aliada en la cohesión del equipo, en lugar de en una amenaza para ella, pudiendo así crear una «Tierra compartida» por todos que recoja lo mejor de cada una de ellas. Ofrecer a tus jugadores la posibilidad de descubrir la alegría por la diferencia y desarrollar el respeto y el aprecio por la riqueza que existe en la diversidad es un paso ineludible para alcanzar la mágica transformación de *grupo* a *equipo*.

Otras «Tierras»

> *«Trabajar en equipo no es una virtud, es una elección consciente y voluntaria que surge construyendo lazos de confianza, basados en la vulnerabilidad humana que muestran los integrantes de un equipo ante sus errores, miedos y dificultades».*
>
> PATRICK LENCIONI

En ocasiones, he trabajado con grupos de deportistas que comparten vestuario y camiseta, pero que están lejos todavía de ser y comportarse como un equipo. En situaciones así, una de las dinámicas que les propongo consiste en visitar «otras Tierras» diferentes de la de cada uno de ellos, para comprender un poco más cómo es la realidad de sus compañeros. Para ello, les invito a meterse en los zapatos de la posición o del jugador que quieren explorar.

Por ejemplo, si estoy en un campo de fútbol, pido a los jugadores que se metan dentro de la portería, toda la plantilla junta y a la vez, y les digo que cierren los ojos y que sientan que todos ellos son, ahora y por unos momentos, el portero de su equipo y que, desde ahí, vayan respondiendo en alto a mis preguntas. Una vez más y como siempre que queramos empatizar, necesitamos suspender por un tiempo todas nuestros juicios sobre esa «Tierra» y permitirnos entrar con una mirada verdaderamente curiosa para descubrir qué es lo que hay de valor aquí y de lo que ni siquiera me había dado cuenta.

Ahora, cuando están todos metidos en los zapatos del portero, son el portero y van respondiendo en alto desde esta «Tierra», sin orden pero de uno en uno: *¿cómo es estar aquí?... ¿qué te apasiona de esta Tierra?... ¿cuál es tu mayor dificultad aquí?... ¿cuál es tu «saboteador»?... ¿qué es lo peor que te puede pasar?... ¿qué es lo bueno de esta «Tierra»?... ¿qué emoción hay aquí?... ¿cómo te sientes?... si fueras un animal, ¿cuál serías?... ¿qué necesitas de tus compañeros?... ¿qué te gustaría pedirles?... ¿qué es lo que no saben de ti y te gustaría que supieran?... ¿qué necesitas de tu entrenador?... ¿qué te gustaría pedirle?... ¿qué más hay en esta «Tierra» que no hemos nombrado?...*

Después de responder y escuchar todas las respuestas, se produce inmediatamente una comprensión más profunda del portero, entendemos sus dificultades, temores, necesidades, deseos... aumenta la compasión de sus compañeros hacia él, se preocupan por él y están más dispuestos a ayudarle, más disponibles. Posiblemente, la próxima vez que el portero cometa un error, su respuesta será muy diferente.

Podemos visitar todas las posiciones que queramos, hacerlo por líneas, por puestos o aprovechar alguna situación que se haya dado en el partido o entrenamiento para hacer este ejercicio, para ponernos en los zapatos de alguien, por ejemplo, de un suplente habitual. Comparto contigo las respuestas que se escucharon trabajando esta dinámica con un equipo y explorando la «Tierra del banquillo»:

–*¿Qué emoción hay aquí?...*
–Envidia, congoja, culpa, desilusión, decepción, desánimo, enfado, rabia, ilusión, esperanza, preocupación, miedo, resentimiento, rebeldía...

–*¿Qué es lo peor de esta «Tierra»?...*

–No siento la victoria ni la derrota igual, no puedo ayudar, la sensación de fracaso, bajar los brazos y abandonarte, me siento como una víctima, me siento inútil, no me siento reconocido ni importante...

–*¿A qué tienes miedo aquí?...*

–A salir y no estar a la altura, a desaprovechar mi oportunidad, a sentirme juzgado por unos minutos, a sentirme asfixiado nada más salir, a no tener el equipo la temporada que viene, a no poder demostrar lo que soy, a rendirme y a perder la motivación, a que mi familia sufra, a que crean que no soy lo suficientemente bueno, a jugar y no dar la talla, a que me afecte personalmente.

–*¿Qué te motiva? ¿Qué te da la vida aquí?...*

–Mi pasión por el fútbol, el reto de ser capaz de dar la vuelta a la situación, mejorar hasta merecer jugar, demostrarme de qué soy capaz, la disciplina para no rendirme ni abandonarme, el respeto por mí mismo, ayudar al equipo desde cualquier situación, superar la adversidad y sacar lo mejor que tengo...

–*¿Qué necesitas de tu entrenador?...*

–Que me hable, que sea sincero y claro, que me diga en qué debo mejorar, que me pregunte y me escuche, que me haga sentir que importo, que me reconozca alguna vez, que no me diga solo lo que hago mal, sentirle más cerca, que me dé una oportunidad y que no me machaque si no lo hago bien, que me trate como a un titular...

–*¿Qué les pides a tus compañeros?...*

–Que se esfuercen, que me respeten, que se pongan en mis zapatos, que no pongan malas caras cuando les cambian y voy a salir, que se alegren por mí en ese momento, que me animen, que confíen en mí, que valoren la titularidad, que me hagan sentir útil y valioso...

Escuchando y comprendiendo qué necesitan, a qué tienen miedo, qué pueden ofrecer o cómo se sienten mis compañeros o mis jugadores, aumenta la compasión y se abren nuevas posibilidades de actuación para fortalecer las relaciones, para crear visiones compartidas, para identificar valores comunes, para alumbrar el auténtico compromiso y para diseñar planes de acción grupales.

***

Tiempo después de acabar las «7Ps», un alumno, empresario, compartió conmigo que nada más completar la formación decidió poner en práctica de inmediato esta dinámica adaptada a su propia empresa, reuniendo a las 30 personas que formaban parte de la compañía e invitándoles a visitar cada uno de los diferentes departamentos que componían la sociedad.

Así, les pidió que se quitaran físicamente los zapatos (explicándoles lo que ese gesto significaba) antes de meterse en los de otra persona. Comenzaron sentándose y situándose todos junto a la puerta de entrada, en el lugar de la recepcionista, la primera cara y voz de la empresa, la persona responsable de coger el teléfono, recibir y atender a las visitas, escuchar las quejas y reclamaciones... y se fueron haciendo preguntas como las que hemos visto anteriormente que cada uno de ellos respondía en alto.

Cada semana, durante dos meses, exploraban una «Tierra» distinta. Así, fueron visitando ventas, marketing, producción, diseño, finanzas, jurídico, dirección general, a los clientes, la propiedad... quitándose previamente sus zapatos antes de profundizar con respeto y curiosidad cada una de las «Tierra», alcanzando un nivel de comprensión mutua desconocido hasta entonces en la empresa y con resultados tan reveladores como sorprendentes.

Tanto las relaciones personales como la comunicación mejoraron notablemente y disminuyeron de forma drástica el nivel de conflictos y críticas, lo cual impactó directamente en la mejora del clima laboral, en el nivel de productividad y en la cuenta de resultados de la empresa. El empresario comentaba emocionado cómo aumentaron la solidaridad, el respeto, la humildad, la amabilidad, el valor de servicio y la compasión.

Por primera vez se sintieron un equipo y a partir de ese momento fueron capaces de crear una «Tierra compartida» para todos, en la que cada uno de ellos se sintió escuchado, comprendido, valioso, reconocido e importante. Desde ahí, cada cual ofreció su compromiso para superar juntos las dificultades que estaban atravesando hasta alcanzar unos resultados extraordinarios que, antes del proceso, parecían imposibles.

«Ubuntu»

Un antropólogo propuso un juego a los niños de una tribu africana. Puso una canasta llena de frutas cerca de un árbol y les dijo que aquel que llegara primero ganaría todas las frutas. Cuando dio la señal para que corrieran, todos los niños se cogieron de las manos, corrieron juntos y después se sentaron juntos a disfrutar del premio. Cuando les preguntó por qué habían hecho así, si solo uno podía ganar, le respondieron: «¿Cómo podría uno de nosotros estar feliz si todos los demás están tristes?» Eso es «*Ubuntu*».

Se trata de un concepto ético sudafricano basado en los más profundos valores del ser humano y enfocado en la lealtad de las personas y sus relaciones. Fue el arzobispo Desmond Tutu, Premio Nobel de la Paz, quien impulsó la filosofía «*Ubuntu*» durante el proceso de reconciliación de su país y la difundió por todo el mundo, hasta el punto de que, a día hoy, está ganando numerosos adeptos rápidamente en muchos sectores de actividad y también en el deporte. Sin duda, es un concepto muy amplio y de elevados ideales que, aplicado a un equipo de alto rendimiento, podríamos sintetizarlo en esta frase: «Soy porque somos, sino nada sería». No se me ocurre mejor definición de *equipo.*

En la temporada 07-08, el equipo Boston Celtics, la franquicia con más victorias y tradición de la NBA, cambió su histórico grito de «*one, two, three... Celtics*» por «*1 ,2, 3... 'Ubuntu'*». Este cambio se debió a la incorporación de este término a la mística del equipo, reconocido en el mundo del baloncesto por su gran trabajo en equipo. Cuando al entrenador, Doc Rivers, le informaron del fichaje de las dos súper estrellas Kevin Garnett y Ray Allen, supo que tenía que establecer una química y disposición especiales en la plantilla, y lo consiguió a través de la ideología «*Ubuntu*», llevando a los Celtics a su 17º Campeonato.

Conversando con Unai Basurko, prestigioso navegante vasco y alumno de las «7**P**s», le pregunté qué significaba *equipo* para él. Me dijo que en alta mar, él sabía que sus técnicamente experimentados y competentes marineros se habían convertido en *tripulación (equipo)* cuando apreciaba detalles tan sencillos como que alguno bajara sin que nadie se lo pidiera a por la cantimplora de agua para ofrecérsela a quien estaba trabajando en cubierta, cubriera con la manta por la noche a un compañero mientras se estaba de vigilancia, preparara café al que fuera a sustituir a otro en el siguiente turno, cerrara el libro o le apagara la luz si estaba dormido.... Apreciando esos y otros pequeños detalles, Unai sabía que ya tenía *tripulación* para afrontar las arriesgadas travesías a las que debían exponerse hasta alcanzar sus exigentes retos.

Sin duda, eso es «*Ubuntu*». Son pequeños gestos y comportamientos que cada miembro del equipo realiza sin necesidad de que nadie se lo pida y sin esperar nada a cambio. Son actitudes generosas y llenas de humildad que un líder debe destacar, potenciar y reconocer para ayudar a tomar consciencia de que realmente estamos en el camino de conseguir la sorprendente transformación de *grupo* a *equipo*.

Mi experiencia «Ubuntu»

En el mismo instante en el que el capitán comenzó a leer en rueda de prensa la nota en la que declarábamos que ese día comenzaba nuestro encierro en las instalaciones deportivas municipales como radical medida de protesta y denuncia por nuestra precaria situación tras 10 meses sin cobrar y hartos ya de engaños, mentiras y falsas promesas, el entrenador y su *staff*, salvo una persona que se mantuvo a nuestro lado hasta el final, salían por la puerta del estadio. Nos quedamos solos.

Era mayo, y a pesar de nuestra penosa situación económica y de los negros presagios sobre el futuro del Club, nos habíamos clasificado para el *play off* de ascenso a 2ªA. La incertidumbre era enorme, nos sentíamos abandonados a nuestra suerte y tan solo nos quedaba la remota posibilidad del ascenso, con el Córdoba y Castellón como temibles rivales de grupo y el Mensajero como equipo revelación de la temporada. En aquella plantilla convivíamos un pequeño grupo de veteranos que cobrábamos con 3 o 4 pagarés al año (todos sin fondos) junto a una tropa de jóvenes jugadores que recibían pequeñas mensualidades y que pasaban menos penalidades. Todos ellos se solidarizaron con nosotros y se sumaron a la iniciativa, asumiendo el riesgo de posibles represalias que pudieran poner en peligro sus florecientes carreras. Aún así lo hicieron y aquella valiente decisión suya cambió nuestro destino.

A partir de ese momento, encerrados en el vestuario, comenzamos a confiar de verdad los unos en los otros; compartíamos en asamblea cada día cómo estaba la situación, las novedades, se proponían sugerencias, iniciativas e ideas y se repartían responsabilidades y tareas. Todos, titulares y suplentes, veteranos y jóvenes comenzamos a sentirnos escuchados, comprendidos, respetados y valiosos. Poco a poco volvieron la alegría, el buen humor y las risas que hacía tiempo que habían desparecido del vestuario. Empezábamos a sentir que quizá había esperanza para nosotros y nos sentíamos orgullosos de pertenecer a este nuevo *equipo* que se estaba revelando.

Esa primera semana de encierro debutamos en el *play off* sin miedo, ilusionados, rebosantes de fe y con la firme convicción de que podíamos hacerlo. Ganamos, y por la noche lo celebramos todos juntos, sentados en el centro del campo, a oscuras bajo un manto de estrellas, cantando, riendo y bebiendo cerveza, con la agradable sensación de que estábamos compartiendo una experiencia memorable para el recuerdo. Competimos todo el *play off* sintiéndonos intensamente arropados, apoyados y reconocidos por la buena gente de Sestao, un pueblo de la margen izquierda vizcaína, trabajador, humilde, solidario, orgulloso y entregado a nuestra causa. Gracias a diferentes iniciativas y gestiones conseguimos generar movimiento y gran atención mediática, así como nuevas alternativas y posibilidades de solución que nos mantenían animados y con la esperanza de que quizá podríamos conseguirlo. Cada día más unidos y con más confianza, fuera y dentro del campo.

Para el cuarto partido del *play off* faltaban cuatro titulares por diversos motivos y debían jugar algunos no habituales. Su rendimiento fue extraordinario y sacamos un empate de visitante, resultado que nos ponía a las puertas del ascenso a falta de dos partidos. (Hoy sé bien que jugaron a ese nivel porque durante aquel encierro sintieron la confianza total de todos sus compañeros).

En el último partido en Castellón nos valía el empate. Solo podía quedar uno. Había gran admiración y expectación ante nuestro pequeño milagro y Castalia a reventar. Ascenso y salvación, o ruina y desaparición. Cuando el árbitro señaló el final del partido con un agónico 1-1 en el marcador, sentí una profunda, íntima y genuina satisfacción por haber sido capaz de entregarme completa e incondicionalmente al servicio de mis compañeros y del equipo. En ese instante, tomé consciencia de que durante aquellas seis semanas me había vaciado y había ofrecido lo mejor de mí, descubriendo recursos, habilidades y competencias que ni siquiera sabía que tenía. En ese momento me abrumó una tremenda sensación de plenitud e inmensa gratitud hacia todos ellos por haberme regalado su confianza, ayudándome a ser más consciente, responsable y valiente, a crecer y ser mejor.

Durante aquel espacio y tiempo tan especiales creamos un vínculo poderoso que nos mantuvo estrechamente unidos, fuimos «*Ubuntu*», nos preocupamos unos por otros, nos cuidamos entre todos, cambiamos el *yo* por el *nosotros* y nos atrevimos a comportarnos con verdadera humildad, sin sentirlo como una obligación o un sacrificio, sino como un privilegio pues, haciéndolo, dábamos sentido a la palabra *equipo* («soy porque somos, sino nada sería»).

En ese contexto de entrega absoluta fuimos valientes para compartir nuestras dudas y nuestros miedos, nos mostramos abiertos, disponibles y vulnerables, dejamos de juzgarnos y comenzamos a escucharnos, comprendernos, aceptarnos y respetarnos. Todos al servicio de todos. *Todos al servicio del equipo.* Así, de esa unión inquebrantable ante la adversidad, surgió con fuerza incontenible el compromiso auténtico de cada uno, el gran regalo escondido que todos tenemos dentro y estamos deseando ofrecer cuando se crean las condiciones para hacerlo. Juntos, descubrimos de qué éramos capaces y nos transformamos en un *equipo* que mereció alcanzar un resultado extraordinario.

En mi opinión, el recuerdo inolvidable que cada uno de nosotros se llevó para siempre y que todos compartimos, no fue tanto el ascenso (si acaso este fue la guinda del pastel), sino descubrir cómo fuimos capaces de romper nuestros propios límites, de alcanzar metas imposibles, de afrontar con coraje y entereza las dificultades, de sacar lo mejor de cada uno ante las máximas dificultades, de saltarnos a nuestros «saboteadores» y de ser asombrosamente valientes. Y así fue como lo conseguimos, todos juntos, de la mano, «*Ubuntu*». (Aprovecho estas líneas para reconocer y agradecer aquella imborrable experiencia a Aitor, Juanlu, Maixi, Karmo, Basti, Ramón, Alvaro, Gorka S., Javi, Gotzon, Alvaro, Joseba, Gaizko, Jon S., Jon N., «Kali», Danielo, Gorka G., Jorge y Luis).

20 años después de aquel ascenso, un alumno de las «7**P**s», entrenador en la actualidad y con el que tuve el placer de compartir aquel momento sublime, me regaló este reconocimiento. Lo hizo públicamente, por lo que me permito compartirlo contigo:

«Hace 20 años lideraste a un grupo de jugadores, de personas y juntos conseguimos, como tú dices, que pasaran cosas 'de verdad'... Generosidad, coraje y humildad fueron los valores que compartimos y nos sostuvieron para superar todas aquellas adversidades hasta conseguir un resulta-

do tan extraordinario. Gracias, sé que no te las dí entonces,
pero tu actitud cambió mi vida».

emPatizar en 7 píldoras

1. Si para liderar hay que servir, la *humildad* quizá sea el
valor fundamental del liderazgo. Actuar con *humildad* no
es hacerse de menos, sino pensar menos en uno mismo o
pensar antes en los demás que en mí mismo. Hace falta
ser muy valiente para reconocerse realmente humilde.

2. Conectamos con la humildad a través de la *empatía* que
aumenta nuestra comprensión profunda del otro y de su
realidad, demostrando auténtica curiosidad y preocupación por él y por su vida, superando así las capas bajo las
que se esconde su verdadera esencia y permitiéndonos
ofrecer respuestas más adecuadas, así como generar nuevas *convers(a)cciones*.

3. Para emPatizar necesito quitarme primero mis zapatos, suspender por un tiempo todas mis «verdades», sin
aferrarme ni renunciar a ellas, liberarme de mis juicios,
opiniones y certezas, antes de meterme en los suyos para
explorar «su Tierra» con la mirada limpia. Cuando volvemos a nuestros zapatos, ya hemos cambiado y estamos
deseando ponernos a su servicio.

4. Aplicar la «escucha sublime» me ayuda a no sentirme
atacado por comentarios o acciones de quienes, quizá,
se hayan podido sentir vulnerados o vulnerables por mi
actitud. De este nivel superior de escucha («escucha del
bien») surge la compasión, *empatía* en *acción*, el valor
que nos hace más sabios, más conscientes, más humildes

y mejores líderes.

5. El desafío para el líder es ponerse también al servicio de los rebeldes, de los que no le gustan y están siendo incómodos, y de aplicar la «mirada bellotera» también (sobre todo) con ellos. Ahí es cuando la «escucha sublime» adquiere su auténtica dimensión.

6. El *respeto* es mucho más que tolerancia o aceptación, significa reconocer las diferencias y valorarlas, y también al diferente. Trabajar la empatía con tus jugadores o colaboradores y con tu equipo ofrece la posibilidad de descubrir la alegría y el aprecio por la riqueza que existe en la *diversidad* como paso previo e imprescindible para alcanzar la mágica transformación de *grupo* a *equipo*.

7. Cuando los integrantes de un grupo se preocupan los unos por los otros, se cuidan entre todos, cambian el *yo* por el *nosotros* y se atreven a comportarse con verdadera humildad, pensando en el equipo antes que en sí mismos, entonces se transforman en «*Ubuntu*», una inspiradora definición de equipo («soy porque somos, sino nada sería»), lo que les permitirá alcanzar resultados extraordinarios.

Procesar

«Lo que resistes persiste y lo que aceptas lo puedes transformar».

Proverbio sufí

Emociones, sentimientos y estados de ánimo

La *emoción* es una respuesta química del organismo, automática e instintiva, ante un estímulo o un acontecimiento
determinados, mientras que el *sentimiento* supone conectar
esa emoción con la razón, dotarla de conciencia, lo que puede
derivar, con tiempo suficiente, en un estado de ánimo propio.
Las *emociones* se relacionan con la forma en que reaccionamos ante los sucesos, no las podemos evitar ni tampoco elegir, mientras que los *estados de ánimo* determinan las conductas desde las cuales realizamos nuestras acciones. Seamos
conscientes o no, siempre estamos en un determinado estado
de ánimo que, por lo general, ni decidimos ni controlamos
pero que define nuestro comportamiento, abriéndonos o cerrándonos posibilidades de acción.

    «Podemos decir que nosotros tenemos emociones, pero
que los estados de ánimo nos tienen a nosotros, que nos
convertimos en nuestros estados de ánimo. Para cuando los
observamos, ya estamos sumergidos en ellos» decía Rafael
Echevarría en su tratado *Ontología del lenguaje*. No somos
responsables de sentir emociones ni de nuestro estado de
ánimo, pero sí del tiempo que decidimos permanecer en él.
Necesitamos tomar conciencia de que nuestro rendimiento
viene directamente determinado por el estado de ánimo desde el que afrontamos la competición.

    Se afirma que el deporte es un estado de ánimo. Siendo
esto así, ¿qué valor tiene un líder capaz de crear conversaciones transformadoras de estados de ánimo, individuales y
colectivos? Y, ¿qué habilidades hacen falta para desarrollar
la capacidad de re-diseñar estados de ánimo generadores de
nuevas posibilidades? En este capítulo intentaremos ofrecer
algunas pistas que nos ayuden a encontrar respuestas adecuadas a estas preguntas.

Analfabetos emocionales

La consulta de un psicólogo infantil que conozco está repleta de papeles con emoticonos en la pared. Ya sabes, esas caritas que representan todo tipo de emociones y que utilizamos ahora tan a menudo para completar los mensajes, *Whats-Apps*, correos.... Cuando le pregunté la razón de ese curioso decorado, me respondió que los más jóvenes tienen grandes dificultades para reconocer sus propias emociones. Él utiliza las imágenes como recurso para ayudarles a aprender a identificarlas, nombrarlas y, por supuesto, expresarlas. Lo cierto es que no solo ellos sufren esta carencia.

La primera vez que pregunto cómo están a los deportistas con los que trabajo o a los alumnos en nuestras formaciones, ya sea por timidez, falta de costumbre o escasez de vocabulario, recibo respuestas similares, «bien» o «mal» («jodido» si es más coloquial). Poca información, pero algo es algo. Cuando hago la misma pregunta a mis hijas adolescentes, todavía me dan menos pistas y me responden con un escueto «sin más».

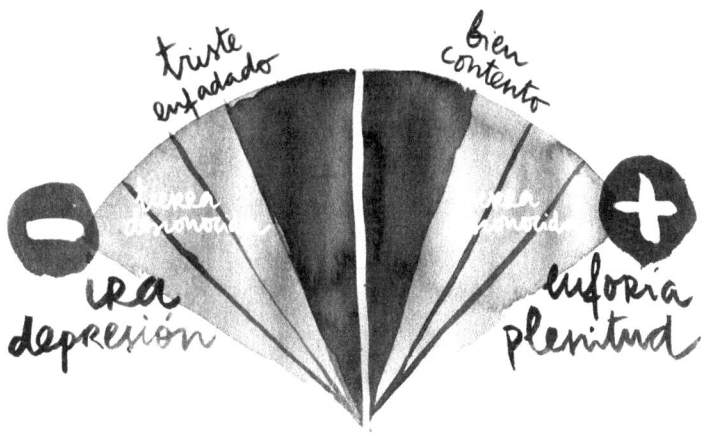

Si tuviéramos un abanico emocional abierto en el que pudiéramos identificar y recoger todas las emociones que existen, colocaríamos «sin más» en el centro exacto. De ahí, hacia el extremo derecho del abanico, y de menor a mayor impacto, podríamos ir nombrando las *emociones positivas* (clasificación errónea pues las emociones no son ni buenas ni malas, pero útil para plantear esta idea) y hacia la izquierda, y con el mismo criterio, las negativas. Desde el centro del abanico, desplazándonos hasta *bien/contento*, un poquito hacia la derecha y hasta *mal/triste*, un poquito hacia la izquierda, enmarcaríamos el limitadísimo rango de emociones en el que nos movemos con soltura y que somos capaces de sentir con cierta comodidad. Para todas las demás, a medida que nos vamos alejando hacia los extremos del abanico, aumenta la dificultad hasta convertirse en territorio inexplorado, hostil y peligroso.

Así las cosas, nos convertimos en analfabetos emocionales. Por educación y cultura renunciamos a descubrir y conectar con nuestro mundo interior, lo escondemos, es casi como si nos avergonzáramos de él, de tener emociones y sentimientos. Todavía siguen pesando demasiado algunas creencias que determinan nuestro errático comportamiento en este sentido. «Verdades» del tipo «llorar es de débiles» o «los hombres no lloran» o «mostrar los sentimientos te hace vulnerable» o «las decisiones se toman con la cabeza»... refuerzan esta creencia tan limitante y nos convierten en «estreñidos emocionales», incapaces de (re)conocernos profundamente, expresarnos adecuadamente y escuchar a nuestro cuerpo que tiene tanta información que ofrecernos.

Identificar emociones

Lo cierto es que existen centenares de emociones; de hecho, se dice que existen más emociones y variaciones de las mismas que palabras para expresarlas. Los expertos en la materia parece que no acaban de ponerse de acuerdo para definir cuáles son las emociones primarias de las que surgen todas las demás, ni tampoco en cómo clasificarlas. Por ello, nos apoyaremos en el trabajo del referente mundial en este campo, Daniel Goleman (autor del *bestseller, Inteligencia emocional*) presentando una clasificación válida que nos facilite cumplir nuestro objetivo: aprender a procesar las emociones y transformar estados de ánimo.

Goleman define 8 emociones primarias de las que dependen todas las demás, creando familias de emociones que derivan de las primeras, pues opina que conviene pensar en las emociones en términos de grupos como casos especialmente relevantes de los infinitos matices de nuestra vida emocional. Cada familia se agrupa en torno a un núcleo fundamental a partir del cual se derivan todas las demás. Esta podría ser una clasificación:

*   IRA: rabia, enfado, enojo, rebeldía, envidia, celos, irritabilidad, hostilidad, agresividad, resentimiento, rencor, furia, cólera, exasperación, indignación, indiferencia, frustración, obstinación, cerrazón, animosidad, odio, violencia...

*   TRISTEZA: aflicción, pena, desconsuelo, apatía, decepción, desilusión, pesimismo, melancolía, aburrimiento, desolación, desamparo, desgana, desánimo, nostalgia, insatisfacción, soledad, dolor, duelo, sufrimiento, hastío, desaliento, pereza, desesperación, amargura, desamor, abandono, resignación, vacío, depresión...

- MIEDO: preocupación, duda, ansiedad, aprensión, incertidumbre, consternación, congoja, inquietud, desconcierto, desconfianza, inseguridad, impotencia, confusión, resquemor, desasosiego, temor, nerviosismo, angustia, susto, fobia, pánico, terror...

- ALEGRÍA: felicidad, disfrute, gozo, alivio, deleite, diversión, dignidad, relajación, placer, motivación, orgullo, satisfacción, optimismo, estremecimiento, entusiasmo, éxtasis, euforia, pasión, plenitud, sentirse vivo, despierto...

- AMOR: aceptación, cariño, confianza, seguridad, apego, cercanía, conexión, armonía, calma, amabilidad, ternura, serenidad, compasión, sentirse valioso, importante, reconocido, agradecido, perdonado, paciente, empático, valiente, tranquilo, adorado, en paz, liberado, enamorado, completo, esperanzado, querido, amado...

- SORPRESA: sobresalto, asombro, curiosidad, interés, intriga, perplejidad, desconcierto, admiración, estupor, espanto...

- AVERSIÓN: desprecio, desdén, displicencia, mezquindad, asco, antipatía, disgusto, repudio, rechazo, repugnancia...

- VERGÜENZA: desazón, remordimiento, humillación, pesar, ridículo, sentirse perseguido, acusado, observado, señalado, criticado, rechazado, enjuiciado...

En este catálogo hemos identificado más de 180 emociones (me he atrevido a incluir unas cuantas que no están recogidas en la clasificación de Goleman). No es más que una lista, pero como decíamos en un capítulo anterior, el lenguaje crea la realidad y cada emoción nos lleva a un sitio distinto con un impacto y una intensidad diferentes. Cada una de ellas necesita ser identificada y nombrada para que podamos reconocerla y hacernos cargo de su existencia, para poder así expresarla adecuadamente, aceptarla y transformarla si fuera necesario.

Este es uno de los aspectos a los que más tiempo dedico en mis *convers(a)cciones* con deportistas, directamente relacionado con el desarrollo de su inteligencia emocional. En general, se trata de un apartado de nuestra educación/formación que no se trabaja adecuadamente, lo que provoca que, en demasiadas ocasiones, nos comportemos como auténticos «incompetentes emocionales» con lamentables consecuencias para nuestras vidas y relaciones. Si crees que no es tu caso, además de la dificultad –que ya hemos indicado– para identificar y expresar emociones, comparto contigo otros 7 rasgos destacados del «incompetente emocional» para que puedas hacer tu propia auto-evaluación:

1. Siempre quiere tener razón
2. Busca un culpable para todo
3. Va de víctima por la vida
4. Experto en excusas y justificaciones
5. Pesimista profesional, ejerce de crítico y realista
6. Es muy susceptible y se enfada con facilidad
7. Vive sumido en la desconfianza

¿Con cuántos te identificas? ¿Tantos?... ¡Enhorabuena! Como decíamos en el subtitulo de este capítulo, «... lo que aceptas lo puedes transformar», así es que no vamos mal.

En una *convers(a)cción* animo al otro a que sintonice con su dial emocional, ayudándole a identificar y nombrar qué emociones está sintiendo en cada momento, cuál es su estado de ánimo y qué le está diciendo su cuerpo, creando un momento de quietud y presencia para que pueda tomar consciencia de cómo está, antes de pasar a otras cuestiones, o seguir si necesita más espacio y tiempo. Parece evidente que no es lo mismo sentir preocupación que angustia... o miedo.... o pánico.... o sentirse aterrorizado. No es igual sentir pena que melancolía... o tristeza... o sentirse deprimido... o estar desesperado. Y, desde luego, tampoco coinciden estar contento, con estar entusiasmado, sentirse eufórico... o estar «*on fire*».

En una ocasión, cuando le pregunté «¿cómo estás?» a un jugador y sabiendo él que a la altura del proceso en el que estábamos, contestar «bien» o «contento» ya no eran opciones aceptables, se quedó pensando y me respondió: «me siento '*on fire*'». Su respuesta me generó gran curiosidad, por lo que seguí preguntándole cómo era eso, cómo era estar «on fire», dónde lo sentía, a qué se parecía esa sensación... Acabé preguntándole: *¿qué es posible para ti desde ahí?*... «¡Qué no es posible!» me respondió él. Insistí: *¿de qué eres capaz «on fire»?*... «¡De qué no soy capaz ahora!» volvió a contestar él, antes de enunciar, ilusionado y confiado, la lista de acciones que tenía previsto acometer en las semanas siguientes. No es lo mismo estar «bien/contento» que estar *«on fire»*... ni parecido. Ni tampoco es igual expresarlo, sentirlo y tomar consciencia de qué nuevo horizonte de posibilidades genera ese estado de ánimo.

En ocasiones, cuando me preguntan qué es lo que hace un *coach*, me gusta responder que me considero un «catalizador de estados emocionales positivos» para las personas y equipos con los que trabajo, un re-constructor de interpretaciones, un co-creador de historias. En esos momentos, transformando estados de ánimo, me convierto en un generador de nuevos espacios desde los que poder actuar, espacios que antes eran inaccesibles y estaban cerrados a cal y canto. Me encanta esta parte de mi trabajo.

Sentir emociones

En general, tenemos poco contacto con nuestro mundo emocional y por eso, en ocasiones, este permanece totalmente bloqueado. Nadie nos ha enseñado a manejar las emociones adecuadamente y nos da miedo sentir, nos parece un mundo siniestro y peligroso. Seguimos pensando que algunas emociones son «malas» o «negativas» y las reprimimos, no nos permitimos sentirlas creyendo que nos harán daño. Nos cuesta aceptar que sentimos emociones todo el tiempo; la mayoría de ellas tienen poco impacto en nuestro cuerpo y en nuestra actitud, algunas son positivas y nos conectan con el entusiasmo, la alegría y la confianza, impulsándonos a la acción y abriéndonos nuevas posibilidades; otras tantas son incómodas, aunque también necesarias, y no las podemos ignorar, hacer como si no estuvieran, porque existen, están ahí y tienen mucha información y aprendizaje que ofrecernos.

El efecto de reprimir y no querer reconocer ni sentir esas emociones negativas es que, consciente e inconscientemente, tendemos a evitar aquellas situaciones, personas, decisiones, relaciones... que nos las provocan. Hacemos caso omiso a los mensajes que continuamente nos envía nuestro cuerpo, tratando de esconder del dolor que erróneamente pensamos que nos van generar y, así, nuestro mundo de posibilidades se va haciendo cada vez más pequeño. Cada vez nos atrevemos y nos exponemos menos, nos da miedo mostrarnos vulnerables y, poco a poco, para no sentir, nos vamos anestesiando de la vida creándonos una coraza camuflada demasiadas veces en alcohol, drogas, medicamentos, placer evanescente...

Como dice la doctora Jeanne Segal, experta en inteligencia emocional: «Toda emoción nos aporta información importante. Es crucial que aprendamos a evitar el miedo a sentir. Cuando uno es capaz de sentirse cómodo estando emocionalmente incómodo, puede recordar los hechos emocionalmente dolorosos sin ser vencido por ellos. Se pueden soportar las emociones del momento presente hasta que el dolor haya desaparecido y el mensaje haya sido entregado. De esta forma, no solo seremos capaces de soportar la experiencia emocional, sino también salir de ella con mayor energía, profundamente relajados y con una mayor sensación de logro y autodominio personal». Nos cuesta aceptar que las emociones son parte del funcionamiento natural del ser humano. No es un síntoma de enfermedad, al contrario, una persona completa, creativa y llena de recursos (una «bellota») tiene pleno acceso a sus emociones. Nuestros sentimientos nos brindan una vía para expresarnos. El proceso puede ser muy liberador, pero si no permitimos a nuestros cuerpos que se descarguen y descubran aquello que están guardándose, no creceremos.

Procesar emociones

Cuando hablo de procesar emociones, no me refiero a controlarlas ni a maniatarlas; se trata simplemente de dejarlas estar y observarlas (igual que hacíamos con nuestros pensamientos en el Capítulo 1), sin confundirnos con ellas, sabiendo que no son yo, pero que sí forman parte de mí y que necesitan un espacio para que se puedan expresar, dejándolas fluir libremente por nuestro cuerpo, sin reprimirlas, sin evitarlas, sin juzgarlas y sin avergonzarme por sentirlas. Significa tomar consciencia de que seguirán pasando cosas dolorosas en mi vida, pero que no les añado el sufrimiento adicional de resistirme a lo que está pasando.

Dos días después de que el FC Barcelona perdiera la final de la Copa del Rey 2014, escuché a Andrés Iniesta hacer estas declaraciones: «Si la cosa no ha ido bien, te jodes, lloras, luego te levantas y sigues adelante». Las emociones pueden doler, pero lo que realmente nos hace daño es nuestra interpretación generadora de sufrimiento adicional e innecesario.

Además de impacto y disminución en el rendimiento, la inestabilidad emocional también aumenta notablemente el índice de probabilidades de sufrir lesiones. Como dijo el Dr. Nelson Torres, «el cuerpo grita lo que la boca calla». Procesar significa escuchar a mi cuerpo y prestar atención a mis emociones en toda su dimensión, identificarlas y reconocerlas, ser capaz de expresarlas y dejar de pelearme con ellas o de negarlas. Cuando finalmente aprendo a aceptarlas, mi cuerpo se libera y comienza a dejar espacio para poder transformarlas.

Aceptarlas es sentir cómo vienen y van por mi cuerpo, sin resistirme a ellas, lo que evita que se queden ahí, atrapadas dentro de mí, bloqueadas demasiado tiempo limitándome, haciéndome pequeño y temeroso de sentir. Lo cierto es que difícilmente podré ayudar a mis jugadores y a mis equipos a procesar y a transformar sus emociones si ni siquiera soy capaz de manejar las mías.

En mi caso, poco a poco, haciéndolo conmigo mismo, observándome, he aprendido a sentirme cómodo con las emociones duras, negativas o incómodas de los demás. Ya no me pongo nervioso cuando alguien está expresando cómo se siente, ni me culpo por no saber qué hacer para que no se sienta mal, para calmar o detener sus emociones. Al contrario, ahora me considero un privilegiado por poder ayudarle, si fuera necesario, creando un espacio seguro para que se permita sentir lo que siente, sin tener que justificarlo ni racionalizarlo, sin juicio y sin culpa por sentir. Ahora no me siento atacado cuando alguien me expresa una emoción, aunque lo haga de forma agresiva e inadecuada en ocasiones, ni me pongo a la defensiva, ni por supuesto le digo cómo debería sentirse. He aprendido a sostener emociones, sin evaluarlas, aprobarlas o descalificarlas. Ahora sé ayudarle a sentir más profundamente, a expresar y a transformar sus estados de ánimo. Unas veces saldrá mejor que otras, pero cuando actúo así, me acerco un poco más al líder compasivo y al servicio que quiero ser.

Sostener emociones

«Las personas más bellas con las que me he encontrado son aquéllas que han conocido la derrota, la lucha, el sufrimiento y la pérdida, y han encontrado su forma de salir de las profundidades. Estas personas tienen una apreciación, una sensibilidad y una comprensión de la vida que las llena de compasión, humildad y una profunda inquietud amorosa. La gente bella no surge de la nada».

ELISABETH KÜBLER-ROSS

Para aquellas situaciones en las que sentimos emociones difíciles o negativas, podemos utilizar la metáfora de hacer *rappel* desde lo más profundo de un pozo. Podemos imaginarnos a nosotros mismos atrapados ahí, en el fondo del agujero, peleando por salir, resistiéndonos a quedarnos abajo, sufriendo, escalando por sus paredes y dejándonos las uñas sin conseguirlo, frustrados, incómodos y avergonzados por no poder salir, sin entender que eso es precisamente lo que nos toca, que necesitamos estar ahí por un tiempo y aprender algo… antes de salir y seguir nuestro camino.

Cuando estamos atascados en el pozo sentimos dolor, emociones duras e incómodas que debemos procesar descifrando el mensaje que tienen para nosotros, pues ellas reflejan nuestro mundo interno y nos informan, a través de nuestro cuerpo, de cómo estamos interpretando lo que está pasando a nuestro alrededor. Nuestro cuerpo solamente puede relajarse y volver a la calma con su objetivo cumplido, cuando entiende que hemos comprendido el mensaje implícito a esa emoción. Nuestro cuerpo sería algo así como un cartero que debe entregarnos un correo certificado; volverá a llamar a nuestra puerta tantas veces como sea necesario y cada vez con más fuerza, hasta que obtenga una firma confirmando la recepción del mensaje.

Si queremos salir del pozo, necesitamos soltar lastre deshaciéndonos de aquellas emociones que nos están pesando, expresándolas, liberando nuestro cuerpo y dejando espacio a otras experiencias y situaciones que nos ayudarán a transformar y generar nuevas emociones. A veces, necesitamos ayuda para salir del hoyo y seguir adelante, alguien que nos lance una cuerda desde la parte de arriba del pozo para apoyarnos, estableciendo un vínculo de confianza que genere un espacio seguro en el que podamos sentirnos escuchados y comprendidos.

Tirar de la cuerda

Cuando estamos ahí abajo, sufriendo, y alguien nos lanza una cuerda, entonces nos podemos atrever a expresar cómo estamos. Pero, en demasiadas ocasiones, quien la sujeta desde arriba se siente tan incómodo con nuestra intensa emoción, que su reacción natural es tirar para sacarnos del pozo lo más rápidamente posible, sin entender que no es esa su función, sino que tan solo debe sostener la cuerda para que podamos subir con su ayuda, poco a poco hasta alcanzar la salida, y que solo podremos hacerlo cuando hayamos procesado adecuadamente nuestras emociones.

Un entrenador mexicano, alumno de las «7**P**s», me escribió para contarme que uno de sus jugadores, un futbolista de 18 años con gran proyección internacional, se había reventado la rodilla y sufría una gravísima lesión. Tras someterse a una complicada operación, fue a visitarle al hospital. El chico era de familia tan numerosa como humilde y su futuro como futbolista profesional era la gran esperanza para cambiar el destino de todos ellos. El entrenador me contaba que estaba solo cuando llegó a la habitación y se encontró con que era tal su abatimiento, su angustia, su tristeza y su temor a no poder volver a jugar que, a su primera pregunta de cortesía de «¿cómo estás?», el chico comenzó a hablar, pero no pudo continuar, pues rompió a llorar desconsoladamente. Esto es lo que me escribió:

> *«Me puse tan nervioso ante su congoja, que mi reacción fue no parar de hablar durante los tres cuartos de hora que estuve con él, animándole continuamente, diciéndole que se tranquilizara, que dejara de llorar, que volvería a jugar muy pronto, que todo sería igual o mejor, que esa situación le haría más fuerte... Él me miraba, sin responder, se obligaba a sonreír por cortesía de vez*

en cuando, hasta que por fin llegó otra visita y me pude despedir de él. Reconozco que me sentí aliviado.

*Te escribo porque algunos días después de este suceso, hice contigo el taller de la «**P**» de **P**rocesar y me entraron ganas de darme de cabezazos contra la pared. En ese taller tomé consciencia de que no era él quien se sentía incómodo llorando y expresando de manera auténtica cómo se sentía, sino que era yo. Era yo quien no podía con esas emociones tan duras para mí y, en lugar de sostenerle, de crear un espacio privilegiado para que él pudiera desahogarse y expresar qué le estaba pasando, en lugar de permitirle que descargara su cuerpo sintiendo profundamente sus emociones, me puse a tirar de la cuerda con todas mis fuerzas, le obligué a reprimirse, le hice avergonzarse por sentir, le robé su espacio y fui incapaz de ponerme a su servicio.*

Volví al hospital dos días después, me disculpé con él por mi comportamiento anterior, le lancé la cuerda y la sostuve como un campeón. Fue una conversación increíblemente transformadora... también para mí. Me sentí genial y quería darte las gracias y compartirlo contigo...»

A ti.

Bajar al pozo

En otras situaciones, la reacción de quien nos lanza la cuerda cuando comienza a escucharnos es soltarla, solidarizarse con nosotros y bajar al pozo para consolarnos y darnos un abrazo. También se siente incómodo con nuestra emoción: «te entiendo perfectamente, yo también me siento así, tienes toda la razón para sentirte así, te cuento lo que me pasó a mí»...

y demás comentarios que valoran y evalúan mis emociones, (en este caso aprobándolas), pero quieren que pare, no quieren que me sienta así. Tampoco necesito eso. Necesito que empaticen conmigo y que comprendan mi emoción, no que la sientan como suya, que conecte con mi emoción pero sin sumergirse en ella. Ahora, sin cuerda, ¿cómo salimos los dos del pozo?

Soltar la cuerda

Por último, también puede ocurrir que alguien que nos ha lanzado la cuerda inicialmente, decida soltarla y marcharse pues no considera legítima nuestra emoción, la juzga, la rechaza y nos deja ahí, peor de lo que estábamos al principio, avergonzados por habernos mostrado vulnerables y culpables por sentir esa emoción, con comentarios del tipo: *«te lo mereces, no será para tanto, tú tienes la culpa, no deberías sentirte así, nunca me haces caso, ya te lo había avisado»*... Conviene señalar que no solamente las emociones incómodas y negativas necesitan disponer de su espacio para poder ser expresadas y sostenidas, sino también las del extremo opuesto, las exageradamente positivas, que también se salen de nuestro rango de seguridad emocional, y con las que tampoco nos sentimos especialmente a gusto. Cuántas veces alguien nos está contando un logro extraordinario o algo de lo que está muy orgulloso y enseguida, cuando percibimos demasiada emoción en él, le tiramos para abajo: «no te crezcas, que esto da la vuelta muy rápido, no te vengas arriba que el deporte no tiene memoria, no saques pecho que hay mucha envidia»... y así, vamos desinflando el globo hasta que él rebaja su índice de euforia y se acerca una la emoción más comedida, como la de «bien» o «contento» con la que podemos convivir tranquilamente. Una vez más, cuando actuamos así, incómodos e incapaces de sostener una emoción, impedimos a esa persona vivir intensamente su propia experiencia y le robamos el aprendizaje y el descubrimiento que esas emociones tienen para ella. Casi le hacemos sentirse culpable por sentirse tan bien y le invitamos a reprimir su alegría, a todas luces excesiva, mientras le recordamos, con nuestra gran «sabiduría» (modo ironía ON), que la vida es difícil y que es mejor no hacerse demasiadas ilusiones porque más dura será la caída. Así nos comportamos en demasiadas ocasiones... emocionalmente incompetentes. Tan solo se trata de sostener, ni de tirar, ni de bajar ni soltar la cuerda por la que deben fluir las emociones que queremos ayudar a procesar.

Emociones y metáforas

Lo cierto es que no es fácil hablar sobre las emociones, no solo por nuestra dificultad para permitirnos sentir, sino porque la emoción es inefable, no se puede hablar sobre ella con total precisión, no podemos describir cómo es en sí misma, lo cual no significa que no podamos identificarla y ponerle nombre, y tampoco que no sea posible profundizar en ella.

La poesía es un arte que se dedica a explorar y expresar emociones y sentimientos, y lo hace de manera sublime a través de metáforas, entre otros muchos recursos de los que dispone. Las metáforas, como los cuentos, las fábulas, las historias, o las leyendas, nos ayudan a tomar distancia de esas emociones y a observarlas desde fuera, casi como si no fueran nuestras. Nos permiten jugar con imágenes más que con palabras y nos acercan más al inconsciente donde residen esas emociones que no sabemos expresar, o no nos permitimos sentir y mantenemos encerradas bajo siete llaves.

En ocasiones, cuando queremos a ayudar a alguien con dificultades para expresar cómo se siente, podemos utilizar metáforas como un poderoso recurso para facilitar la experiencia. Ellas nos ayudarán, no tanto a hablar sobre las emociones, como a sentirlas más intensa y profundamente en nuestro cuerpo, para que fluyan y poder así transformarlas. Para ello, desde un elevado nivel de presencia, conexión y respeto auténticos por la persona que tenemos delante, le preguntamos para ayudarla a trasladar esa emoción desde la mente hasta el cuerpo, —que es quien realmente las siente—. Dejamos de hablar de la emoción y comenzamos a *sentirla*, la única manera de que nuestro cuerpo pueda entregarnos el mensaje y el aprendizaje que la experiencia generadora de la emoción tiene para nosotros.

Después de identificarla, reconocerla y nombrarla, le preguntamos *cómo es, en qué parte del cuerpo la siente, cuál es su intensidad, qué forma/color/tamaño tiene, a qué se parece esa emoción... si pudiera elegir una metáfora que captase esa emoción, ¿cuál podría ser?* Y, a partir de ahí, una vez que la persona ha conectado con una metáfora que tenga sentido para ella, jugamos con la misma , seguimos preguntando con curiosidad para que sienta la emoción más profundamente y en toda su dimensión, para que la observe desde la distancia, sin estar «secuestrado» por ella, sin resistirse, expresándola y aceptándola hasta descifrar ese mensaje privado y oculto que su cuerpo está guardando y necesita entregarle para volver a la calma. Poco a poco, profundizando en la metáfora, podemos sentir cómo la emoción se va transformando y deja de pesar tanto, el cuerpo se va descargando, relajando y liberando... sin necesidad de tirar, bajar ni soltar la cuerda. Tan solo sostener.

«¿Dónde estás ahora?»

Hace algunos años, durante una formación a la que asistí como alumno con Sir John Withmore, cuando propuso la dinámica sobre la que teníamos que trabajar en parejas, miré a mi derecha y me encontré con un famoso escritor del que acababa de leer su último trabajo. Me quise escaquear porque dibujar no es una de las 1 000 cosas que mejor hago y no quería que una persona a la que admiro comprobase mi inutilidad para tales menesteres.

Aún así, él arqueó las cejas y me invitó con una sonrisa, así que nos juntamos para completar el ejercicio. Se trataba de responder, dibujando, a tres sencillas preguntas: *¿de dónde vienes?, ¿dónde estás? y ¿a dónde vas?* Casi nada. Además de recordar que mi compañero también tenía gran talento para el dibujo, solamente me acuerdo de los garabatos con los que ambos respondimos a la segunda pregunta, *¿dónde estás?* El suyo era un águila imperial, refugiada en la cresta de una montaña, experimentando un profundo proceso de renovación, arrancándose los restos de sus desgastadas uñas y dejando espacio para que pudieran nacer una nuevas que le permitieran seguir conectada a su esencia de águila. Me cautivó su dibujo y, aún más, la emoción que le embargaba cuando lo compartió conmigo. Me impactaron el permiso que se dio para sentirla profundamente y su valentía para expresarla ante un desconocido.

De hecho, estábamos tan metidos en su metáfora que él consumió casi todo el tiempo disponible para los dos. Cuando tocó mi turno y mostré mi dibujo, descubrí que, respondiendo a la pregunta de *¿dónde estás?*, había garabateado... un desierto. Yo mismo estaba perplejo. Empecé a hablar sobre mi representación e, inspirado por el ejemplo de mi compañero, comencé a sentir esa intensa emoción que estaba ahí, latente... Entonces el facilitador anunció que se había terminado el tiempo y que pasábamos a otra cosa. Me quedé un rato enganchado a ese papel con mi dibujo, inquieto e incómodo, pero la necesidad de seguir presente en esa privilegiada formación hizo que aparcara el asunto, de momento.

De vuelta a casa, viajando en coche por la mañana hacia el despacho en compañía de mi mujer, ella me preguntó qué había sido lo mejor de la formación con Withmore. Comencé a hablarle de esa dinámica y le comenté, entre risas, mi dibujo del desierto. Hablaba sobre ello sin meterme mucho, con cuidado, cuando ella me preguntó: *¿Cómo te sientes en el desierto?*

Fue como desatascar un grifo inutilizado hacía mucho tiempo. De repente, a borbotones, se me empezaron a saltar las lágrimas con una congoja que ni yo mismo sabía de dónde venía. Tuve que parar el coche en el arcén porque no había forma de detener la cascada. Había conectado con la profunda angustia que me embargaba en aquel momento de cambio y transformación, con sentirme solo y perdido, sin saber dónde estaba, adónde iba, qué hacer, sediento, hambriento, quemado... y a punto de abandonar. En aquel momento tomé conciencia de que estaba en un pozo y ella, desde fuera, me lanzó una cuerda para sostenerme, tranquila y presente, muy conectada conmigo, sin prisa, sin soltar y sin tirar de la cuerda, sosteniendo la emoción y creando un espacio seguro para que yo pudiera sentir, reconocer, identificar, nombrar y expresar qué estaba pasando. Ella no se sentía incómoda con mis emociones, ni me hacía razonarlas, no las juzgaba, ni me hacía sentir culpable por cómo me sentía yo, solo me escuchaba y me ayudaba a experimentarlas más profundamente, preguntándome con curiosidad y calma sobre la metáfora del desierto.

¿Cómo está la arena?, ¿cómo es la intensidad de la luz?, ¿y los colores del desierto?, ¿cómo son los días?, ¿y las noches?, ¿qué estás haciendo ahí?, ¿cómo es tu día a día?, ¿cómo te sientes?, ¿dónde lo sientes?, ¿qué es lo peor?, ¿a qué se parecía esa sensación?, ¿cómo es el cielo?, ¿y las estrellas?, ¿hay algún sonido?, ¿qué se escucha en el silencio?, ¿hay alguien más contigo?, ¿quién/es?, ¿qué hacen?, ¿qué te dicen?, ¿qué haría un nómada en esa situación?, ¿hay algún oasis, algún momento de descanso?, ¿qué te da miedo en ese desierto?, ¿qué hay de bueno en ese desierto para ti?, ¿qué estás descubriendo sobre ti?, ¿qué has aprendido?, ¿qué te llevas de tu desierto?, ¿qué es diferente ahora?... y ahora, ¿cómo es la sensación?...

Así, durante media hora y con los ojos cerrados, disfruté de una conversación profundamente transformadora para mí, observándome desde la distancia, aceptándome, permitiendo a mi cuerpo descargarse de unas emociones a las que estaba resistiéndome desde hacía tiempo y que me tenían totalmente bloqueado. Fue un proceso muy liberador y me sentí crecer un palmo tras aquella experiencia que transformó mi estado de ánimo, amplió mi mirada y me generó nuevas posibilidades de cambio para encarar el proceso de profunda transformación que estaba afrontando en aquel momento. Gracias a ella, que supo sostener un regalo de incalculable valor.

Estados de ánimo

Lo que empieza como una *emoción* ligada a un acontecimiento concreto (si se trata de un hecho o una situación importante, y tras dotarla de conciencia y pasarla por la razón), puede convertirse en un *sentimiento*, hasta derivar en un *estado de ánimo* si permanece con nosotros el tiempo suficiente y se traslada al trasfondo desde el cual actuamos. Cada uno de nosotros está siempre en un determinado estado de ánimo, aunque en demasiadas ocasiones ni siquiera nos demos cuenta de ello y nos resignemos porque no vemos posibilidad de modificarlo. Todo deportista sabe que su estado de ánimo determina su rendimiento y que, si fuera capaz de transformarlo, cambiarían también sus expectativas y sus resultados.

En este capítulo me gustaría que tomaras consciencia del poder de las *convers(a)cciones* como herramienta para modificar estados de ánimo, así como el horizonte de posibilidades asociado a cada uno de ellos, de lo que es posible y lo que no lo es en cada momento. En función del estado de ánimo en el que nos encontremos nos convertimos en uno u otro observador de la realidad. No es la forma en la que nos contamos nuestra historia lo que nos genera un determinado estado de ánimo, sino que nuestra interpretación de la realidad surge del estado emocional en el que nos encontramos. Si cambio mi estado de ánimo, mi mundo y mis posibilidades cambian con él. Por lo tanto, si queremos modificarlo, necesitamos cambiar el observador que estamos siendo, revisando permanentemente los juicios e interpretaciones de la realidad que hacemos.

El biólogo chileno Humberto Maturana afirma que: «las conversaciones no son solo un fenómeno lingüístico, sino una combinación de dos factores básicos: lenguaje y emociones». Los líderes saben del poder del lenguaje para modificar las emociones y, por lo tanto, para redefinir lo posible. Lo que era posible al iniciarse una conversación no es necesariamente lo mismo en el momento de terminarla. Desde esa nueva atalaya emocional, ellos son capaces de transformar, diseñar y contagiar a sus equipos un estado de ánimo generador de nuevos horizontes de posibilidades y acciones.

Duelo para ganar

Bucarest, mayo 2012, final de la *Europa Ligue* contra el Atlético de Madrid. Han pasado 36 años desde la única final europea disputada y perdida contra la Juventus. Tras una temporada espectacular e inolvidable de la mano de Marcelo Bielsa, el Athletic se dispone a jugar la primera de las dos finales que disputará en 15 días. La gran familia rojiblanca llevaba tanto tiempo esperando ese momento, era tanta la ilusión y la expectación que había generado ese equipo en toda Europa, que la enorme presión emocional que sufrían los jugadores se impuso sobre todos ellos, hasta el punto de convertirles en un equipo bloqueado, irreconocible e incapaz de hacer frente al aguerrido grupo del «Cholo» Simeone. Derrota inapelable y disgusto monumental. Ese miércoles negro, las lágrimas derramadas por los jugadores del Athletic se extendieron e inundaron Bizkaia y, todos compartimos el dolor y el desconsuelo por un sueño roto.

Desde que acabó el partido, la afición se volcó en masa con el equipo, sucediéndose los mensajes de ánimo que buscaban una recuperación anímica exprés de la plantilla con vistas a la segunda e inminente final. Demasiado pronto. Un millón de personas tirando a la vez de la cuerda para sacar del pozo a unos jugadores que lo que necesitaban en ese momento era, precisamente, estar ahí abajo y Procesar adecuadamente el tsunami emocional que estaban experimentando. Tras esa cruel derrota, era muy posible que las dudas, la inseguridad, la desconfianza, el miedo a volver a perder, a no estar a la altura, la tristeza, la decepción, la frustración, la rabia, la culpabilidad el desconsuelo, el agotamiento físico, mental y emocional, y algunas otras emociones incómodas estuvieran presentes en ese vestuario. Seguro que había mucho dolor, como sucede cada vez que sufrimos una pérdida irreparable. Ese título, largamente esperado, ya no volvería.

Eso duele... mucho. No es posible pasar página sin más, como si no hubiera pasado.

«¿Cómo piensa recuperar el ánimo de los jugadores tras semejante derrota?» le preguntó un periodista al técnico argentino en la rueda de prensa posterior a la derrota. *«Tener otra final en 15 días es motivo suficiente para recuperarse. Quien no sea capaz de hacerlo así, no pude llamarse deportista»* respondió Bielsa. No fue suficiente. Siguieron entrenando a un altísimo ritmo durante las dos semanas previas a la segunda final. Pero quizá, además, tocaba otra cosa.

Quizá tocaba disponer de un líder al servicio del equipo para reconocer, compartir y expresar cómo se sentía realmente cada uno, qué le estaba pasando y cómo le estaba afectando esa pérdida. Un momento especial y reservado para procesar emociones, no para una simple reflexión y análisis táctico de la final perdida, ni para corregir los errores o conocer la opinión y las explicaciones de los jugadores de por qué se perdió. Todas esas cuestiones, imprescindibles sin duda, podrían disponer de su propio lugar y tiempo.

Quizá se trataba de generar un espacio privilegiado y seguro para todos, técnicos y jugadores, sin juicio ni crítica, en el que nadie tuviera que racionalizar ni justificar sus sentimientos, sino solo darse permiso para conectar con esa emoción dolorosa, observarla, sentirla y aceptarla, hasta descargar y liberar sus cuerpos antes de volver a reconectar con la energía necesaria para estar en las mejores condiciones de disputar una nueva final.

Quizá, lo que le tocaba al líder en ese momento era facilitar una *convers(a)cción* con su equipo, estar *presente* y al servicio de sus jugadores, escucharles, em**P**atizar con ellos y ponerse en sus zapatos, comprenderles sin juicio, **P**reguntarles para ayudarles a expresar y sentir más profundamente, **P**rocesar y sostener emociones, **P**otenciar para volver a conectarles con los valores esenciales que identificaban a ese equipo y **P**ositivizar para descubrir nuevas interpretaciones de la realidad generadoras de entusiasmo e ilusión. En definitiva, utilizar el poder de las *convers(a)cciones* para transformar un estado de ánimo de sufrimiento y resignación por otro de ambición, creador de nuevas posibilidades y acciones antes inaccesibles.

Intuyo que esta tarea propuesta se alejaba mucho del arsenal de competencias del inolvidable e incomparable Marcelo Bielsa. Sospecho que en su estilo de liderazgo no destacaban las habilidades emocionales necesarias para desarrollar esta actividad... Quince días después, el alma del equipo seguía prendida en Bucarest. Los jugadores no comparecieron en el Vicente Calderón para competir contra el legendario Barcelona de Guardiola. Desaparecido y resignado desde el primer minuto, el Athletic entregó el partido y el título sin presentar batalla.

En la actualidad, y no solo en el deporte, se precisan líderes emocionalmente inteligentes, competentes, que se atrevan a mostrarse abiertos, disponibles y vulnerables, que se den permiso para sentir y expresar adecuadamente sus emociones, y que asuman su responsabilidad sobre sus propios estados de ánimo y los de las personas que les rodean.

Vulnerabilidad

En el ámbito del liderazgo, en cualquier sector de actividad, todavía se asume mayoritariamente que mostrarse vulnerable es un rasgo de debilidad que un líder respetable no se puede permitir, sin entender que hace falta gran valor y coraje para hacerlo. Son muchas las creencias y «saboteadores» que confirman esta «verdad». Además de algunas que hemos expuesto al principio de este capítulo, podríamos añadir: «la vida es dura» , «no hay lugar para débiles», «o comes o te comen», «al enemigo ni agua», «si te ven flaquear irán a por ti», «esto es la selva», «si te muestras como eres, no te aceptarán», «van a ver que no eres suficientemente bueno»...

Todas estas «verdades» despiertan nuestra vergüenza, una epidemia universal, nuestro miedo a no conectar, no ser aceptados y no ser dignos de amor y pertenencia. De hecho, es la conexión con las personas lo que da sentido a nuestras vidas y, si el liderazgo se basa en una conexión poderosa con nuestros seguidores, necesitamos dejarnos ver... completamente. Ese nivel de conexión superior es un honor reservado para las personas auténticas que se dan permiso para ser quien realmente son, las que se aceptan como seres humanos imperfectos y se muestran cercanos, abiertos, disponibles, sin esconder sus miedos, dudas y sentimientos.

Brillar y aceptar nuestra luz no significa esconder nuestra oscuridad; todos estamos en lucha permanente, sufrimos y sentimos dolor, pero los auténticos se atreven a expresarlo y saben que todo aquello que les hace vulnerables es precisamente lo que les convierte en seres humanos hermosos, únicos y valiosos. Son valientes para entregarse sin garantías de nada, pues saben que es ahí donde radica toda su fuerza para conectar profundamente con sus seguidores, consiguiendo ejercer así un liderazgo de gran impacto. La gran paradoja es que, cuando vemos a alguien mostrarse vulnerable y superar la vergüenza, en lugar de debilidad, lo que todos percibimos es fuerza, valentía y un coraje muy inspirador.

Quien lidera desde la limitante creencia que identifica *vulnerabilidad* con *debilidad*, tendrá notables dificultades para expresar sus propias emociones y será incapaz de sostener las de los demás y transformar estados de ánimo. Le costará un mundo emPatizar (la gran vacuna contra la vergüenza), hacer reconocimientos auténticos, generar entusiasmo, crear visiones inspiradoras y compartidas con sus equipos, ser curioso para Preguntar y escuchar, mostrar agradecimiento, reconocer sus errores y generar compromiso en sus equipos. Además, la percepción que los demás tendrán de él, será posiblemente la de un jefe distante, desconfiado, sin interés por las personas, poco abierto a escuchar, autoritario, intolerante e inflexible, que genera antipatía y rechazo a su alrededor, lo que le acercará demasiado en ocasiones a la imagen de un déspota o un tirano.

Un verdadero *líder al servicio* necesita tener el *coraje* (del latín core = corazón) para, en lugar de decir siempre lo que piensa, expresar más a menudo lo que siente, para atreverse a hablar desde el corazón y a decir; «no sé», «necesito tu ayuda», «yo solo no puedo», «gracias», «admiro lo que haces», «tengo miedo a...», «me siento...», «me preocupa...», «perdón, lo lamento», «reconozco mi error»... Necesita dejarse ver... de verdad, pues, en caso contrario, acabará totalmente desconectado de su equipo.

Conectar con nuestra vulnerabilidad no significa ir a pecho descubierto siempre y en todo lugar, ni estar permanentemente en plan llorón o víctima, para nada, sino tan solo reconocer que somos seres humanos imperfectos, que tenemos puntos débiles y cometemos errores, que sentimos emociones incómodas, que sufrimos la vergüenza y el miedo a mostrarnos, a que los demás consideren que no somos suficientemente buenos y, a pesar de todo ello, aceptar agradecidos que todo esto forma parte de nuestra naturaleza, que es lo que somos y lo que nos hace sentirnos vivos y poderosos, y que no necesitamos ocultarlo para ser dignos del amor que merecemos.

Transformar estados de ánimo

Llegamos al final de este capítulo, al momento decisivo de poner en práctica todas las habilidades presentadas hasta ahora para poder generar un espacio privilegiado en el que transformar estados de ánimo. Cuando percibas una emocionalidad densa, incómoda y difícil, que está bloqueando el rendimiento de tu equipo y que, antes de ser transformada, necesita ser expresada, deberás atreverte a exponerte y a tener el coraje necesario para mostrarte abierto y vulnerable y darte el permiso de compartir con ellos «algo de verdad», que no salga de tu cabeza, sino directamente del corazón.

Te ofrezco un ejemplo real de una experiencia para transformar estados de ánimo, llevada a la práctica por un entrenador con su equipo, alumno de las «7Ps», ante una situación en la que había muchas emociones sin expresar y un estado emocional muy limitante dentro del vestuario. Para poder desarrollar este trabajo, para poder facilitar esa *convers(a)cción*, aplicó las habilidades y competencias de las seis primeras «Ps» que ya hemos visto. Para situarte, se trataba de un equipo profesional con graves problemas de cobro desde hacía 5 meses, en situación límite y que, antes de la *convers(a)cción*, no veía otra salida que dejar de entrenar y jugar, todo ello en plena competición. La tensión emocional en el vestuario estaba a punto de desbordarse con imprevisibles consecuencias.

«Hay mucha preocupación y angustia. Algunos jugadores tienen graves dificultades para pagar los alquileres y las hipotecas de sus pisos, así como los colegios de sus hijos. Hay gran incertidumbre sobre el futuro del club y sobre los contratos firmados. Existe un elevado riesgo de desaparición del club y de impago definitivo. Algunos jugadores están pidiendo dinero a sus padres para sobrevivir. Hay una desconfianza enorme y mucha rabia acumulada. Demasiadas promesas y expectativas incumplidas que están generando resentimiento, rencor y sufrimiento. Hay miedo... así está la situación».

Te pido que imagines que TÚ eres el entrenador protagonista de esta historia. Recuerda que la vida y el deporte son «cosas que pasan» y que es precisamente ahí donde reside una de las principales responsabilidades de un líder, la de ser capaz, en una situación crítica como esta, de buscar otras interpretaciones de la realidad y diseñar un estado de ánimo diferente, generador de nuevas posibilidades y acciones que no existían, ni eran posibles, antes de la conversación (hasta entonces solo veían la opción de abandonar). Recuerda que tu objetivo no es solucionar los problemas de cobro –algo que excede a tu competencia y que está absolutamente fuera de tu control–, sino facilitar una *convers(a)cción* para impedir que el estado de ánimo del momento bloquee otras decisiones posibles (distintas a dejar de entrenar y jugar), ayudándoles a descubrir un nuevo observador de la realidad que fortalezca al grupo en la adversidad y les abra nuevas posibilidades de acción.

La clave del éxito de esta conversación está en ti. Tú serás quien defina el nivel de autenticidad e impacto de esta dinámica. Si te atreves a conectar de verdad con tus emociones, a expresarlas, si te das permiso para hacerlo de forma honesta y sincera, si te muestras vulnerable y te pones de verdad a su servicio suspendiendo por un rato todos tus juicios, verdades y certezas absolutas... seguro que todo irá genial.

Podemos definir las siguientes fases que te sirvan como referencia para afrontar con garantías de éxito esa conversación que, además, no tiene por qué ser improvisada sino que la puedes preparar adecuadamente.

1. **Presencia y conexión**

El primer requisito indispensable es una **P**resencia total por tu parte. Antes de hablar, de decir una sola palabra, necesitas sentarte, *mirar* y *ver* las caras de todos y que todos puedan *mirarse* y *verse* entre ellos. Posar tu mirada en los ojos de cada uno de ellos, hacerles visibles, despacio y en completo silencio, generando una fuerte conexión y una intensa **P**resencia. Si alguien interrumpe o rompe el silencio en ese momento, le pides por favor que espere un minuto, le explicas que quieres decirles algo y, antes de hablar, acabas tu ronda de *mirar* y *ver* a todos ellos.

2. ***EmPatía* y vulnerabilidad**

Seguidamente, te toca expresar cómo te sientes. No es tanto expresar cómo estás viviendo tú tus propias dificultades, miedos y angustias en esa situación (pues tú también estás sin cobrar), sino de em**P**atizar con ellos, ponerte en sus zapatos, comprender profundamente cómo están, cómo les está afectando lo que pasa y cómo se sienten. Cuando has acabado de *mirar* y *ver* a todos y cada uno de tus jugadores, y vuelves a tus zapatos, entonces expresas *cómo estás tú* con su situación. Tus jugadores ya saben que tú también estás sin cobrar y pasando dificultades, tantas o más que ellos, pero no es el momento para contarles tus problemas y que les digas que tú también lo estás pasando mal. Está bien, pero es insuficiente. Ellos, además de ver que compartes su mismo barco en medio de la tormenta, necesitan un *líder* a su servicio que les ayude a superar la difícil situación. Ese es tu reto.

Tampoco se trata de soltar una arenga del tipo: «Ya sé cómo estáis y lo difícil que está siendo todo pero, ahora más que nunca, hay que seguir adelante y superar todas las dificultades. Todos juntos tenemos que dejarnos la piel en el campo y demostrar de qué estamos hechos». En realidad, no sabes cómo están ellos porque todavía no se lo has preguntado, porque no se han sentido escuchados ni comprendidos, porque acumulan demasiadas emociones incómodas sin expresar y a punto de estallar. Tampoco toca eso. No funciona y puede tener el efecto contrario al que buscas. Se te pueden tirar al cuello, acusarte de estar del otro lado y desconfiar de ti. No se puede transformar un estado de ánimo de resentimiento, angustia y miedo con algunas frases motivadoras por muy bien elaboradas que estén. Primero hay que limpiar y desinfectar la herida (*expresar*) y luego suturar (*transformar*).

Necesitas conectar con «algo de verdad», personal e importante para ti buscando en tu corazón respuestas a preguntas como: ...*desde tu posición de líder, ¿cómo estás viviendo esta situación?, ¿cómo te está afectando?, ¿cómo te sientes con sus graves problemas de cobro?, ¿de qué estás orgulloso y agradecido?, ¿cómo te sientes con su trabajo y su compromiso a pesar de los problemas?, ¿de dónde sacas fuerzas para seguir adelante?, ¿qué es lo que te hace renovar tu entusiasmo cada día para venir a trabajar?, ¿qué reconocimiento te gustaría hacerles?, ¿qué estás descubriendo esta temporada?, ¿cuál es el gran desafío para ti?, ¿que estás aprendiendo de ti y de ellos?*... Se trata de mirar hacia adentro, quitarte la coraza de «súperman» y hablarles con el corazón en la mano. En este momento, si tú te das permiso para sentir de verdad, para mostrarte vulnerable, les das permiso a ellos para que también lo hagan. Si tú eres valiente, ellos también lo serán. Si tú te atreves a hacerlo así, sentirás una profunda conexión con todos tus jugadores y entonces (¡ahora sí!) estarás en condiciones de generar una conversación verdaderamente transformadora con ellos, una *convers(a)cción*.

3. **Expresar y sostener emociones**

Buscamos crear un espacio en el que sus cuerpos puedan descargarse de todas las emociones tóxicas y limitantes que se están guardando y que les generan un sufrimiento innecesario. Se trata de permitirles sentir, ayudarles a nombrar y expresar sus emociones sin juicio, antes de transformarlas por otras más edificantes y potenciadoras. Algo así como dejar salir antes de entrar. Este es el trabajo y por este orden. Para **P**rocesar emociones, primero expresar y después transformar.

Una vez que, conectado y presente, te hayas tomado el tiempo necesario para procesar tus propias emociones y ponerte a su servicio, te toca preguntarles a ellos cómo están. Recuerda que, posiblemente, si preguntas solamente «¿cómo estáis?»... la respuesta será «muy jodidos», seguida de una catarata de quejas y reclamaciones que no ayudarán a alcanzar el objetivo de esa conversación. Queremos que, al igual que acabas de hacer tú y con la misma valentía que has demostrado, ellos se atrevan a profundizar en sus emociones, se permitan sentirlas y tengan el coraje de expresarlas.

Para ello, en lugar de «¿cómo estáis?», puedes preguntar por diferentes emociones que irás nombrando en alto y de una en una; *¿quién está muy angustiado?... ¿quién se siente muy bloqueado?... ¿quién quiere dejarlo todo?... ¿quién se siente rabioso?... ¿y traicionado?... ¿quién está muy cabreado?... ¿quién está desesperado?...* Con cada pregunta que hagas, puedes levantar la mano a la vez, lo que provocará que quien se identifique y se sienta reflejado en esa emoción, la reconozca de inmediato y también levante la mano. A partir de ahí, por ejemplo, a quien la haya levantado ante la pregunta, *¿quién está muy an-*

gustiado?, le sigues preguntando para ayudarle a sentirla en toda su dimensión: ¿cómo te está afectando?... ¿qué es lo peor?... ¿cómo es en casa?... ¿y entrenando?... ¿cómo es tu nivel de energía?... ¿qué te está quitando?... ¿qué te está costando?... Curioso, presente, sosteniendo y al servicio.

Decía Santiago Ramón y Cajal, «lo que nos pasa es que no sabemos lo que nos pasa». En esta dinámica no tienes que arreglar nada, pues no hay nada roto. No necesitas dar soluciones ni evaluar emociones. Solo necesitas crear un momento especial, de intensa **P**resencia, para que cada cual pueda observar qué le está pasando, ponerle palabras y expresar cómo está, conectar con su vulnerabilidad y dejarse ver, sintiéndose escuchado y comprendido por todos.

En esta fase evitaremos debates, discusiones, ataques de unos contra otros... pues este es un espacio especial, sin juicios, en el buscaremos que todos y cada uno de ellos se sientan seguros y se atrevan a expresarse. Buscaremos que todos hablen y que a todos se les escuche. Es una fase de desahogo, de sacar, de liberar sus cuerpos de las emociones difíciles y compartirlas, para que puedan volver a la calma. Cuando un jugador haya acabado de expresar cómo se siente, le agradeceremos su valentía por hacerlo y seguiremos con otro que haya levantado la mano, o lanzaremos otra pregunta (*¿quién está muy cabreado?...*), hasta que todos y cada uno de ellos hayan tenido su oportunidad, su momento y su espacio para poder compartir sus emociones con los demás.

Si alguien dice «no aguanto más·, le puedes preguntar: *¿cómo es no aguantar más?... ¿cómo es entrenar y jugar* *así?* ... Si alguien te dice: «estoy asustado»... le preguntas más sobre esa emoción, sobre cómo le afecta, dónde la siente y a qué se parece, en qué le limita y en quién le convierte... *¿Quién se siente débil, sin fuerzas?*... Aceptas todas las emociones que vayan apareciendo, cuantas más, mejor y les ayudas a observarlas, sin juicio ni crítica, hasta que sientas cómo van dejando de incomodarles mientras sus cuerpos comienzan a liberarse y relajarse. Se trata de profundizar, de crear un espacio para compartir, para sentir las emociones que forman parte de ti y de cada uno de ellos y que no tenemos por qué ocultar. Al contrario, necesitamos observarlas, atenderlas, escucharlas y expresarlas, pues son una magnífica oportunidad para conocernos mejor y mostrarnos auténticos ante los demás. Tu trabajo hasta ahora ha sido sostener la cuerda y la emoción... no bajar al pozo con ellos, ni sacarles tirando de la cuerda, ni soltarla. Tan solo sostener... ¡qué regalo! Tranquilo, todo está bien; antes de poder salir del pozo hay que soltar lastre y eso es lo que hemos hecho hasta el momento.

4. **Transformar emociones**

   Una vez que todos y cada uno de los componentes de tu equipo ha tenido oportunidad de expresar y compartir sus difíciles e incómodas emociones, tu objetivo será transformar ese estado de ánimo de resentimiento, o resignación en el mejor de los casos, que limitaba brutalmente su espacio de posibilidades y acciones futuras, por otro que les permita crear una nueva realidad para el equipo, aceptando aquello que no pueden cambiar y centrando toda su atención, esfuerzo y energía en lo que sí depende de ellos.

   Para ello, seguiremos preguntando, esa es, y seguirá siendo, nuestra herramienta fundamental. Haremos preguntas que les conecten con lo importante, con la esencia de cada uno de ellos, con sus valores auténticos y los del equipo y con quiénes son en realidad cuando no están emocionalmente secuestrados. Preguntas que les hagan resonar, les enchufen con su depósito de *energizol* y les abran nuevos espacios de posibilidades y acciones imposibles de descubrir desde el estado de ánimo en el que se encontraban. Lo hacemos así porque consideramos que el equipo, como sistema, también es una «bellota», que ya dispone en su interior de todos los recursos que necesita para afrontar y superar esa delicada situación. Una vez más, no se trata de *meter* sino de *sacar* lo que ya está dentro, latente y esperando a ser desvelado.

Manteniendo una intensa presencia, seguiremos preguntando: *¿de qué estamos orgullosos?... ¿qué es importante para este equipo?... ¿cómo queréis recordar esta situación dentro de 10 años?... ¿cómo te gustaría contárselo a tus hijos?... ¿quién vamos a decidir ser en esta situación?... ¿a qué nos está desafiando la vida?... ¿cuál es el reto aquí para nosotros?... ¿qué es importante para este equipo?... ¿qué es lo mejor que cada uno de vosotros tiene para ofrecer este equipo ahora?... ¿qué necesitas descubrir de ti ahora?... ¿cómo sería superarlo juntos?... ¿en qué equipo nos convertiríamos?... ¿qué es lo que perderíamos rindiéndonos?... ¿qué podríamos ganar abandonando ahora?... ¿qué es lo peor que nos podría pasar (aparte de no cobrar)?... ¿de qué seríamos capaces si no tuviéramos miedo?... ¿a qué nos atreveríamos?... ¿qué es lo que realmente queréis ahora?... ¿con qué nos comprometemos si decidimos tener el coraje de seguir adelante a pesar de todo?... ¿a qué estaríamos diciendo que sí?... ¿y a qué diríamos que no?... ¿qué necesitáis* *de mí?... ¿cómo os puedo ayudar?... ¿qué necesitáis de vuestros compañeros?... ¿qué os gustaría pedirles/decirles)?...*

A cada pregunta se sucederán las respuestas y esa conversación, profundamente transformadora, ayudará al equipo a cambiar el observador de la realidad que estaba siendo hasta ese momento, renovará las emociones del vestuario transformando el estado de ánimo del equipo, mejorará la cohesión y la comunicación, aumentará el nivel de empatía y la compasión en el grupo y provocará que, tras escucharse todos, cada uno de ellos se olvide un poco de sí mismo y se preocupe más por sus compañeros, poniéndose a su servicio y descubriendo así nuevas acciones posibles que estaban ocultas antes de la conversación.

Tu objetivo en esta conversación es que tu equipo crezca, que tome las riendas de su destino, que fortalezca su compromiso en la adversidad, que aumente su consciencia y su responsabilidad, que elija quién quiere ser en esa difícil situación y en quién se quiere convertir, que decida qué quiere hacer y cómo lo va a hacer. Para todo ello necesitas conseguir un estado de ánimo desde el que poder crear una nueva realidad y que sea generador de nuevas posibilidades. El ejemplo sobre el que estamos trabajando es una situación grave de falta de cobro, pero podemos aplicar esta metodología a cualquier otra situación que genere emociones densas e incómodas sin necesidad de que estas sean dramáticas, pues sabemos que estas inciden directa y negativamente en el rendimiento de personas y equipos; una racha negativa de resultados, una final, un partido por el descenso, un *play off*, una pérdida o un fallecimiento, cambios de ciclo...

En definitiva, necesitamos convertirnos en observadores de estados de ánimo y asumir la responsabilidad que como líderes nos corresponde para intervenir en el diseño y transformación de nuestros propios estados emocionales y los de nuestros equipos. Podemos hacerlo, solo necesitamos tener el coraje para mostrarnos abiertos, disponibles y vulnerables. Quizá estés pensando: «Ufff, qué complicado!»... «demasiado riesgo»... «demasiado expuesto para mí»... «¿y si no sé hacerlo?»... «¿y si no funciona?»... «¿y si los jugadores no se atreven?»... «¿y si lo hago mal?»... «¿y si no soy suficientemente bueno y alguno se ríe de mí?»... «¿y si piensan que soy un blando y soy débil?»... Amigo mío, mostrarse vulnerable es precisamente eso, superar la vergüenza y hacerlo sin garantías de éxito, confiando ciegamente en que los demás verán coraje y fortaleza inspiradora donde tú solo eres capaz de ver tu propia debilidad.

Sistema Operativo Interno (SOY)

Para completar este capítulo, te presento una idea simple pero que te puede servir para reflejar cómo funciona nuestro «Sistema Operativo Interno». El SOY (si me permites el juego de palabras) es, como cualquier sistema operativo, un complicado conjunto de procesos internos que define lo que finalmente se ve desde fuera, en la pantalla, en el caso de un ordenador, o mis acciones, en el caso de los seres humanos.

Para explicar el SOY, lo que soy, o la identidad de una persona, podemos utilizar la imagen de un iceberg: nuestras actitudes y comportamientos, los resultados que obtenemos, lo que los demás ven de nosotros, vendrían a ser como la punta del iceberg, lo que sobresale del agua y aparece en la superficie. Todo lo demás, tanto en el iceberg como en la persona, está oculto. Como ya hemos comentado, la *esencia* y los *valores* forman parte de lo más profundo del Ser, es lo que nos constituye y nos hace únicos, especiales y diferentes. Es como una promesa, una posibilidad que está pendiente de ser desvelada, que está ahí, en el fondo del Ser de cada uno... en lo más profundo del iceberg.

Lo ideal sería que lo que se ve, reflejase exactamente lo que está en el fondo, que nuestros comportamientos fueran coherentes con lo que realmente somos, con lo mejor que tenemos para ofrecer. Desgraciadamente sabemos que esto no suele suceder así y que lo habitual es que haya interferencias entre el fondo y la punta, entre la esencia invisible y los actos visibles que en demasiadas ocasiones distorsionan el formidable y deseado alineamiento entre lo que soy, lo que digo y lo que hago, impidiendo que nuestro rendimiento o nuestros resultados reflejen nuestro verdadero potencial. Ahí, en ese complicado conjunto de procesos internos, residen los pensamientos negativos o «saboteadores», las creencias limitantes y las emociones que se convierten en tóxicas cuando no somos capaces de expresarlas adecuadamente. Denominaremos a estos tres elementos «interferencias».

Podemos plantear una fórmula para estudiar el rendimiento de los deportistas:

$$\text{Rendimiento} = \text{Potencial} - \text{Interferencias}$$

Cuántas veces hemos visto jugadores con gran potencial, incapaces de sacar rendimiento sostenido a sus capacidades, limitados por su incapacidad para gestionar sus interferencias. Potencial 9, rendimiento medio 4... Un resultado insuficiente, decepcionante, desesperante, que finalmente les lleva a rendirse y abandonar. Con decir después, «le falla la cabeza», todos nos quedamos tranquilos, eludiendo cualquier responsabilidad. Y a la inversa. Cuántos deportistas hay (y en cualquier ámbito de la vida) que no destacan por su potencial o especial talento, pero que consiguen rendir a un nivel notable, de una forma mantenida y continuada en el tiempo y mejorando cada temporada, hasta acabar convirtiéndose en referentes de valores y comportamientos para todos. Deportistas con un potencial inicial de 7 y un rendimiento sostenido de 7 para arriba según va pasando el tiempo, gracias a una gestión sobresaliente de sus interferencias. Esto es precisamente lo que buscamos con nuestras *convers(a)cciones*, aumentar el rendimiento maximizando el potencial y disminuyendo las interferencias.

Las 6 «**P**s» vistas hasta el momento nos sirven para trabajar y mejorar los tres elementos de la ecuación (R=P-I). Se requiere **P**resencia para facilitar esas *convers(a)cciones* en las que hablar de «cosas de verdad» y em**P**atizar para ejercer un liderazgo humilde y al servicio de las personas que están bajo tu responsabilidad. Necesitas **P**otenciar y aplicar la «mirada bellotera» para ayudar, a cada uno de ellos, a descubrir y conectar con lo mejor que tienen, con todos sus talentos, fortalezas, recursos, valores, con su verdadero potencial, y utilizar las habilidades que hemos aprendido en **P**reguntar para eliminar pensamientos negativos y saltarte a los «saboteadores». **P**ositivizando, sabes que puedes ser el creador de tus propios pensamientos, que puedes desmontar tus creencias limitantes y elegir qué observador de la realidad quieres ser para, desde ahí, controlar tu actitud. Y, por supuesto, puedes **P**rocesar practicando también tu nueva capacidad para crear espacios privilegiados, sosteniendo emociones y transformando estados de ánimo.

Después de estas 6 primeras «**P**s» estamos a punto para sacar brillo a la punta del iceberg. Solo nos queda aplicar la última «**P**», **P**actar, para ser competentes en el diseño de los planes de acción que necesitamos poner en marcha para comenzar la transformación que nos acerque a nuestra mejor versión.

Procesar en 7 píldoras

1. Las *emociones* reflejan la forma en que reaccionamos ante los sucesos. No las podemos evitar ni tampoco elegir, mientras que los *estados de ánimo* determinan las conductas desde las cuales actuamos, abriéndonos o cerrándonos posibilidades de acción. No somos responsables de nuestro estado de ánimo, pero sí del tiempo que decidimos permanecer en él.

2. Sentir emociones no es un síntoma de enfermedad, al contrario, una «bellota» (completa, creativa y llena de recursos) tiene pleno acceso a sus emociones. Nuestros *sentimientos* nos brindan una vía para expresarnos y el proceso puede ser muy liberador siempre que permitamos a nuestros cuerpos que se descarguen y descubran aquello que están guardándose.

3. Procesar significa escuchar a mi cuerpo y prestar atención a mis emociones, identificarlas, reconocerlas, nombrarlas y expresarlas, dejando de pelearme con ellas o de negarlas. Cuando aprendo a aceptarlas, mi cuerpo se libera y comienza a dejar espacio para poder transformarlas.

4. Un líder emocionalmente inteligente es capaz de sostener la emoción de otra persona, sin tirar ni soltar la cuerda y sin bajar al pozo, sin ponerse a la defensiva o sentirse incómodo ni atacado, facilitando que el otro pueda sentir y expresar lo que siente, sin justificarlo ni racionalizarlo, sin sentirse juzgado o culpable por sentir.

5. Las *metáforas* nos ayudan a sentir y a expresar las emociones más intensa y profundamente, para que puedan fluir y podamos transformarlas. Dejamos de *hablar de la emoción* y comenzamos a *sentir la emoción*, la única manera de que nuestro cuerpo pueda entregarnos el mensaje y el aprendizaje que esa experiencia generadora tiene para nosotros.

6. Mi estado de ánimo me convierte en uno u otro observador de la realidad. Mi interpretación de la realidad surge del estado emocional en el que me encuentro. Si cambio mi estado de ánimo, mi mundo y mis posibilidades cambian con él.

7. Conectar con mi vulnerabilidad significa reconocer que soy un ser humano imperfecto, que cometo errores, que siento emociones incómodas, que sufro la vergüenza y el miedo a mostrarme. A pesar de ello, acepto agradecido que todo esto forma parte de mi naturaleza de lo que soy, lo que me hace sentirme vivo y poderoso, y que no necesito ocultarlo para ser digno del amor que merezco.

P ACTAR

«Pactar es co-crear el puente que separa la obligación del compromiso»

IMANOL IBARRONDO

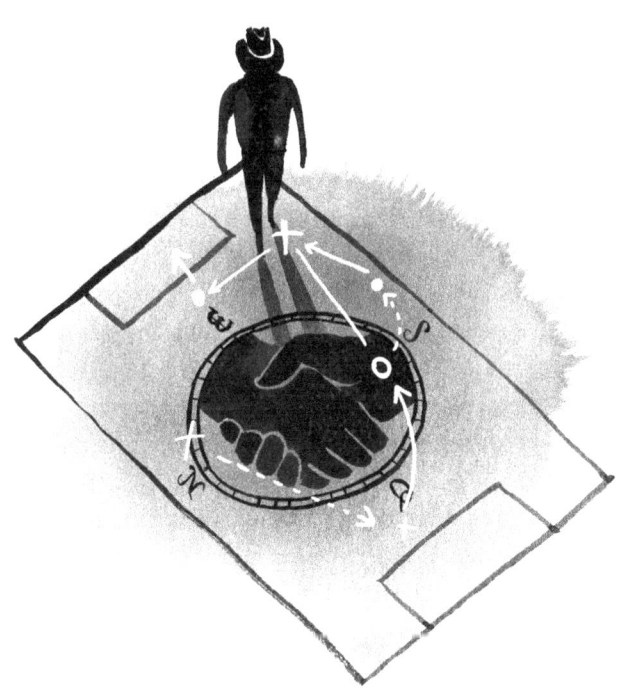

Cada semana tengo *convers(a)cciones* con entrenadores y aprendo mucho de ellos. Comparten conmigo cómo se sienten, qué piensan y cuáles son sus mayores deseos, temores y preocupaciones. Conozco sus dificultades, la complejidad de su tarea y soy muy consciente del gran desafío que supone para ellos hacer frente diariamente a su responsabilidad bajo la espada de Damocles de los resultados. Ellos saben mejor que nadie que el «ordeno y mando» ya no es suficiente y no solo en el deporte, sino también en la empresa, en la educación... ni siquiera en casa de cada uno.. Las nuevas generaciones no aceptan (y hacen muy bien) ese tipo de autoridad y se rebelan ante aquellos sargentos chusqueros, demagogos y déspotas que todavía interpretan así el poder y las relaciones. A ésos quizá les alcance para conseguir, por un corto periodo de tiempo, la obediencia de la tropa que surge del miedo a las consecuencias, pero no les sirve, ni de lejos, para alcanzar lo que más desean: su compromiso auténtico

Aprender a **P**actar nos ayudará a cruzar el puente desde la *obediencia* al *compromiso*, que es una decisión personal requerida, descubierta y fortalecida en la adversidad. Cuando se acaba la diversión, cuando la situación comienza a complicarse (que siempre lo hace) es cuando necesitamos que aparezca y se demuestre el compromiso. Los entrenadores/jefes necesitan comprender que no es posible obligar a un jugador –ni a nadie–, a comprometerse y, aunque escucho cómo lo reclaman habitualmente y con insistencia, tienen que darse cuenta de que no se puede exigir, pues el compromiso es el mejor regalo que cada seguidor tiene para ofrecer a su líder... si este se lo gana siendo digno de confianza.

Existen cuatro principios inmutables y eternos del liderazgo que, desde hace siglos, mantienen vigente su validez como elementos generadores de confianza en las personas, relaciones y organizaciones. Son tan sencillos que resulta increíble que los apliquemos tan poco. El primero afirma que debemos escuchar activamente para comprender profundamente. El segundo sostiene la necesidad de ser amables y considerados, preocuparnos por los demás (ser empáticos y compasivos) y cuidar los detalles. El tercero confirma la importancia de cumplir lo que decimos (¡cumple tus promesas!) y el último exige que digamos la verdad. «De pata de banco» estarás pensando. Sí, así es, pero cuando yo me someto a una pequeña auditoría interna para conocer mi grado de cumplimiento de tan sencillas recomendaciones, no puedo por menos que sorprenderme del enorme margen de mejora que todavía tengo por delante. En demasiadas ocasiones me descubro escuchando con intención de hablar, mucho más que con intención de comprender y sé bien que la otra persona no se está sintiendo escuchada ni respetada ni, por supuesto, valorada. Otras veces me disgustan mis propios gestos, bufidos, o malas caras que sé que molestan a las personas que quiero, respuestas demasiado impacientes, rápidas y poco amables, y mi escasa o nula atención a detalles que son importantes pero que no valoro ni reconozco adecuadamente.... Parece de sentido común pero está claro que no es tan común este sentido.

La teoría de las «ventanas rotas»

«En 1969, en la Universidad de Stanford (EEUU), el profesor Philip Zimbardo realizó un experimento de psicología social. Dejó dos coches abandonados en la calle, idénticos, de la misma marca, modelo y hasta color. Uno lo dejó en el Bronx, para entonces una zona ya pobre y conflictiva de Nueva York, y el otro en Palo Alto, un barrio rico y tranquilo de California. Como era previsible, resultó que el coche abandonado en el Bronx comenzó a ser asaltado en pocas horas. Perdió las llantas, el motor, los espejos, el radio, etc. Todo lo aprovechable se lo llevaron, y lo que no, lo destruyeron. En cambio, el coche abandonado en Palo Alto se mantuvo intacto. Es común atribuir a la pobreza las causas del delito, pero el experimento en cuestión no finalizó ahí. Cuando el coche abandonado en el Bronx ya estaba deshecho y el de Palo Alto llevaba una semana impecable, los investigadores decidieron romper una ventana del vehículo de Palo Alto, California. El resultado fue que se desató el mismo proceso que en el Bronx de Nueva York y el robo, la violencia y el vandalismo redujeron el vehículo al mismo estado que el del barrio pobre. ¿Por qué la ventana rota del coche abandonado en un vecindario supuestamente seguro fue capaz de disparar todo un proceso delictivo? No se trata de pobreza. Una ventana rota en un coche abandonado transmite una idea de deterioro, de desinterés, de despreocupación que va rompiendo códigos de convivencia, como de ausencia de ley, de normas, de reglas, como que todo vale nada. Cada nuevo ataque que sufre el coche reafirma y multiplica esa idea, hasta que la escalada de actos, cada vez peores, se vuelve incontenible, desembocando en una violencia irracional[18]». Hasta aquí el experimento.

Hace tiempo que leí esta teoría y según lo hacía me vino a la mente el Metro de Bilbao. Llama poderosamente la atención que, tras 20 años de funcionamiento, se mantenga tan impecable como el primer día, ganando premios internacionales y siendo orgullo de todos los bilbaínos. ¿Qué ha pasado para que no haya un solo papel tirado en el suelo, ni una pintada en los vagones o no exista un deterioro visible en los andenes o en los asientos? Creo que nunca se ha permitido que hubiera «ventanas rotas» y, cuando las ha habido, se han reparado con diligencia. Pero la reflexión profunda sobre esta teoría y su mayor impacto se produjeron cuando la apliqué a mi propia vida. En ocasiones veo que me sucede como a

---

18   Leído en el blog de Eduardo Martí (http://www.lideryliderazgo.com)

esas paredes de las fábricas medio abandonadas que tienen alguna fachada en forma de vidriera gigante llena de cristales cuadrados, todos rotos. Supongo que alguien comenzó rompiendo uno, como el del coche abandonado, dando permiso para el inicio de una secuencia de destrozos hasta que no quedó uno intacto.

A veces le digo a alguien que voy a hacer algo, una llamada, quedar para un café, enviar un correo, ofrecerle *feedback*, algo sencillo... no hace falta que se trate de grandes cosas. Sin embargo, después no lo hago porque considero que tengo otras prioridades o que me falta tiempo, o que lo haré en otro momento. Me digo que «no se acordará», «no es importante», «nadie se va a dar cuenta»... y, a partir de ahí, me justifico para decidir yo cuáles de mis promesas y compromisos con otras personas son relevantes y cuáles no. Para cuando me doy cuenta del error ya he generado un auténtico estropicio de cristales rotos. Ser digno de confianza, un valor importante para mí, cae hecho pedazos. La incoherencia entre lo que digo y lo que hago, me hace daño. Otras veces no le pongo límites, no digo o no reclamo algo a otra persona por evitar un conflicto («no te metas en líos», «se va a enfadar», «déjalo correr»...) y abro la puerta de par en par para que ella siga repitiendo ese comportamiento hasta que yo reacciono en el momento más inadecuado y de la forma más inoportuna. Todo por no haber arreglado la primera ventana rota en su momento. Expresar lo que siento, ser honesto, otro valor del que me siento orgulloso, se va por el agujero.

Algunos días, por pura pereza, no voy al gimnasio como tenía previsto («ya irás mañana», «tampoco estás tan mal», «tienes cosas más importantes que hacer»...) y, aunque me justifique por falta de tiempo (vidrio roto), semanas después me doy cuenta de que tengo otra cristalera destrozada: mi salud, estar disponible y en buenas condiciones para mi familia y para poder seguir desarrollando mi profesión. En ocasiones, retraso las gestiones difíciles o las aplazo por temor a que no salgan como espero y, para cuando me quiero dar cuenta, se me acumulan y me atrapan la desconfianza, la preocupación y la parálisis (otra vidriera rota). Actuando así pongo en duda mi auténtico compromiso con el propósito que da sentido a lo que hago. Todo esto duele.

De repente, sin ser ni siquiera consciente, entran ráfagas de viento helado por todas las cristaleras rotas y se hace mucho más complicado encontrar una solución. Cada vez que rompo una ventana y no la reparo, me alejo de la persona que quiero ser, del padre en quien me quiero convertir o del profesional al que aspiro ser. Cada uno de nosotros sabe cuáles son sus ventanas rotas, en la familia, en el deporte, con la pareja, en el trabajo, con los amigos, consigo mismo, con su visión y su desarrollo personal... se trata de tomar consciencia de ellas y ponerse manos a la obra de inmediato. Romper ventanas y no arreglarlas, es renunciar a ser una persona digna de confianza.

Sobre gallinas y cerdos

En verano del 2012, momentos antes de comenzar el séptimo y último taller de las «7**P**s» con técnicos y *staff* de la selección mexicana de fútbol, me llegó un mensaje desde España informándome de que había fallecido de un infarto nuestro estimado Manolo Preciado, justo un día antes de su presentación como entrenador del Villareal CF. La noticia me llenó de pena y tristeza, pero tenerle presente durante aquellas cuatro horas, precisamente en el taller del compromiso, nos ayudó a crear un espacio con una energía y una emoción tan cálidas que guardo un recuerdo imborrable de aquella experiencia. Si hablamos del liderazgo como de la actitud imprescindible para generar *Compromiso auténtico* (con 'C' mayúscula), siempre me viene a la cabeza la imagen de Manolo Preciado.

A veces se utiliza el ejemplo de un plato de huevos con beicon para ilustrar la diferencia entre obligación y compromiso. Para cocinar este plato, ¿quién está más comprometido, el cerdo o la gallina? La gallina pone los huevos, hace lo que debe y cumple correctamente con su obligación. La gallina está *implicada*. El cerdo, por su parte, va más allá de lo exigible y se deja la vida en el empeño. El cerdo está realmente *comprometido*. Manolo Preciado era, sin duda, el ejemplo de compromiso por excelencia, capaz de merecerse y ganarse a pulso la confianza de todos sus jugadores, declarando posible lo imposible y decretando el estado de entusiasmo, fe y determinación en sus equipos. No recuerdo que ganara demasiados títulos o medallas, ni que se le reconociera como un entrenador top, pero nada de eso le hizo falta para dejar un gran legado que habla alto y claro de uno de los mejores líderes al servicio que he conocido.

En la década de los 80, cuando los tiempos eran realmente duros, Manolo ya era una referencia en la conquista de derechos laborales para los futbolistas, Los que, como él, daban la cara en aquel momento por sus colegas, ponían en juego sus contratos y sus carreras. Asumían grandes riesgos por los demás y se la jugaban por todos. Más tarde, desde la distancia, admiré su manera de afrontar situaciones personales verdaderamente límites. Le aprecié mucho como entrenador pero, sobre todo, me descubro ante la persona. La vida le golpeó con extrema dureza, pero él se reponía una y otra vez, con una entereza y coraje incomparables. Sin rencor ni resentimiento, al contrario, él eligió contagiar a todos su increíble capacidad para disfrutar de la vida y del fútbol.

Trabajador, sensible, cercano, humilde, valiente, alegre y «disfrutón» eran algunos valores que definían una personalidad arrebatadora. «Si tus jugadores te temen lucharán por ti, si te quieren morirán por ti» decía Sun Tzu (adaptada) en su obra *El arte de la guerra*. Pues bien, Manolo se dejaba la vida por sus jugadores y, ¡cómo no!, sus jugadores morían por él. Su liderazgo ejemplar ha dejado huella en todos los futbolistas que tuvieron el privilegio de trabajar con él. Con Manolo, desparecían las gallinas del vestuario.

Dos meses antes de morir, en un taxi, durante un monumental atasco en Madrid, tuve una larga conversación con él y, hablando de lo estresante que era su profesión, le pregunté hasta cuándo tenía intención de seguir en los banquillos. Él me miró a los ojos, sonrió y con su socarrona voz de siempre me respondió: «hasta el día que me muera». Como siempre, cumplió.

Comprometerse es elegir

Víctor Valdés cometió un error grosero a los 20 segundos de partido que supuso el 1-0 en contra. Era un pase fácil para él pero se la dio a un rival que solo tuvo que empujar el balón a la red. En ese momento, en el Bernabéu y jugándose la Liga, pudo pensar que se ponían a 9 puntos, que el título se les escapaba, que les podían golear, que era el inicio del fin de ciclo, que «vaya día tengo»... y un montón de pensamientos negativos e inútiles más que no le habrían ayudado en absoluto. En cambio, decidió otra cosa. En ese momento de máxima tensión para él y ante la siguiente cesión de un compañero, asumió de nuevo el riesgo de jugar la pelota como si nada hubiera pasado, repitiendo e insistiendo durante los 90' de partido. Cometió más errores. Es obvio que no fue su mejor día pero, respetando su *compromiso* con una idea admirable de juego que ha hecho eterno a ese equipo en la memoria de los aficionados al fútbol, creció un palmo más en su impecable trayectoria para llegar a convertirse en un portero legendario.

Escuchar las declaraciones de Xavi Hernández y las de Puyol a pie de campo tras el partido alabando la valentía de su compañero, o al propio Guardiola en rueda de prensa informando que había reconocido públicamente en el vestuario el coraje de Valdés por atreverse e insistir en lo que había que hacer, refuerza aún más el valor de ese *compromiso*. Habría sido muy justificable y fácil de entender que, a partir de su grave error, Valdés hubiera decidido no complicarse la vida y jugar en largo, pero eso, para él, habría sido renunciar. Hace falta mucho coraje para mantenerse firme y perseverar, para enfrentarse a los propios miedos y a los «saboteadores» y persistir en lo que debes hacer, en lo que toca. Esa tremenda determinación para no rendirse solo puede surgir del auténtico *compromiso*.

Si ahora te preguntara a ti *¿te sientes comprometido?*, seguramente lo pensarías un poco y me responderías que sí, como siempre ocurre cuando en nuestras formaciones planteo la pregunta de, *¿quién se siente comprometido?* Todos levantan la mano y seguro que todos lo están, cada cual con algo diferente. Pero lo importante en un equipo es que todos lo estén con valores y principios compartidos, porque eso es precisamente comprometerse. Tomar consciencia y declarar a qué valores, comportamientos y acciones que nos acercan al equipo que queremos ser, estamos diciendo que SÍ con nuestro compromiso, y a cuáles que sabemos que nos alejan de a donde queremos ir, decimos que NO. Comprometerse es decidir quién quieres ser, elegir a qué dices sí y a qué dices no.... y actuar en consecuencia.

Me rebelo cada vez que escucho declaraciones del tipo: «el equipo está muy comprometido»... «yo estoy muy comprometido»... «el club está comprometido». El compromiso es sin duda el gran valor, pero utilizado de esta manera queda vacío de contenido, como una palabra circular que sirve para todo pero que nada explica. Si el compromiso no se concreta y se demuestra diariamente con acciones, decisiones y comportamientos visibles, queda desnaturalizado. Por eso, siempre que escucho ese tipo de declaraciones sobre el compromiso, hago las mismas preguntas: *¿con qué estás comprometido tú?, ¿con qué está comprometido tu equipo? ¿y tu club?, ¿qué estás eligiendo?, ¿a qué valores estás diciendo que sí y a qué dices que no con ese compromiso?, ¿qué significan?, ¿cómo los defines?, ¿y tu equipo?, ¿cuáles son las decisiones y comportamientos concretos que reflejan ese compromiso?...*

Cuando, tras su grave error, Valdés insistió en seguir ofreciéndose a sus compañeros, en temporizar hasta que estos se desmarquen y le ofrezcan una línea de pase, en asumir que le pueden presionar y complicar la vida, en no regalar el balón, quizá estaba diciendo que SÍ a ser humilde y a pensar antes en su equipo que en sí mismo, SÍ a estar al servicio de sus compañeros, SÍ a los retos para crecer, SÍ a superarse ante las dificultades, SÍ a aceptar el error como parte del aprendizaje. Actuando de esa manera, quizá estaba eligiendo decir NO a sus «saboteadores», NO a ser cobarde y egoísta, NO a rendirse, NO a fallar a sus compañeros y NO a traicionar una idea grande de juego. Posiblemente de ahí, de su compromiso auténtico con valores innegociables para él y compartidos con su equipo, proviene tanta fuerza, determinación y valentía para perseverar y no bajar los brazos en momentos de máxima dificultad.

La Rueda de la Vida del Deportista (RVD)

La Rueda de la Vida (RV) es un recurso ampliamente extendido en el ámbito del *coaching* y las técnicas de auto-conocimiento para que cualquiera pueda aterrizar en su propia vida tomando consciencia de cómo está, de qué está funcionando y qué no. La RV proporciona al individuo una visión excepcional, gráfica e individual de sí mismo, reflejando el equilibrio en su vida o la falta de fluidez y potencia de su ritmo vital, sirviendo asimismo como una excelente herramienta para **P**actar y *crear convers(a)cciones* comprometedoras.

Podemos completar la RV con los valores de la persona con la que vamos a trabajar o con los aspectos importantes de su vida, si lo que buscamos es profundizar en una visión más holística o integral del deportista. En esta ocasión, utilizaremos la RV para ofrecerte un ejemplo de cómo se puede aplicar con un deportista, adaptándola a las competencias más directamente relacionadas con su rendimiento, pudiendo personalizarse para cada deporte y posición específica. La llamaremos «Rueda de la Vida del Deportista» (RVD).

Aprovecho este momento para hacerte una recomendación. Cuando quieras generar una *convers(a)cción* con alguien, no necesitas ni decirle de qué se trata... tan solo ¡hazlo! Aplica lo que vas descubriendo y que te parezca que pueda ser útil. Experiméntalo para ver si funciona y te sirve... pero no lo expliques. Una experta profesora que tuve al inicio de mi formación y con la que coincidí un par de años después, me hizo una interesante *observación*. Yo le estaba hablando de los artículos de *coaching* que a la sazón estaba escribiendo, cuando ella, sonriendo, me dijo: «el *coaching* es como el sexo, se puede hablar mucho sobre él, pero lo realmente bueno es hacerlo». Así es que, mi recomendación es que cuando quieras hacer este ejercicio con algún jugador, le quites peso y trascendencia, no le des demasiada formalidad, no le presiones ni conciertes una cita en un despacho, sino que lo hagas de forma sencilla y natural, que no parezca una evaluación de rendimiento (que no lo es) o un examen que le ponga a la defensiva. Busca un espacio y un momento relajados para poder generar esa conversación. Necesitarás, eso sí, lápiz y papel.... quizá baste con una servilleta de papel para empezar.

Te propongo que antes de comenzar te sientes con él, en el suelo, en un banquillo o apoyados en una valla. Dividiremos el ejercicio en tres fases claramente diferenciadas que llamaremos *aterrizar, resonar y despegar*. Te hará falta estar presente, conectado y a su servicio para poder generar una *convers(a)cción*.

1. **Aterrizar**

   En esta primera fase le pediremos que dibuje un círculo grande en el papel y que vaya nombrando cuáles cree que son los aspectos fundamentales para mejorar su rendimiento y sobre los que considera que se puede trabajar o, si se tratara de un deporte de equipo, las competencias o habilidades clave de su puesto específico. Nos sirven cuestiones técnicas, tácticas, físicas, psicológicas, emocionales... cualquiera que sea mejorable. Él irá nombrando las que estima más relevantes hasta que tengamos la rueda repartida en ocho quesitos, todos completos y cada uno con su nombre.

   Te ofrezco un ejemplo real como aplicación práctica de esta dinámica. Se trata de la RVD de un futbolista, que juega de central, y que destacó el dominio de estos ocho apartados del juego como esenciales para alcanzar un alto rendimiento en su posición: *agresividad, golpeo en largo, juego aéreo, anticipación, marcaje, salida de balón, entender el juego y concentración*. Según los iba nombrando y explicando por qué eran importantes para él, los iba escribiendo en el papel, uno en cada quesito, hasta completar los ochos huecos. Seguro que hay otros aspectos claves del juego que no están entre estos ocho seleccionados, pero estos fueron los que él consideró más relevantes en ese momento.

Recuerda que el objetivo de este ejercicio no es imponer mi punto de vista sobre las áreas que yo juzgo que el jugador debe trabajar y mejorar sino, de momento, tan solo escuchar y preguntar, ayudándole a tomar tierra en su realidad. Ya habrá tiempo para aportar y «dejar caer» mis observaciones y sugerencias. Lo que buscamos ahora es que sea él quien vaya dándose cuenta y asumiendo responsabilidad sobre qué es importante para su crecimiento personal y deportivo. Como mucho, y en función de la edad y madurez del jugador, tienes permiso para co-crear su RDV con él, pero en el papel no puede aparecer ningún aspecto que no esté claramente aceptado por el deportista. No hagas trampas o no funcionará.

Una vez completada la RDV, nos toca ayudarle a aterrizar en ella, a sentir cómo está en cada uno de los aspectos que ha considerado clave para su desarrollo. Para ello le pedimos que puntúe, de 1 a 10, su nivel de satisfacción actual en cada una de las secciones de la rueda. Consideramos 0 el centro exacto del dibujo y 10 la parte exterior de la circunferencia en cada apartado. Puede que la puntuación que él se haya puesto en algún apartado no coincida con la que el técnico estima que refleja su verdadera realidad. Esto suele generar incomodidad en el entrenador que considera necesario hacerle ver al jugador que está equivocado. No te enfoques, ni pierdas energía en esa cuestión, no es importante ahora y recuerda que la RVD no es una herramienta de evaluación. Lo que buscamos es que el jugador conecte con su fuente de auto-motivación interna (*energizol*) para que se ponga en acción comprometiéndose con su propio plan de mejora y desarrollo. No buscamos tener la razón, sino alcanzar el objetivo. Puede suceder también el caso contrario, que haya aspectos en los que el jugador se puntúe más bajo de lo que nosotros consideramos que es su auténtico valor. Tampoco pretendemos aquí convencerle de lo contrario (aunque tomemos nota para reforzarle y reconocerle ese aspecto cuando sea oportuno y necesario), sino que le acompañamos para que se ponga en marcha haciéndose responsable de su propio plan de acción.

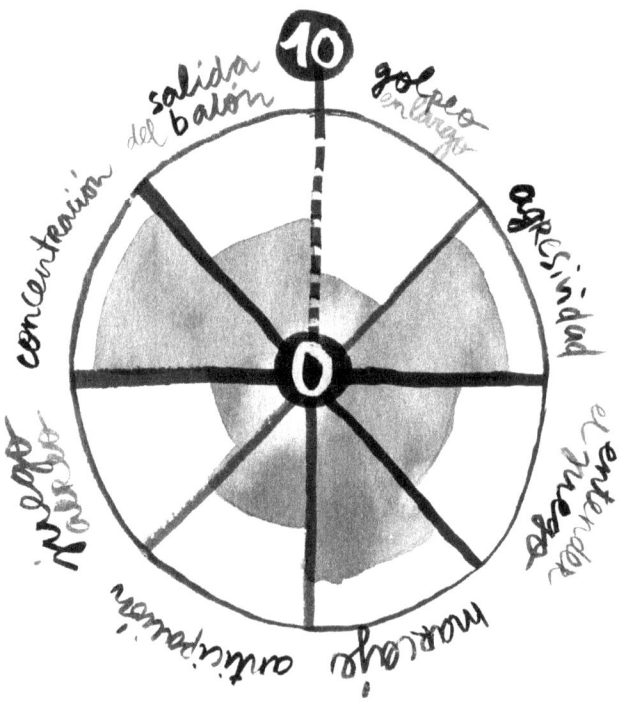

Cuando el jugador ha terminado de puntuar, le pedimos que haga una reflexión general de su RVD, *cómo la ve, qué le parece su RDV, qué destacaría, qué le llama la atención, qué le preocupa, de qué está orgulloso, cómo se siente con ella...* Seguidamente, le pedimos que elija un aspecto de su RDV, solo uno, que sea importante para él y que le gustaría mejorar. No hace falta que sea el que peor puntuación tenga, sino uno que verdaderamente sienta (él debe sentirlo, no tú) que desea desarrollar. Una vez elegido, ponemos el foco en ese aspecto concreto y comenzamos propiamente la primera fase que hemos llamado *aterrizar*, para que pueda tomar consciencia de cómo está y qué le está pasando. Como siempre, lo hacemos con «preguntas potentes», curiosas, sin juicio, con apertura, suspendiendo por un rato opiniones, creencias y «verdades» absolutas, preguntas que le ayuden a tomar tierra en su propia vida deportiva.

En este ejemplo, tras pensarlo detenidamente y pareciera que valorando los riesgos de atreverse a exponerse tanto, el futbolista decidió que quería mejorar su *juego aéreo*, en el que se había puntuado con un 4. Lo cierto es que yo le había visto jugar y tenía mi propio criterio (que no era tan «justito» como él se valoraba) pero, como ya hemos comentado, mi opinión no era relevante en ese momento. Lo único interesante en esta fase es que él se dé cuenta de qué le está pasando con ese 4, qué efecto tiene en él, en su confianza y en sus posibilidades, en qué le está limitando y cómo se siente con ese 4. Utilizamos preguntas para *aterrizar*:

¿Cómo es un 4?... ¡descríbemelo!, ¿qué te está pasando en un 4?, ¿cómo te sientes ahí?, ¿cómo te sientes defendiendo un corner o una falta lateral?, ¿cómo te sientes cuando tienes que disputar un balón aéreo?, ¿qué te preocupa?, ¿qué te dice tu «saboteador» en estas situaciones?, ¿qué es lo peor de este 4?, ¿qué es lo peor de perder disputas?, ¿cómo te afecta?, ¿cómo le afecta al equipo?, ¿qué te estás perdiendo?, ¿cómo es tu emoción?, ¿cuál es

tu estado de ánimo?, ¿en qué te está limitando?, ¿quién estás siendo ahí?, ¿en qué jugador te convierte?, ¿tiene algo de bueno?, ¿qué es?... En este caso concreto, en la fase de aterrizar le mantengo en el «pozo» con mis preguntas, en su 4, quiero que esté ahí por un tiempo, quiero que lo explore, tome consciencia y lo sienta profundamente. Lo que hacemos aquí es sostener la cuerda, sin tirar ni soltar.

2. **Resonar**

   En esta segunda fase buscamos conectarle con su fuente de energía interna (*energizol*), la que él precisa para saltar a sus «saboteadores» y descubrir así el coraje, la valentía y la determinación que necesita para ponerse en marcha y pasar a la acción. Seguimos preguntando:

   ¿En qué puntuación te gustaría estar dentro de uno/ tres/seis meses? ó ¿cómo serían dos/tres puntos más?, ¿cuál es el objetivo/meta?, ¿cómo sería un 7?... ¡descríbemelo!, ¿qué es diferente en un 7?, ¿qué es mejor?, ¿cómo te sientes defendiendo un corner o una falta en un 7?, ¿cómo es ganar muchas más disputas aéreas?, ¿cómo es despejar de cabeza con contundencia?, ¿cuál es el impacto de ese 7 en el resto de tu juego?, ¿... y el impacto de esa mejora tuya en tu equipo?, ¿qué valor tuyo estás viviendo intensamente haciéndolo?, ¿en quién te estás convirtiendo?, ¿cómo te acerca este 7 al jugador que realmente quiere ser?, ¿cómo te conecta este 7 con la visión del jugador que hemos trabajado?, ¿cómo sería atreverte a mejorar esta faceta del juego?, ¿qué pensarían tus compañeros de ti si lo hicieras?, ¿y tu entrenador?, ¿qué te dirían?, y tú mismo, ¿qué te dirías?, ¿en quién te estarías convirtiendo?, ¿qué sería posible a partir de ahora para ti?, ¿de qué eres capaz ahora?... ¿a qué

te estás comprometiendo?, ¿qué estás eligiendo?, ¿a qué estás diciendo que sí?, ¿a qué dices que no con este compromiso?, ¿cómo te puedo ayudar?, ¿qué necesitas de mí para ponerte en marcha?...

Después de esta fase, si hemos hecho un buen trabajo, es muy probable que el deportista se encuentre a tope de *energizol* y deseando despegar en la dirección y el sentido que le indican sus propias respuestas. Ahora, solo (y no es poco) nos queda diseñar un plan de acción con el que pueda y quiera comprometerse al 100%.

3. **Despegar**
Seguimos preguntando:

¿Qué cosas podrías hacer estas semanas para mejorar el juego aéreo? (escribimos todas las posibilidades, ejercicios y dinámicas que vayan surgiendo, sin juicio ni evaluación), de todas estas opciones, ¿qué es lo que quieres hacer concretamente?, ¿qué es lo que vas a hacer?, ¿cuándo lo vas a hacer? (qué acciones y cuántos días a la semana, en qué momento y cuánto tiempo cada día), ¿cómo lo harás exactamente? (aquí se va diseñando el plan de acción REMATA que señalamos en el capítulo 2), ¿qué necesitas para poder hacerlo?, ¿quién te puede ayudar?, de uno a 10, ahora mismo, ¿con qué nivel de seguridad lo vas a hacer?, ¿qué necesitas para que sea un 10?, ¿cuáles pueden ser las complicaciones para llevarlo adelante?, ¿qué necesitas para superarlas?, ¿en quién te podrías apoyar?, ¿cómo sabrás que has alcanzado tu objetivo? ¿cómo te acerca este plan de acción que estás diseñando al jugador que quieres ser?, ¿de qué manera hacerlo te conecta con tus valores?, ¿cómo te sientes ahora con tu plan?, ¿qué estás pensando ahora?,

¿cómo te sientes?, ¿cómo es tu nivel de energía?, ¿qué impacto crees que tendrá en tu equipo que te pongas en marcha?, ¿cómo te puedo ayudar a hacerlo?... En este ejercicio de aterrizar-resonar-despegar, el entrenador acompaña a su jugador, aportándole la luz que necesita para que pueda descubrir qué es importante para él y qué es lo que realmente quiere. No es el protagonista, sino un líder al servicio que invita al deportista a tomar las riendas de su propio proceso de mejora y desarrollo.

Pactar es co-crear la relación que quieres tener con tus seguidores, es diseñar un espacio de *convers(a)cciones* generadoras de nuevas posibilidades, es pasar de la agotadora e ineficaz responsabilidad de tener que ejercer permanentemente de motivador externo a ayudarles a conectar con su fuente de *energizol*, la fuerza que necesitan para identificar y fortalecer su *compromiso*. **P**actar es animar a tus jugadores a co-responsabilizarse de las soluciones y los resultados, es dejar de imponer y comenzar a aplicar la «mirada bellotera», acompañándoles en su camino de transformación e invitándoles a descubrir de qué serían capaces si realmente se atrevieran. Es atreverse a dar el paso de entrenador/jefe a líder, del «¡haz esto!» al «¿qué podrías hacer?» **P**actar es ser cómplice de una posibilidad trascendente, de lo que todavía no es, a lo que podría llegar a ser... con tu ayuda.

Plan REMATA

Tras realizar el ejercicio completo de la RVD, el jugador del ejemplo se atrevió a definir un reto, ambicioso y resonante para él. Inicialmente lo formulaba en términos negativos como, «no quiero estar preocupado cada vez que tengo que disputar un balón por arriba», después lo enunció como, «quiero mejorar en el juego de cabeza» hasta que finalmente consiguió declararlo con palabras de deseo y no de obligación: «quiero disfrutar con el juego aéreo». Esto ya tenía otra pinta... Ya teníamos un objetivo claramente retador para él pues le obligaba a transformarse en el jugador en el que necesitaba convertirse para merecerse «disfrutar con el juego aéreo». Para hacer este objetivo *(A)lcanzable* definimos hitos en el camino, con tareas y acciones concretas que incluimos en su plan de acción REMATA (Retador, Específico, Medible, Alcanzable, Temporal y Atractivo).

Su primera tarea era informar y/o pedir permiso a su entrenador para comenzar este trabajo específico, así como exponerse delante de todos sus compañeros mostrándose vulnerable al reconocer públicamente sus carencias en esa faceta del juego. Esa tarea ya resultaba altamente *(R)etadora* para él, igual que lo era el hecho de demostrarse a sí mismo hasta qué punto estaba realmente comprometido con su objetivo y si verdaderamente sería capaz de atreverse a llevarlo a la práctica.

Su plan de acción comenzó con algo tan sencillo y *(E)specífico* como darse cuenta de si, cuando golpeaba el balón de cabeza, lo hacía con los ojos cerrados o abiertos. Diseñó una secuencia de ejercicios que pasaban desde lo más básico y elemental, hasta lo más complejo, desde dinámicas individuales, en distancias cortas y en estático, hasta disputas aéreas en golpeos largos y atacando el balón en el punto más alto, siempre con los ojos abiertos. Para cada tarea se definieron objetivos concretos que facilitaran que la evolución en su progresión fuera *(M)edible*, desde contar, de cada diez intentos, cuántos golpeos con la frente (con fuerza y con los ojos abiertos) devolvía exactamente al pecho del compañero que le enviaba el balón como si fuera un saque de banda a una distancia de tres metros, hasta cuántos balones largos frontales, de cada diez lanzados, golpeaba en su punto más alto, sin oposición, y coordinando con precisión saltos, trayectorias y distancias.

Durante tres meses —marco *(T)emporal* acordado para valorar la consecución del objetivo—, y aprendiendo a convivir con el error como parte fundamental de su aprendizaje, sin culparse ni avergonzarse por ser imperfecto, trabajó una batería de ejercicios que iban aumentando secuencialmente de dificultad. Sus progresos eran tan evidentes para él, que su confianza y entusiasmo para seguir entrenando aumentaban cada día. El efecto de su iniciativa en el equipo fue asimismo sorprendente pues, algunas semanas después de ponerse en marcha con su plan, casi la mitad de la plantilla tomó también la decisión de alargar sus entrenos para que cada cual mejorara sus propias cuestiones.

Cada vez que teníamos una *convers(a)cción*, revisábamos sus sensaciones, progresos y dificultades. Las primeras dos semanas en las que no consiguió superar la vergüenza para poner en marcha su plan de acción, en ningún caso le exigí que cumpliera su compromiso, tampoco me sentí molesto o enfadado porque no lo hubiera hecho ni, por supuesto, le juzgué por no hacerlo. Al contrario, mi respuesta fue acompañarle en su proceso, reflexionar sobre su experiencia y sacar el aprendizaje necesario de la inacción para que pudiera seguir adelante: *¿qué te está costando?, ¿qué está siendo difícil?, ¿qué te está diciendo tu «saboteador»?, ¿cuál es el reto para ti?, ¿cómo te sientes?, ¿qué necesitas para poder ponerte en marcha?, ¿qué puedes hacer?, ¿qué necesitas modificar de tu plan?, ¿con quién puedes hablar?, ¿quién te puede ayudar?...*

Es precisamente en los momentos de duda y dificultad cuando surgen con fuerza las resistencias, miedos e inseguridades que nos bloquean y nos impiden salir de nuestra (mal llamada) «zona de confort». Así, en aquellos días de incertidumbre, volvimos a re-conectar de nuevo con la visión del jugador en la que él quería convertirse, con sus valores, fortalezas y capacidades; utilicé el reconocimiento y el respaldo y admiré su valentía para no conformarse con ser quien estaba siendo y atreverse a transformarse en quien podía ser.

Tres meses después, ese jugador compartió conmigo una emocionante experiencia para él. En un ejercicio de centros y remates en el que nunca había destacado, conectó dos espléndidos remates de cabeza que entraron como obuses en la portería. Debió ser tal la calidad y espectacularidad de los mismos, que todos sus compañeros rompieron en aplausos y gritos de admiración. Su mayor descubrimiento después de aquel momento sublime y aquellos meses de trabajo intenso y enfocado en un objetivo específico, fue que ya no tenía miedo a defender en un corner o en una falta, ni a perder una disputa. Se sentía fuerte, liberado y con enormes ganas de seguir trabajando y mejorando ese y otros aspectos del juego. Había alcanzado su objetivo y ahora sentía que era capaz, que podía hacerlo, que le era posible transformarse en el jugador que quería y podía ser... y ya no quería parar. ¡Estaba «*on fire*»! Sin duda, su plan cumplía también con la última letra, quizá la más importante, *(A)tractivo*, pues su protagonista estaba deseando hacerlo, la única manera de que cualquier plan sirva a su propósito.

> *«El pájaro no canta porque es feliz, sino que es feliz porque canta».*
>
> WILLIAM JAMES

Hay muchos deportistas y entrenadores que han dejado de cantar esperando que les entren ganas de cantar. Como nos recuerda Alfonso Alcántara (@Yoriento), está muy bien y es muy fácil decir «cambia de actitud»... pero no funciona. Nuestras actitudes forman parte de nosotros y de lo que hemos vivido. La única forma de cambiarlas, muy poco a poco, es cambiar la forma en la que vivimos, modificando y planificando nuestra vida con comportamientos sencillos y cotidianos que nos acercarán a la consecución de nuestros objetivos y metas, lo que hará que pensemos y nos sintamos de otra forma. Cualquier cambio de hábitos requiere organización, tiempo, esfuerzo y repetición. Lo que somos, lo que hacemos y cómo nos va, dependerá de cómo diseñemos nuestro propio plan de acción REMATA para avanzar, cada uno a nuestro ritmo, en la dirección y el sentido que nos indiquen nuestros sueños.

Aprendizaje natural

Una de las tareas que nuestro deportista del ejemplo incluyó también en su plan REMATA fue imitar el modelo de grandes defensas poderosos en el juego aéreo. Roberto Fabián Ayala, central argentino del Milán y Valencia, de pequeña estatura pero con un dominio espectacular del juego aéreo, fue uno de los elegidos, así como el mexicano Rafa Márquez, otro central de similares características. Para conseguirlo, debía buscar y descargar acciones, partidos e imágenes suyas de la Red y observarlas atentamente muchas veces pues, para el cuerpo, que es quien realmente aprende, sabe y ejecuta los movimientos, una imagen vale más que mil palabras. De hecho, el cuerpo aprende observando lo que hacen otros y haciendo las cosas él mismo. Lo que hace en realidad es concentrarse en las imágenes, sin pensar, absorbiendo toda la información intangible que hay en ellas, para llevarla seguidamente a la práctica, sin intervención de la mente pensante ni control o esfuerzo aparente.

Nuestro cuerpo no necesita instrucciones, ni largas explicaciones técnicas para mejorar un movimiento o una acción técnica. De hecho, no las entiende. Es como si a un niño que está gateando le explicas cómo tiene que hacer para comenzar a andar. El lenguaje propio del cuerpo para desarrollar su aprendizaje natural no son las palabras, sino las imágenes y la experiencia. Aprende practicando y con imágenes visuales y sensoriales. Él solo, con la ayuda de un *feedback* adecuado, es capaz de corregir sus errores hasta perfeccionar y automatizar cualquier movimiento. Nuestro cuerpo es una máquina milagrosa que merece mucha más confianza y respeto, y menos interferencias por parte de una mente controladora que cree que sabe mucho más de lo que realmente sabe.

Cuando era futbolista, me costaba tanto dormir después de los partidos que por las noches veía fútbol de la liga argentina, grababa resúmenes y partidos para fijarme en algunos jugadores de los que admiraba aspectos muy concretos de su juego. Por ejemplo, el golpeo de Ronald Koeman me tenía enamorado. Observaba especialmente su técnica de golpeo con el empeine total y con el empeine interior, sus desplazamientos diagonales con el balón volando sin dar un solo giro (casi se podían ver las costuras) a gran velocidad y con la altura justa para dar toda la ventaja al delantero. Era un espectáculo. Repetía los golpeos en vídeo a cámara lenta hasta diseccionar cada movimiento. Recuerdo un golpeo que analicé multitud de veces, un gol de falta en el Camp Nou. Un lanzamiento tremendo, al palo del portero, con el empeine interior, con una potencia y precisión descomunales, absolutamente inalcanzable para el guardameta.

En cada entrenamiento dedicaba un tiempo a practicar esos golpeos que mi mente inconsciente había diseccionado, recogiendo toda la información relevante que luego mi cuerpo se encargaba de tratar de ejecutar, corrigiendo poco a poco la técnica, hasta alcanzar un grado de excelencia notable en esa acción en concreto. Lo cierto es que cuando le damos a nuestro cuerpo una clara imagen visual de lo que queremos conseguir, solo nos queda decirle, como nos apuntaba Tim Gallwey, «haz todo lo que tengas que hacer para lograr esta imagen» y, si le dejamos hacerlo, él puede conseguirlo.

Cuando nuestro protagonista de la dinámica de la RVD practicaba sus ejercicios para mejorar el juego aéreo, solo tenía una instrucción: no juzgarse ni culparse por los errores. Debía confiar en su cuerpo, sentirlo, estar muy presente, no pensar y dejar que ocurriera. Debía confiar en que, poco a poco y aplicando su plan, su cuerpo iría calibrando y coordinando mejor las trayectorias, los saltos, los contactos y las disputas. Debía tener fe en que su cuerpo aprendería a hacerlo y, sencillamente, debía dejar que pasara.... Así o hizo. Y pasó.

«Jugar por jugar»

Llegué a Lezama (categorías inferiores del Athletic Club) con 10 años e inmediatamente, me colocaron de lateral derecho. Yo venía de meter goles (a cientos) en el colegio, en la calle y en todas partes. Por supuesto, jugaba de todo, quería tener siempre el balón, era un «chupón» (que se decía en mi época) y «me las fumaba» todas que dicen ahora los chavales. De lateral me aburría mortalmente, (¡quién quiere jugar con 10 años de lateral derecho!) Competíamos en Fútbol-11, ganábamos siempre por goleada y yo tocaba 10 balones por partido. Se trataba de un sistema de competición absurdo que, en lugar de adaptar el fútbol a la medida del niño, obligaba a los más jóvenes a adaptarse a las exigencias del fútbol adulto.

Los grandes jugadores de otras épocas dicen que antes se aprendía a jugar en la calle y que entonces, jugar, era lo más importante, lo único. El fútbol, un juego complejo, no se basaba en la repetición de ejercicios analíticos con el único objetivo de mejorar aspectos técnicos, sino que, a través del juego, se mejoraban continuamente la percepción, la toma de decisiones y la ejecución de la acción técnica más adecuada. *Jugando, aprendíamos a jugar y a entender el juego.* Se respetaba el aprendizaje natural, ese que hace que nuestro cuerpo, como la máquina perfecta e incomparable que es, dé forma inconsciente, aprenda rápidamente sin necesidad de un manual de instrucciones, para no olvidar jamás lo aprendido.

Creábamos nuestros propios juegos y reglas. Si había pocos jugadores se jugaba sin portero y con porterías pequeñas; si venían más, se movían hacia atrás los jerséis que hacían las veces de postes o se hacían más grandes las porterías; si había poco espacio o este era insuficiente para jugar en dos porterías, se jugaba en una «a gol-portero», o «a centros y remates». Sin saberlo, nos obligábamos continuamente a adaptarnos, buscando nuevas soluciones para expresar nuestra creatividad y espontaneidad en un entorno lúdico, totalmente ajeno a las exigencias estresantes de las competiciones oficiales del fútbol y de su reglamentación para adultos. Por supuesto, jugábamos de todo y en todas las posiciones. Arriesgábamos, haciendo cosas que no dominábamos bien, sin miedo a cometer errores y a perder el balón. Y, sobre todo, nos divertíamos mucho, porque solamente quien disfruta jugando puede ser creativo. Los partidos no acababan nunca y no había árbitro, no era necesario, ni, desde luego, tampoco entrenador. Así, jugando, aprendíamos a jugar, a ganar y a perder.

La vigilancia excesiva, las instrucciones constantes, el control riguroso y la corrección permanente nos desconectan de la experiencia, generando una sensación de falta de libertad y opresión que nos limita y aburre. Antes solamente teníamos el fútbol (casi), mientras que hoy abundan por doquier multitud de formas de ocio, diversión y entretenimiento para los más jóvenes. Si no disfrutan entrenando y jugando, antes o después desertarán del fútbol... y de cualquier deporte. Lo que hacíamos —sin por supuesto saberlo—, era disfrutar de experiencias autotélicas, tal y como las define Mihály Csikszentmihalyi en su libro *Flow*. El famoso autor se refiere a actividades que tienen un fin en sí mismas y que no se realizan para obtener un beneficio futuro, sino simplemente porque el mero hecho de hacerlas es la recompensa. En ese momento de «fluidez», solamente prestábamos atención a la actividad y disfrutábamos de momentos especiales en los que el tiempo adquiría otra dimensión, hasta casi desaparecer. Podíamos pasar horas jugando sin parar, hacerse de noche, olvidarnos de comer o merendar, nada de eso era importante. Solo jugar, totalmente conectados al juego, sin pensar, porque es precisamente cuando prestamos atención a las posibles consecuencias del juego, a su resultado, cuando inmediatamente dejamos de fluir. Se acaban la diversión y la magia.

Andrés Iniesta, tras ser proclamado MVP de la Eurocopa 2012, fue cuestionado sobre si, tras ese reconocimiento, aspiraba a ganar el *Balón de oro*. Su respuesta fue concluyente: «Juego para ser feliz, no para ganar 'balones de oro'». Jugar por jugar. Así eran las cosas en el fútbol de los niños y así deberían seguir siendo[19].

Práctica inteligente

> *«Mi objetivo es mejorar cada día, en cada práctica.*
> *Para irme tranquilo a casa necesito sentir que soy mejor*
> *jugador en algo... en lo que haya entrenado específicamente*
> *ese día, pero tengo que sentir que soy mejor».*
>
> RAFA NADAL

---

19   Artículo publicado en el diario *El Correo*, en enero del 2007.

La «práctica inteligente» es un concepto sobre el que reflexiona Daniel Goleman en su libro *Focus* y que desmonta el mito de las 10 000 horas de práctica necesarias para que alguien se pueda convertir en experto en cualquier actividad, ya sea jugar al ajedrez, tocar el violín o practicar cualquier deporte. Goleman sostiene que no es la práctica, sino la «práctica inteligente» lo que acerca a la excelencia a su protagonista. De poco sirve repetir una y otra, mecánicamente, los mismos gestos o movimientos incorrectos, si no modificamos nuestra forma de ejecución. Para desarrollar una habilidad es preciso focalizar la atención sobre la acción específica que queramos mejorar. La práctica repetida nos permite transferir el control de una tarea que se realiza primeramente con esfuerzo deliberado, a ejecutarla finalmente sin esfuerzo y de forma natural. Y eso es precisamente lo que distingue a los aficionados de los expertos.

A un aficionado le basta con aprender a pegar unas bolas al golf o a devolver más o menos la pelota por encima de la red o, sencillamente, a disponer de la técnica suficiente para poder bajar esquiando por una pista de mediana dificultad. Digamos 30 horas de práctica para adquirir la habilidad mínima necesaria y poder disfrutar de la actividad. A partir de ahí, se siente satisfecho con sus capacidades y deja de concentrarse en la tarea, realizándola ya de forma rutinaria y sin esfuerzo. Pero quien desea alcanzar el grado de experto en cualquier disciplina o deporte, incluido el arte de liderar, nunca deja de prestar atención plena a su entrenamiento, está muy presente y se concentra activamente cada día en la tarea y en los detalles que debe perfeccionar, corrigiéndolos y ajustándolos continuamente. A los expertos les gusta tener cerca a alguien con experiencia (entrenador/*coach*) que les proporcione *feedback* sobre su ejecución y aspectos a mejorar para revisar, modificar y completar de forma permanente su propio plan de acción.

El deporte, por su propia naturaleza y, a diferencia de otros ámbitos de actividad, tiene la gran ventaja de poder utilizar el recurso del vídeo, una sensacional herramienta para ofrecer información neutra y objetiva, sin juicio ni opinión, a los deportistas. Bien utilizado, el vídeo es un excelente generador de *convers(a)cciones* que abren posibilidades para diseñar los planes de acción que faciliten su proceso de transformación. Lo importante aquí, como casi siempre, es cómo se utiliza la herramienta: nunca se debe usar para evaluar ni juzgar un comportamiento, sino para tomar consciencia y descubrir nuevas posibilidades y áreas de mejora en las que ocuparse.

Recuerdo el día en que uno de nuestros alumnos, actualmente integrado en el cuerpo técnico de un prestigioso entrenador de fútbol, compartió apenado con el grupo lo que consideraba había sido un grave error con fatales consecuencias para su equipo. Él era responsable de vídeo y editaba los cortes de los equipos contrarios antes de cada partido. Le dedicaba muchas horas al montaje de cada pieza, pues era un apasionado de su trabajo, y diseccionaba muchos partidos para seleccionar siempre las mejores acciones y jugadas de cada uno de los futbolistas del equipo contrario. Aquel día se reconoció como el gran culpable de la delicada situación clasificatoria de su equipo, pues acababa de tomar consciencia de que el impacto que tenían en sus jugadores las piezas de vídeo que preparaba, era profundamente desmoralizador, ya que hacía que cada rival pareciera el mejor del mundo en su puesto, lo que generaba desconfianza, inseguridad e impotencia en sus propios jugadores. La herramienta era excelente, pero el uso, al parecer, inadecuado.

Cuando planteamos el vídeo para dar *feedback* a un deportista, por ejemplo a un portero que está teniendo dificultades en el juego aéreo, tenemos que evitar en todo momento que se sienta ridículo o avergonzado por su error; al contrario, le animaremos a reconocerlo, a hacerse su amigo, a aceptarlo y a quitarle peso y trascendencia, pues solamente así podrá acceder al auténtico aprendizaje que trae consigo equivocarse. Para ello, lo único que haremos será ofrecerle las imágenes, sin valoración alguna, que ilustran aquello sobre lo que queremos que tome consciencia. Una vez más, preguntaremos:

¿Cómo te ves en esta jugada?, ¿cómo te sientes ahí?, ¿qué te está diciendo tu «saboteador» en ese momento?, ¿qué necesita de ti esta jugada?, ¿qué crees que necesitan tus compañeros de ti aquí?, ¿cómo les podrías ayudar más?, ¿qué necesitas tú de ellos?, ¿qué te gustaría decirles?, ¿cómo sería atreverte a salir sin miedo a fallar?, ¿cómo sería ser un portero valiente en las salidas?, ¿de qué serías capaz?, ¿en quién te convertirías?, ¿cómo sería dominar el juego aéreo?, ¿qué sería distinto para ti?, ¿... y para tu equipo?, ¿cómo sería la confianza de tus compañeros?, ¿ y la tuya?, ¿cuál es el reto aquí para ti?... dime un portero que admires mucho en el juego aéreo... ¿qué te diría él?, ¿cómo crees que lo hace?, ¿qué crees que piensa?... ¿te gustaría trabajar este tema?, ¿qué crees que podríamos hacer esta semana sobre esta cuestión?... ¿y qué más?, ¿cómo podríamos hacerlo?, ¿qué necesitas de mí?, ¿cómo te puedo ayudar?, ¿cómo sabremos que estás mejorando?... ¿qué más te gustaría decir?...

Los expertos, los que consiguen desplegar su máximo potencial, disfrutan además intensamente practicando su actividad, buscando y afrontando cada día con ilusión un nuevo desafío que les obligue a aplicar y mejorar sus habilidades, lo que significa seguir hacia delante, avanzar y crecer. Conviene distinguir entre sentir *placer* y *disfrutar*; el primero es evanescente y no requiere concentración ni esfuerzo, pero solamente se disfruta cuando se afronta una situación o actividad retadora que te exige ser mejor. Los buenos saben bien que quien no mejora, empeora y disfrutan tanto de lo que hacen (que no es lo mismo que divertirse o sentir placer) que jamás dejan de aprender y crecer.

Mi *compromiso* con la *visión* personal del deportista o entrenador que quiero ser facilita mi **P**resencia en cada entrenamiento y me genera el *entusiasmo*, y la fuerza de voluntad que necesito para llevar adelante mi plan de acción. Estas podrían ser las tres claves de la práctica inteligente en cualquier disciplina... también en el liderazgo: compromiso, **P**resencia y planificación.

Liderazgo y compromiso

Se dice que en el año 335 a. C., al llegar a las costas de Fenicia, Alejandro Magno debió enfrentar una de sus más grandes batallas. Al desembarcar comprendió que los soldados enemigos superaban cinco veces en cantidad a su gran ejército. Sus hombres estaban atemorizados y desmotivados para enfrentar la lucha. Habían perdido la fe y se daban por derrotados. El miedo había acabado con aquellos guerreros invencibles. Alejandro Magno dio la orden de que fueran quemadas todas sus naves. Mientras los barcos se consumían en llamas y se hundían en el mar, reunió a sus hombres y les dijo: «Observen cómo se queman los barcos. Esa es la única razón por la que debemos vencer, ya que si no ganamos, no podremos volver a nuestros hogares y ninguno de nosotros podrá reunirse con sus familias nuevamente ni podrá abandonar esta tierra. Debemos salir victoriosos en esta batalla ya que solo hay un camino de vuelta y es por mar. Caballeros, cuando regresemos a casa lo haremos de la única forma posible, en los barcos de nuestros enemigos». El ejército de Alejandro Magno venció en aquella batalla y regresó a su tierra a bordo de los barcos conquistados al enemigo.

Un líder transformador de la realidad es alguien que se compromete, que se hace una promesa a sí mismo y la declara públicamente, creando desde ahí una nueva realidad donde antes solo había una posibilidad sin probabilidad. Para que una persona pueda transformarse en este tipo de líder, necesita identificar con qué se compromete, qué es irrenunciable para ella, qué es lo que da sentido a lo que hace, qué nuevo futuro quiere crear y para qué quiere hacerlo, pues solo así podrá sentirlo, vivirlo, transmitirlo y contagiarlo por todos los poros de su piel, con cada mirada y cada gesto, en cada *convers(a)cción* y en todo momento y lugar. Este compromiso es muy liberador y te pone en marcha para convertirte en la persona que sabes que puedes y quieres llegar a ser, independientemente de las condiciones que se den en cada momento, pues eres muy consciente de que tu compromiso no depende de las circunstancias, sino solamente de tu de-ci-sión.

Los mejores líderes no son aquéllos que esperan las oportunidades, sino quienes crean sus propias posibilidades y son capaces de mantener su *compromiso*, sobre todo frente a la adversidad. Es el compromiso firme con nuestra visión, propósito y valores lo que nos aleja del conformismo, de la mediocridad, del miedo, las excusas y las justificaciones que nos cierran posibilidades de acción y nos impiden avanzar ante los infortunios y desafíos que nos pone la vida. Es el compromiso con quien queremos ser lo que nos da la fuerza para perseverar, tomar decisiones difíciles y superar la adversidad conectando con el *energizol* que necesitamos para seguir adelante, superando «saboteadores», dificultades y retos, creciendo, brillando y siendo luz para otros, hasta alcanzar nuestra mejor versión... una y otra vez.

Compromiso colectivo

«Yo no estoy comprometido con ningún jugador. Lo estoy con los valores que compartimos, que hemos elegido y que nos definen».

Сноlо Simeone

El compromiso colectivo es un lugar de encuentro al que todos los integrantes del equipo están invitados, que trasciende a cada uno de ellos y les hace mejores. Como ya hemos comentado, comprometerse es una decisión personal, un fenómeno individual y el compromiso de un equipo se construye sumando el de cada uno de sus integrantes, lo que tiene un efecto absolutamente exponencial sobre el rendimiento colectivo. El compromiso se puede, se debe, trabajar. No se trata de esperar a ver si hay suerte y los resultados van acompañando para que un grupo se vaya transformando en *equipo*, sino que necesitamos ser proactivos y generar *convers(a)cciones* individuales y colectivas para co-crear entre todos la identidad del equipo que queremos ser definida por los valores que nos identifiquen, por sus comportamientos asociados y por una visión estimulante y compartida del equipo en el que queremos convertirnos. Estas son decisiones estratégicas que no se pueden imponer o, dicho de otra manera, que requieren de la adhesión y el acuerdo de quienes deben llevarlas a cabo, por lo que resulta conveniente que todos se sientan partícipes en la toma de decisiones que les afectarán directamente e influirán en su nivel de compromiso y, por lo tanto, en la calidad de los retos a los que el equipo puede aspirar.

Decíamos al principio del capítulo que el compromiso se demuestra y se fortalece en la adversidad. En el deporte (y en la vida), en cada temporada, llega el momento decisivo, a veces nos pilla por sorpresa, en el que la cosa se complica, en el que aumenta la presión y la dificultad es máxima, el *momento de la verdad* (curioso que se llame así), donde se ponen en juego los títulos, los *play offs*, las marcas personales, las clasificaciones, los ascensos y los descensos... y es ahí cuando se requiere y se descubre a los deportistas y a lo equipos comprometidos. Quizá la victoria no, pero la gloria, la grandeza y los resultados extraordinarios sí que están exclusivamente reservados para ellos.

En ocasiones hacemos un ejercicio en el aula para trabajar la relación entre los diferentes estilos en la toma de decisiones del líder y el nivel de compromiso que cada uno de ellos genera. Para hacerlo proponemos como objetivo de la dinámica acordar, entre todos, dos valores que deberían estar muy presentes en un equipo de alto rendimiento. Para ello pedimos a cada uno de los participantes que piense en dos de sus valores individuales que considera esencial que estén presentes en ese equipo. Seguidamente, en pequeños grupos, cada uno debe compartir sus valores y les damos un tiempo reducido para que lleguen a un acuerdo eligiendo dos valores por grupo. Después, les vamos juntando en grupos más grandes con el mismo objetivo, compartir y acordar, hasta que finalmente todos vuelven al grupo completo para llegar a un acuerdo definitivo.

Tras 20 minutos de acalorada discusión en la que cada cual intenta convencer a los demás de las bondades de los valores elegidos por su grupo, al informarles de que queda un minuto para cerrar la dinámica, deciden someter cada valor a votación y elegir los dos «ganadores» por mayoría. Es un sistema de toma de decisiones legitimo en un equipo pero que, aunque todos acepten el resultado, no genera necesariamente el compromiso de las personas que han «perdido».

La prueba palpable de que esto es así la tenemos con la «cata del proceso» que hacemos al finalizar el ejercicio. Ponemos seis preguntas en la pizarra y damos seis pegatinas a cada uno de los participantes para que puntúen de uno a cinco su nivel de satisfacción en cada una de las cuestiones: *me he sentido escuchado (0, nada escuchado; 5, totalmente escuchado), siento que todos se han sentido escuchados, me he sentido comprendido, siento que todos se han sentido comprendidos, me siento comprometido con la decisión,* siento que todos están comprometidos con la decisión. Es muy elocuente la imagen que generalmente queda reflejada en la pizarra. Se pone en evidencia que hay demasiados integrantes del grupo que no se han sentido escuchados, ni comprendidos y, mucho menos, se sienten comprometidos con el resultado. Con la decisión aprobada por mayoría acabamos de dejarles fuera del barco, (error), pues cuando se desate la tormenta (que siempre llega), necesitarás a todos a bordo.

Consenso

Quien facilita una *convers(a)cción* para alcanzar un consenso debe prestar máxima atención al proceso y no solo al resultado. Eso significa que el líder necesita crear un espacio en el que todos se sientan seguros para poder participar y en el que cada uno de ellos se sienta escuchado y comprendido. Es decir, que cuando alguien exprese una opinión o defienda un valor, no pases sin más al siguiente sino que demuestra curiosidad verdadera y continúa preguntándole o profundizando algo más sobre lo que está diciendo. Que tenga espacio para expresarse, sin juicio y sin crítica, que le hagas visible y sienta que realmente puede influir en la decisión.

Una vez que se haya debatido y que todos hayan opinado y defendido sus elecciones o sus criterios, puedes hacer un sondeo a mano alzada que, a diferencia de una votación, no tiene carácter definitivo, sino meramente informativo de cómo están las cosas. A partir de ahí, después del sondeo, necesitas centrar tu atención en la minoría, en los que han «perdido». Los que han «ganado» ya sabes que están comprometidos con la opción que se ha elegido. Lo que necesitas ahora es que los demás también puedan comprometerse con ella. Para ello, les puedes preguntar a cada uno: «¿qué necesitas para poder comprometerte con esta decisión?, ¿cómo te podemos ayudar?, ¿qué echas de menos?, ¿qué te falta para poder hacerla tuya?»... Una vez más, queremos que se sientan valorados, reconocidos e importantes.... ¡porque lo son!, Aunque su opción no haya sido la elegida, queremos que sientan que sí está presente en el equipo pues, tras haberla expresado y defendido, los demás ya saben que ellos la representan y que, por supuesto, también aporta valor al grupo.

Pactar también es aprender a tomar algunas decisiones por consenso que nos harán ser dignos de confianza y merecedores del compromiso de nuestros jugadores, sin buscar la unanimidad, pues no es necesario que todos estén de acuerdo, sino que, habiendo una opción mayoritaria, los integrantes de la minoría, después de haberse sentido escuchados, comprendidos y haber podido participar en la *convers(a)cci*ón, puedan responder con un sí rotundo a la pregunta: «¿puedes vivir con esta decisión?» El líder necesita trabajar para integrarles y para darles voz pues sabe que, para alcanzar los grandes retos y resultados extraordinarios a los aspira, necesitará alinear el compromiso individual de todos y cada uno de sus integrantes al servicio de una visión inspiradora y compartida por todos.

Propósito y visión

«Que todo cuanto hagas sea hecho como si pudieras marcar una diferencia».

WILLIAM JAMES

No podemos cerrar este capítulo sobre el compromiso, ni tampoco este libro, sin referirnos a la visión y al propósito personal que cada uno de nosotros necesita descubrir para vivir una vida con sentido. Resulta muy complicado involucrarse en un proceso transformador sin saber qué es lo que quiero conseguir, para qué quiero hacerlo, qué futuro quiero crear para mí y para mi equipo y en quién necesito convertirme para alcanzarlo.

El *propósito* es como la brújula que me aporta orientación y sentido, acompañándome en cada momento en esta prodigiosa aventura de vivir, respondiendo a los motivos para los que estamos aquí y dan sentido a nuestra vida. «¿Para qué hago este trabajo?, ¿para qué soy entrenador?, ¿para qué me levanto cada día?, ¿cuál es mi contribución?»… No se trata de algo a lo que aspirar, un lugar al que llegar o una meta que esté fuera de nuestro alcance. El propósito de cada uno, al igual que nuestros valores más profundos y nuestra visión, ya está en nuestro interior esperando a ser desvelado. Tan solo necesitamos hacerlo consciente, ponerle palabras y declararlo.

La visión, por otra parte, es como el faro que ilumina mi camino y necesito que sea grande y poderoso para que, aunque en ocasiones esté fuera de rumbo, no lo pierda nunca de vista durante la travesía. Es la expresión más profunda de mi futuro deseado que debe contener no solo los objetivos y las metas a los que aspiro en el deporte, en el trabajo, en la familia o en cualquier otro ámbito sino, sobre todo, quién me comprometo a ser, desde hoy, para alcanzarlo. Una visión realmente inspiradora implica un profundo compromiso personal para crear un nuevo futuro posible, para mí y para mis seguidores, y se convierte así en la *razón de ser* de mi vida.

Para poder diseñar una *visión* ardiente que tire con fuerza de mí, además de clarificar e identificar mis *valores* auténticos (Capítulo «**P**otenciar»), resulta necesario definir y declarar mi *propósito*.

Trabajando mi propósito

> *«Existen tres tipos de vidas felices. La forma más rutinaria, con la que la mayor parte de la gente identifica la felicidad, es la «vida placentera», en la que el individuo busca lo que le gratifica, lo que le da placer y cultiva las emociones positivas. La segunda es la «buena vida» de Aristóteles, donde lo que cuenta es disfrutar con lo que haces, en el trabajo, en el amor o en el tiempo libre, hasta que te dejas absorber y eres uno con lo que estás haciendo (estado de flow). La tercera es la «vida con sentido», con un Propósito, en la que pones tu talento al servicio de los demás, es una forma de contribución, donde formas parte de algo que es mucho mayor que tú. Esta es realmente la felicidad más auténtica y profunda».*

Martin Seligman

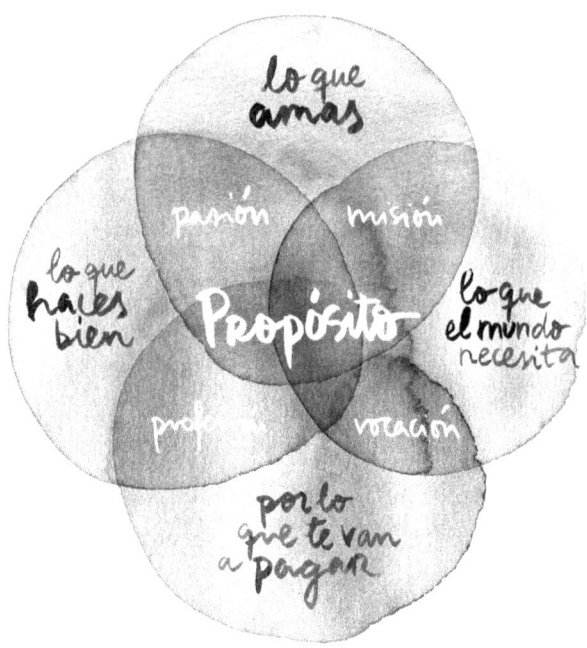

Esta sugerente imagen de Andrés Zuzunaga nos ayuda a representar gráficamente dónde se esconde el propósito personal de cada uno y por qué no es sencillo de descifrar. Está ahí, poco accesible, en una compleja intersección de caminos y requiere de un apasionante proceso de auto descubrimiento para comenzar a ser desvelado. Sin duda, trabajar el *propósito* y la *visión* necesita de espacio y tiempo apropiados para reflexionar en profundidad sobre estas cuestiones y, posiblemente, el acompañamiento de alguien competente que te ayude a avanzar por el sendero, un socio facilitador del aprendizaje, un *coach*. Si no dispones de uno, me ofrezco de nuevo voluntario para compartir contigo esta parte del camino. Necesitarás volver a coger lápiz y papel...

Una vez más, te propongo preguntas potentes que busquen dentro de tu «bellota» enfocadas en cada uno de los cuatro grandes círculos que se plantean en el dibujo *(lo que amas, lo que haces bien, por lo que te van a pagar y lo que el mundo necesita)*. Tu propósito, aquello que dará significado a todo lo que hagas y te acercará a la persona que en esencia eres, independientemente de la actividad o del ámbito en el que te encuentres en cada momento, se oculta ahí, en el punto intermedio que une tu *misión*, tu *profesión*, tu *vocación* y tu *pasión*. Ahí van algunas preguntas:

Lo que amas

¿Cuál era el sueño que tenías de niño?, ¿qué era lo que te emocionaba de ese sueño?, ¿y del de hace 10 años?, ¿cuál es tu sueño ahora?, ¿qué tienen en común?, ¿qué pensamiento te hace levantarte feliz cada mañana?, ¿qué te hace madrugar y saltar de la cama?, ¿cuándo fue la última vez que te sentiste feliz?, ¿qué hacías?, ¿quién estaba contigo?, ¿qué te apasiona hacer?, ¿cuál es tu mayor hobby?, ¿qué es lo que te encanta de ese hobby?, ¿a quién admiras mucho?, ¿qué es lo que más te gusta y reconoces de las personas que admiras?, ¿cuáles son los valores que las definen?, ¿qué tienen en común?, ¿quién te inspira para hacer las cosas (autores, mentores, amigos, familiares...?, si tuvieras que volver a estudiar, ¿qué harías?, ¿qué te gusta aprender?, ¿qué te gusta leer?, ¿qué tipo de películas disfrutas más?, si pudieras elegir otra profesión, ¿cuál sería y por qué?, si tuvieras 6 000€ de sueldo vitalicio, ¿a qué te dedicarías?, ¿qué harías aunque no te pagaran?, ¿qué es realmente importante para ti?, ¿qué es lo que realmente quieres?...

Lo que haces bien

¿Qué es eso único y original que sabes hacer?, ¿en qué tres cosas crees que eres bueno?, ¿en qué tres cosas te dicen tus amigos/familiares que destacas?, ¿qué tienen en común?, ¿qué cosas disfrutas mucho haciendo?, ¿con qué actividades se te pasa el tiempo volando?, cuando te piden ayuda para algo, ¿para qué suele ser?, ¿qué es lo mejor que tienes para ofrecer a los demás?, ¿qué haces para ayudar a las personas que te importan?, ¿qué impacto tienes en ellas?, ¿cuál querrías tener?, ¿qué habilidades tienes que te hayan servido para desarrollarte en trabajos o actividades anteriores?, ¿qué 5 situaciones has vivido en el pasado de las que estás muy orgulloso?, ¿qué hiciste en aquellas ocasiones?, ¿cómo lo hiciste?, ¿qué tienen en común?, ¿quién fuiste en aquellos momentos tan especiales de tu vida?, ¿qué es el éxito para ti?, ¿cuál ha sido tu mayor éxito en este sentido?, cuando tengas 90 años y mires hacia atrás profundamente agradecido y feliz con la vida que has vivido, ¿cuál sería el logro que te habría hecho sentir más orgulloso?...

Lo que el mundo necesita

¿Qué cosas te preocupan de tu entorno?, ¿cómo es el entorno medio ambiental que deseas para los tuyos?, ¿cómo es el entorno social que querrías para tu familia?, ¿qué nivel económico es suficiente para ti? y, de las tres cosas anteriores, ¿qué desearías para la gente de tu entorno?, ¿y para tu pueblo?, ¿y para tu país?, ¿y para el resto del mundo?, ¿qué necesita el mundo de ti?, ¿qué te gustaría cambiar en el mundo?, ¿y en tu mundo? ¿cómo podrías contribuir a mejorarlo?, ¿en qué contexto?, ¿de qué manera?, ¿para quién/es podrías ser luz?, ¿haciendo qué?, ¿qué es lo mejor que tienes para ofrecer a los demás?, ¿cómo podrías aportar valor?, ¿cómo podrías aportar felicidad?, ¿cuál te gustaría que fuera tu legado?, ¿cómo quieres que se te recuerde?, si pudieras hacer una sola cosa para mejorar el mundo, ¿qué harías?, ¿cuánto de satisfecho estarías el día siguiente?, ¿y el mes siguiente?, ¿y el año siguiente? ¿qué te gustaría contarles a tus nietos?, si la vida de los tuyos dependiera de esa decisión (la de mejorar el mundo), qué más podrías hacer?, ¿cuál sería tu límite?, ¿cuál está siendo tu contribución al deporte /equipo / familia/ empresa/ comunidad...? y ¿cuál podría ser?

Por lo que te pagan

¿Qué es lo que más te apasiona de tu trabajo?, ¿dónde marcas la diferencia?, ¿en qué eres muy bueno?, ¿cuál es tu impacto, hacia adentro y hacia afuera, en tu entorno laboral?, ¿cómo te perciben?, ¿qué dicen de ti?, ¿en qué dicen que eres bueno?, ¿cuáles son tus áreas de mejora?, ¿dónde aportas más valor?, ¿qué es lo que mejor haces?, ¿qué es lo que más te gusta hacer?, ¿prefieres trabajar por tu cuenta, ser empleado o emprendedor?, ¿cómo es trabajar en equipo para ti?, ¿qué te gusta de tus compañeros?, ¿qué es difícil?, ¿qué aprendes con ellos?, ¿y de ellos?, ¿cómo es ayudar/integrar a los nuevos?, ¿cómo te sientes con los éxitos de tus compañeros?, ¿y con los tuyos? ¿qué necesitarías para disfrutar más de tu trabajo?, ¿qué podrías hacer?, ¿cómo sería conseguirlo?, ¿qué sería diferente?, ¿qué sería mejor?, ¿cuál es tu contribución actual, a través de tu trabajo, para hacer un mundo mejor?, ¿cuál podría ser?, ¿en qué trabajarías aunque no te pagaran?, ¿cómo marcarías una diferencia en ese trabajo?, ¿en qué serías especialmente bueno?, ¿qué habilidades o capacidades tuyas estarías aplicando?...

Una noche Nasrudín se encontraba dando vueltas alrededor de una farola y mirando al suelo cuando se le acercó un vecino y le preguntó:

–¿Qué estás haciendo?

–Estoy buscando mi llave –respondió Nasrudín. El vecino se quedó con él para ayudarle a buscar. Después de un rato, pasó otra vecina:

–¿Qué estáis haciendo? –les preguntó.

–Estamos buscando la llave de Nasrudín.

Ella también quiso ayudarles y se puso a buscar. Más tarde, un tercer vecino se unió a ellos y juntos buscaron y buscaron. Tras un largo rato buscando, finalmente se cansaron de hacerlo. Un vecino preguntó entonces:

–Nasrudín, hemos buscado tu llave durante mucho tiempo, ¿estás seguro de haberla perdido en este lugar?

–No –contestó Nasrudín.

–¿Dónde la perdiste, pues?

–Allí, en mi casa –respondió.

–Entonces, ¿por qué la estamos buscando aquí?

–Pues porque aquí hay más luz y mi casa está muy oscura –respondió Nasrudín.

Sé que las preguntas anteriores no son sencillas y que seguramente pensarás que no tienes respuesta para muchas de ellas. No te preocupes. Es lo normal. Calma. Yo también sigo buscando, sigo haciéndome preguntas y estoy alerta para descubrir e interpretar las pistas que continuamente van apareciendo por el camino. No aspiro a que encuentres tu propósito respondiendo apresuradamente a algunas de las cuestiones que te planteo; lo que sí espero es que te ayuden a entender que tendrás mejores posibilidades de acercarte a desvelarlo si, a diferencia de Nasrudín, te decides a buscar en el lugar apropiado: dentro de tu casa, dentro de tu «bellota», dentro de ti.

Declaración del propósito

Apoyado en las preguntas anteriores, según vas mirando hacia adentro en búsqueda de respuestas, vete tomando nota de algunas palabras, imágenes, símbolos o frases que te aportan algo de luz sobre las cuestiones planteadas. Cuando hayas acabado, revisa tus apuntes e identifica elementos y patrones que se repiten, observa cuál puede ser un común denominador de todos ellos, cuáles son las habilidades, valores y capacidades que aparecen una y otra vez en tus reflexiones y comienza a jugar con las palabras, a agruparlas, hasta poder sintetizarlo todo en una, o en unas pocas frases.

Necesitamos que la declaración de «tu propósito» sea una frase poderosa, rebosante de significado y sentido para ti, personalizada y tuneada, que puedas anclar con fuerza en tu corazón y que siempre esté presente e ilumine tus decisiones, que te aporte serenidad, alegría y claridad, que te conecte de inmediato con tu identidad más profunda y con tu necesidad de pertenecer y aportar valor a algo mucho grande y trascendente que tú.

Una forma significativa que te ofrezco para formular tu propósito es mediante un protocolo que divide esa frase declarativa en dos partes diferenciadas. La primera hace referencia a quién soy en esencia, a mi mejor versión, a lo mejor que tengo y a mis valores auténticos, y es tan inmensa que resulta complicado resumirla en pocas palabras, por lo que recurriremos de nuevo a las metáforas.... imágenes o símbolos que nos permiten conectar más profundamente con significados complejos como el que buscamos aquí y que no somos capaces de expresar con facilidad. Haciéndolo así, conseguiremos recoger toda esa sabiduría interna sobre quiénes somos en un puñado de palabras resonantes y repletas de sentido para nosotros.

La segunda parte de la declaración hace referencia a qué es lo que tengo para ofrecer desde mi naturaleza única y valiosa, respondiendo al «para qué» estoy aquí y a cuál es mi contribución para hacer un mundo mejor. La frase completa de la declaración del propósito podría tener esta forma:

«Soy (metáfora) que (contribución)»

Con el permiso de sus legítimos propietarios, alumnos y clientes, comparto contigo algunas declaraciones de propósitos, altamente inspiradoras para cada uno de ellos, y en cuyo proceso de descubrimiento y formulación tuve el gran privilegio de participar. Entiendo que así, descontextualizadas, quizá puedan sonarte algo frívolas, más como un eslogan publicitario que como un propósito de vida, pero te pido que no las juzgues, que comprendas que surgieron tras un profundo trabajo de introspección individual y que sepas que rebosan de contenido y sentido para sus autores:

«Soy la sonrisa que hace creer», «soy el mar que da calma y bravura», «soy el cóctel que aporta alegría y libertad», «soy el delfín que te acompaña en tu travesía», «soy el motor que transmite fuerza y energía», «soy la roca que lidera desde el silencio», «soy el faro que nunca se apaga», «soy el amigo que cree en ti», «soy chocolate que crea momentos de intensa presencia», «soy el aprendiz curioso que te invita a descubrir», «soy la brisa que te lleva a la calma», «soy la sonrisa que te abraza», «soy el pilar en el que puedes apoyarte», «soy la luz que te ayuda a brillar», «soy el caminante que te acompaña en el sendero», «soy el río que te empapa de vida», «soy la mirada que te hace visible«, «soy la constancia que cautiva y te impulsa hacia tus sueños», «soy la ola que te ayuda a crecer», «soy el valle al que regresar», «soy el mar en calma que refleja tu esencia en libertad», «soy el trueno que te ayuda a creer»... Aprovecho este momento para compartir contigo mi propio propósito que también me ha guiado, acompañado e impulsado en la elaboración y publicación de este libro:

«Soy una estrella fugaz que alumbra propósitos».

Descubrir, identificar, declarar y alinearte con tu propósito te pone en el camino para vivir una vida con sentido.

Trabajando «mi visión»

Si quieres que tu equipo sea valiente, atrévete tú; si quieres que sea alegre, muestra entusiasmo; si quieres que sea intenso, contágiale tu energía; si quieres que tenga respeto, muéstraselo tú; si quieres que actúe con nobleza, sé tú su ejemplo; si quieres que te escuche, hazlo tú primero; si quieres que confíe en ti, cree tú en ellos antes... si quieres que mejore, ¡mejora tú!... ¡Conviértete en lo que quieres sea tu equipo!

Cuenta la leyenda (adaptada) que en la construcción del viejo estadio de San Mamés, reconocido como la catedral del fútbol, hubo una vez tres albañiles trabajando en la obra. Preguntado el primero de ellos sobre qué estaba haciendo, respondió malhumorado y agotado que estaba poniendo ladrillos. El segundo, aburrido y desmotivado, dijo que levantando una pared y, cuando el tercero fue cuestionado al respecto, miró hacia arriba y afirmó con orgullo, agradecimiento y entusiasmo, que estaba construyendo una catedral. ¡Realmente, los tres estaban haciendo lo mismo! Pero, mientras una tarea sin visión no es más que un trabajo pesado, una visión con tarea es un sueño realizado.

Mi «visión personal» representa mi mejor versión, soy yo mismo en el futuro, pero plenamente conectado a mis valores esenciales, a lo que realmente quiero y a lo que es importante para mí en cada uno de los aspectos clave de mi vida. La visión me proyecta hacia adelante, hacia la persona, el padre, el entrenador, el deportista, el marido, el amigo... que sé que puedo ser y en quien quiero transformarme... ¡desde hoy! Para ello, puedes utilizar de nuevo el ejercicio de la Rueda de la Vida y completarla con los distintos apartados de tu vida que son importantes para ti y en los que deseas vivir conectado a tu mejor versión.

Necesitas coger de nuevo lápiz y papel. Haz un círculo y divídelo en 6 u 8 «quesitos». En cada uno de ellos escribe un aspecto de tu vida para el quieras diseñar una visión. A modo de ejemplo, te sugiero algunos: deporte, trabajo, amor, salud, ocio, dinero, desarrollo personal, familia, amigos, religión... De momento te pido que te centres solo en uno, en aquel que sientas que es más urgente para ti o, sencillamente, en el que más te apetezca trabajar en este momento. Más adelante puedes seguir completando los demás «quesitos» de la misma manera que este inicial y, finalmente, puedes hacer una síntesis para escribir y declarar tu visión personal recogiendo las frases más relevantes de cada uno de los aspectos de tu vida.

Antes de hacerlo, de redactar «tu visión», te ofrezco un ejemplo que quizá te pueda inspirar para escribir tu propio texto. Es la visión profesional que Xesco Espar compartió en su libro *Jugar con el corazón* y que definió así antes de comenzar a entrenar al primer equipo del FC Barcelona de balonmano: «Dirijo al equipo hacia una temporada extraordinaria con una energía ilimitada. ¡El estado «hiperenchufado» es mi estado mínimo! Disparo instantáneamente el rendimiento de mis jugadores encendiendo su motivación al máximo. Soy un ejemplo de altas aspiraciones, incluso de aspiraciones irreales. Confío en mis jugadores y ellos confían en mí. Estoy comprometido en darles constantemente referencias positivas para instalarles creencias de autoconfianza y poder personal. Encaro cada desafío con una actitud y un nivel de convicción asombrosos para alcanzar mi objetivo final: inspirar a la gente». Es una visión que recoge su propósito, sus *valores esenciales* y los que quiere transmitir a su equipo. Está escrita con pasión, optimismo y fe, reflejando en un puñado de frases resonantes el entrenador/líder que quiere llegar a ser y el impacto que quiere tener en sus jugadores/seguidores. Esa temporada, después de algunos años sin títulos, el club volvió a ganar la Champions.

> *«Si quieres construir un barco, no empieces por buscar*
> *madera, cortar tablas o distribuir el trabajo.*
> *Evoca primero en los hombres y mujeres el*
> *anhelo del mar libre y ancho».*
>
> ANTOINE DE SAINT EXUPÉRY *('La Ciudadela')*

Si diseñar y compartir una visión apasionada e inspiradora es imprescindible para liderar y mover a los demás, aún lo es más definir primero tu propia visión personal para liderarte a ti mismo, fortaleciendo tu compromiso ante las dificultades y la adversidad que sin duda aparecerán cuando te decidas a abandonar la seguridad de la costa y te atrevas a buscar nuevos horizontes para descubrir de qué eres capaz.

Una visión bien trabajada debe impulsarte a crecer y, para ello, necesitas que sea impactante, precisa, atractiva y muy resonante. No solo debes describir y crear un nuevo futuro posible (recuerda que el futuro es pura posibilidad), mucho más que un futuro predecible o algo mejorado respecto al presente, sino que debe expresarse con palabras cargadas de energía para que al recordar, recitar o revivir esas frases, te conecten de inmediato con todo lo que es importante para ti y con tu depósito de *energizol*. Ahora, si sientes que tu estado emocional es el adecuado, es decir, si verdaderamente quieres y te atreves a hacerlo, te ofrezco algunas preguntas que te ayudarán a redactar tu visión personal sobre ese aspecto de tu vida que has elegido. Tómate tu tiempo, reflexiona sobre cada una de ellas, siéntelas y escribe lo que vayas descubriendo.

¿Ya has elegido el aspecto de tu vida sobre el que quieres redactar tu visión?... Tómate un minuto para puntuar de 1 a 10 cuál es tu nivel de satisfacción actual en ese «quesito»... ¿Lo tienes?... ¡Ahí van las preguntas!

¿Cómo sería si fuera perfecto?, ¿cómo describirías un 10 en ese aspecto?, ¿quién estás siendo en un 10?, ¿qué está pasando ahí?, ¿qué estás haciendo/diciendo?, ¿cómo lo haces?, ¿cómo te sientes haciéndolo?, ¿qué valor/es tuyos estás viviendo intensamente?, ¿quién estás siendo?, ¿qué habilidades tuyas estás aplicando?, ¿cómo respondes ahí ante situaciones difíciles, estresantes y/o retadoras?, ¿qué efectos tiene en tus seguidores (jugadores, familia, colaboradores...)?, ¿a qué te estás atreviendo en un 10?, ¿de qué eres capaz ahí?, ¿cómo te perciben los demás?, ¿qué es posible en un 10?, ¿cuál es tu impacto?, ¿cómo te relacionas en un 10?, ¿cómo es tu comportamiento?, ¿en qué has mejorado notablemente?, ¿cómo te sientes ahí?, ¿cuál es tu estado de ánimo?, ¿cómo de conectado estás a tu propósito?

Recogiendo tus respuestas, redacta ahora tres o cuatro frases poderosas que dibujen el futuro que realmente deseas en ese apartado concreto, a seis meses vista, un año, dos, cinco... lo que tú consideres oportuno. Hazlo con palabras vitales y enérgicas, escribe en presente y en primera persona, con optimismo y convicción, sintiendo profundamente cada palabra que pones en el papel. Utiliza tu propio lenguaje y expresiones si fuera necesario. Cuando hayas acabado, lee en alto lo que has escrito y, si no estás sonriendo, emocionado y con tu corazón palpitando por lo que te acabas de plasmar en el papel, tacha y borra todo lo que no sea suficientemente resonante para ti. Vuelve a hacerlo, escribe otra vez, sintetiza, elimina las palabras huecas y vete a la esencia, sustituye verbos y adjetivos comunes por otros activos con más impacto y fuerza. Abre el diccionario, busca y rebusca sinónimos hasta encontrar las palabras apropiadas para ti, hasta que sientas que realmente eso es exactamente lo que quieres. Lo sabrás cuando lo leas, pues lo sentirás profundamente. Recuerda que el lenguaje crea la realidad. ¡Atrévete a diseñar un futuro posible para ti! ¡Piensa en grande ahora! ¡No te pongas límites! ¡Puedes hacerlo!

El poder de las *convers(a)cciones*

Los griegos, que también eran expertos en cuestiones relacionadas con el deporte y la actividad física –fíjate si sabían que hasta inventaron los JJ.OO.–, sostenían que, para que un deportista alcanzase la plenitud compitiendo a su máximo nivel, necesitaba entrenar y desarrollar sus cuatro facultades fundamentales. A saber: lógico-racional, fisio-motriz, ética y emocional.

Para explicarlo brevemente, aplicándolo al fútbol, podríamos decir que en la «facultad lógico-racional» se incluye la capacidad de entender el juego, la táctica, la estrategia, los modelos y sistemas y la técnica. En la «facultad fisio-motriz» incluimos todo lo que tiene relación con el cuerpo, la preparación física, la fisioterapia, la recuperación, la nutrición, el descanso...

Hasta aquí, mejor o peor, todos los clubes trabajan, con más o menos recursos. Un equipo de élite tendrá 10 o más profesionales en el *staff* para repartirse todas las tareas y un modesto equipo infantil de cualquier pueblo anónimo dispondrá de un entrenador-orquesta responsable de todo, pero en ambos casos se asume que trabajar estas dos facultades es fundamental para que un deportista esté en condiciones de ofrecer su mejor rendimiento. Las otras dos facultades (la ética y la emocional) se desarrollan de forma menos sistemática, o más intuitiva por decirlo de alguna manera... o, sencillamente, no se hace nada al respecto.

Extendiendo este modelo de las cuatro facultades más allá del deporte y adaptándolo a cualquier ámbito de actividad, podríamos decir que nuestras *convers(a)cciones* para acompañar a las personas a las que tenemos el honor de liderar, tal y como las hemos presentado a lo largo del libro, también se ajustan a esta propuesta de los griegos.

Hemos comenzado el viaje explorando la «facultad emocional», pues es ahí donde descubriremos qué es importante para la persona que tenemos delante, qué es lo que realmente quiere, qué le da energía y qué se la quita, quién está siendo, qué le emociona, qué le hace saltar de la cama por la mañana y qué tiene dentro de su «bellota» que la hace única y especial. Aquí aparecerá por primera vez su «saboteador», al que escucharemos y al que nos saltaremos reduciendo su poder y conectando con su «yo verdadero», que es mucho más que las etiquetas que le ponen. Aquí visualizará y sentirá en quién podría convertirse si se atreviera y qué sería posible hacer desde ahí mientras diseña una visión poderosa e inspiradora que tire con fuerza de ella hacia la persona que necesita ser y en la que puede transformarse para merecer los resultados extraordinarios que, ahora sí, está deseando alcanzar. Explorando esta facultad le ayudaremos a descubrir otras formas de interpretar y explicar su realidad, ofreciéndole gafas distintas para ver nuevas posibilidades hasta entonces inexploradas, aprenderá a reconocer y a expresar sus emociones, a transformar estados de ánimo y se cargará hasta arriba del *energizol* que necesita para ponerse en marcha en su imparable proceso de transformación.

Desde aquí, una vez elegido quién decido ser ante la situación o el reto que la vida me plantea, e inspirado por el sorprendente e inmenso regalo de mirar hacia dentro de mí y descubrir recursos que ni siquiera sabía que tenía hasta este momento, transitamos ahora hacia la «facultad ética» donde declaro mi compromiso, plenamente consciente y responsable para vivir más conectado a lo que realmente soy. Me comprometo con mis valores esenciales, con mi auténtica naturaleza, me comprometo a vivir más conectado a lo que realmente soy y a tenerlo mucho más presente en mis decisiones, mis respuestas, mis comportamientos, mis relaciones y mi vida.

Tras declararlo y elegir a qué digo SÍ y a qué digo NO, seguimos nuestro recorrido por las cuatro facultades, llegando hasta la «lógico-racional», que supone incorporar a nuestra mente al proceso (pues hasta el momento las tripas y el corazón habían sido las únicas protagonistas) para diseñar un plan de acción que me permita comenzar mi camino de transformación y aprendizaje. En esta parte de la *convers(a)cción* definiremos eficazmente cuáles son los objetivos que quiero conseguir, las habilidades que quiero desarrollar, la meta o el reto a alcanzar, pensaremos qué necesito aprender o desaprender, qué recursos tengo, en quién me puedo apoyar, cuánto tiempo puedo dedicar a las tareas que decida llevar a la práctica, cómo y cuándo lo voy a hacer, cómo puedo comprobar y demostrar que estoy alcanzado el objetivo... en definitiva, organizaremos y diseñaremos nuestro detallado plan REMATA.

Por último, tan solo nos queda pasar por la cuarta y decisiva facultad, denominada «fisio-motriz» en el modelo. Como ya sabemos, el final de toda *convers(a)cción* es pasar a la acción, que es donde realmente reside la esencia del cambio, la mejora y el crecimiento. «El único aprendizaje es la experiencia, todo lo demás es información» que decía Einstein. Es ahora, justo aquí, cuando en demasiadas ocasiones resuena la voz del... «¡saboteador!» Es en este momento clave cuando comienza a hablarte para persuadirte de que no es necesario que te expongas tanto, que no hace falta que te arriesgues. Te dice cosas como: «para qué vas a hacer eso»... «te vas a poner en ridículo»... «te van a ver»... «qué van a pensar»... «van a creer que vas de listo»... «tampoco estamos tan mal»... «mejor lo dejas para más adelante»... «no merece la pena»...»'no va a cambiar nada»... y otras cosas por el estilo. Es entonces cuando te paras y abandonas tu plan y, una vez más, él gana.

Es como cuando te apuntas al gimnasio a principios de año con las mejores intenciones y un mes después descubres que no has hecho lo que te habías propuesto, aunque cuando lo decidiste lo tenías clarísimo y estabas totalmente convencido de ello. Tu «facultad lógico-racional» entendía perfectamente que necesitabas comenzar a hacer deporte y cuidarte pero, a la hora de pasar a la acción... siempre aparece el «saboteador». Algo parecido pasa con las ansias de aprender idiomas después de las vacaciones. «De este año no pasa», te dices, te convences y te das argumentos de lo importante que es hablar inglés, y te apuntas a clase. Para navidades (como mucho) vuelves a descubrirte en un renuncio, ya no vas y te desapuntas. Pierdes el dinero y ¡te convences de que no vales!, de que siempre te pasa igual, de que es imposible, de que eres un desastre... y es que, «yo soy así». Una vez más, tu «saboteador» es quien se ha hecho con las riendas poniendo al descubierto la escasa valía de tu pobre compromiso surgido de la razón y no del corazón.

Alfonso Alcántara (@Yoriento) dice: «Pienses lo que pienses y te sientas como te sientas, haz lo que debes». Si has dedicado recursos, tiempo y esfuerzo a elaborar un plan que te acerque poco a poco a la persona, deportista, entrenador o profesional que quieres llegar a ser y que sientes que te conecta con lo que es realmente importante para ti, no puedes dejar que tu «saboteador» te detenga ahora. ¡Sigue adelante!... ¡Haz lo que debes!... ¡Cumple tu plan!... y ya valoraremos después qué ha pasado, cómo ha sido, qué has aprendido, qué ha funcionado, qué ves diferente ahora, cómo te sientes... ¡Pero hazlo!

A pesar de que también puede haber valiosos descubrimientos en la «no acción», para llegar al momento decisivo con posibilidades de éxito y dotar de sentido a nuestras *convers(a)cciones*, necesitamos haber completado previamente un excelente trabajo previo explorando la emoción y escuchando al corazón, que sabe y siente pero no habla, mientras silenciamos a la mente que habla sin saber y sin parar. Cuando lo hacemos así, cuando nos cargamos hasta arriba de *energizol* y conseguimos pasar a la acción cumpliendo nuestro plan, completamos un «círculo virtuoso», un giro completo por las cuatro facultades, que nos acerca un poquito más a nuestra visión, a la persona que realmente somos, más serenos, más conscientes, más valientes y más sabios. Más nosotros. Y así, seguimos haciendo y completando círculos y más círculos, pues todo proceso de transformación y cambio de hábitos requiere planificación, tiempo, esfuerzo y repetición. No es gratis, ni milagroso, ni fácil, ni inmediato... pero cuando se confía, se persevera, se mantiene el entusiasmo y el compromiso es auténtico, el poder de las *convers(a)cciones* puede ser mágico.

Pactar en 7 píldoras

1. **P**actar es pasar de la *obediencia*, una obligación provocada por el miedo a las consecuencias, al *compromiso*, una decisión personal que no se puede imponer ni exigir y que se descubre y fortalece en la adversidad. Comprometerse es decidir y elegir a qué digo «sí» y a qué digo «no».

2. **P**actar es co-crear la relación que quieres tener con tus seguidores, es diseñar un espacio de *convers(a)cción* generador de nuevas posibilidades, es animarles a co-responsabilizarse de las soluciones y los resultados, es dejar de imponer y ser cómplice de una posibilidad trascendente, de lo que todavía no es, a lo que podría llegar a ser... con tu ayuda.

3. Lo que somos, lo que hacemos y cómo nos va, dependerá de cómo planifiquemos y diseñemos nuestro propio plan de acción REMATA (Retador, Específico, Medible, Alcanzable, Temporal y Atractivo) para que avancemos, cada uno a su ritmo, en la dirección y sentido que indiquen nuestros sueños.

4. El líder necesita integrar a las minorías y darles voz para que cada uno de ellos se sienta escuchado, comprendido y valioso, hasta que todos puedan responder afirmativamente y sin dudas a la pregunta: «¿puedes vivir con esto?» **P**actar es aprender a tomar algunas decisiones por consenso que nos harán ser dignos de confianza y merecedores del compromiso de cada uno de nuestros seguidores.

5. El *propósito* es la brújula que nos aporta orientación respondiendo a los motivos para los que estamos aquí y que dan sentido a lo que hacemos. No se trata de algo a lo que aspirar, un lugar al que llegar o una meta que esté fuera de nuestro alcance. En realidad, el propósito de cada uno ya está en nuestro interior esperando a ser desvelado. Tan solo necesitamos hacerlo consciente, ponerle palabras y declararlo.

6. La *visión* es el faro que ilumina mi camino y la expresión más profunda de mi futuro deseado, que debe contener no solo los objetivos y las metas a los que aspiro en el deporte, en el trabajo, en la familia o en cualquier otro ámbito sino, sobre todo, quién me comprometo a ser, desde hoy, para alcanzarlo. Una visión realmente poderosa se convierte en «la razón de ser», un profundo compromiso personal para crear un nuevo futuro posible.

7. El líder transformador se compromete, se hace una promesa a sí mismo y la declara públicamente, eligiendo crear desde ahí una nueva realidad donde antes solo había posibilidad y poniéndose en marcha independientemente de la condiciones que se den en cada momento, pues es muy consciente de que su compromiso es una elección que no depende de las circunstancias, sino solamente de su decisión.

TU CARTA DE COMPROMISO

«El compromiso es una acción en el lenguaje que transforma una promesa en realidad. Es la palabra que habla con coraje de nuestras intenciones y son las acciones que hablan más alto que nuestras palabras. El compromiso es el material que forja nuestro carácter y es el poder para cambiar las cosas. Es el triunfo diario de la integridad sobre el escepticismo».

JIM SELMAN

Llegamos al final del libro que, ¡ojalá!, pueda ser el detonante de tu transformación, un catalizador que active tu nueva y mejorada versión, más consciente y responsable, con un montón de nuevas habilidades listas para aplicar de inmediato, actuando como el líder al servicio de las personas que has descubierto que puedes y quieres ser, muy conectado, ahora sí, con un propósito inspirador y con una visión desafiante del nuevo futuro que hoy mismo comienzas a crear.

Para acabar este viaje que hemos compartido, te quiero pedir que escribas una carta. Una carta de compromiso. Te reto a que lo hagas, la metas en un sobre y me la mandes por correo postal, no electrónico, a esta dirección (Calle Arenal 5, Dpto. 208. CP. 48005 Bilbao, Bizkaia, España). Será solo para tus ojos. Yo no la abriré, pero la custodiaré durante seis meses y me comprometo a devolvértela una vez pasado ese plazo. Lo que te estoy pidiendo con esta carta es que te hagas una promesa a ti mismo y que te la hagas ahora, conectado a tu naturaleza valiente y a tu depósito de *energizol*, y sin dejarte secuestrar en este decisivo momento por tus «saboteadores» que ahora mismo estarán haciendo ya su aparición («¡déjate de rollos!», «vaya estupidez», «no necesitamos esto», «¡cierra el libro ya!»...) intentando adueñarse de este «aquí y ahora». ¡Pasa de ellos!, sonríe... y comienza a escribir. Por última vez, te ofrezco lo mejor que tengo para ayudarte... ¡preguntas!

*¿Qué va a ser diferente a partir de ahora?... desde hoy, ¿qué vas a cambiar radicalmente?... ¿qué vas a hacer distinto concretamente?... ¿a qué te vas a atrever?... ¿qué te vas a permitir que no te estás dejando?... ¿cómo van a cambiar tu comportamiento y actitud?... ¿en qué, cómo y con quién van a mejorar tus relaciones?... ¿cómo será tu energía y tu entusiasmo?... ¿qué vas a hacer para mantenerlos?... ¿cómo van a ser a partir de ahora tus convers(a)cciones?... ¿cómo vas a escuchar?... ¿cómo será tu nivel de **P**resencia?... ¿y tus preguntas?... ¿cómo y con quiénes vas a aplicar la «mirada bellotera» y el reconocimiento?... ¿cómo será para ti creer antes de crear?... ¿qué etiquetas vas a quitar(te)?... ¿dónde, cuándo y con quién lo vas a hacer?... ¿cómo aplicarás la «escucha sublime» y la empatía?... ¿cuándo y con quién vas a atreverte a expresar emociones?... ¿y a sostenerlas?... ¿y a transformar estados de ánimo?... ¿con quién vas a aplicar la «rueda de la vida»?... ¿cómo será **P**actar, consensuar y atender a las minorías?... ¿qué harás diferente como líder al servicio de las personas sobre las que tienes responsabilidad e influencia?... ¿en quién te estarás convirtiendo?... ¿quién vas a ser?... ¿cómo vas a brillar y ser luz para otros?... ¿qué será posible para ti a partir de ahora?...*

Puedes responder solo a las preguntas que te impacten, o puedes olvidarte de todas ellas y escribir lo que te salga desde lo más profundo, lo que sientas que es «verdad» para ti y te genera el entusiasmo, la energía y la esperanza («la vida defendiéndose» que decía Julio Cortázar) para comenzar a planificar los pequeños cambios que servirán de base para consolidar tu gran transformación. Puede tratarse tanto de cuestiones referidas al *ser* como al *hacer* pero, por favor, si has llegado hasta aquí, haz un último esfuerzo y busca el espacio y el tiempo apropiados para poder hacerte este gran regalo.

.....

Puedes seguir adelante solamente si ya has escrito la carta... y sabes que no lo has hecho todavía.

.....

¡Vuelve hacia atrás!... ¡Lee las preguntas!... ¡Siéntelas!... ¿Vas a acabar este libro sin atreverte a aceptar este reto?... ¿En serio?... ¡Aprovecha esta oportunidad!... ¡Escribe!

... (20' para escribir tu carta)

... ¿Ya está?... Vuelve a leerla con calma... ¡WOW!... ¿Es emocionante, eh?... ¡Enhorabuena!...

Antes de doblarla, necesito que reflexiones por unos momentos sobre a qué estás diciendo SÍ y a qué estás diciendo NO con este compromiso. Tú sabes a qué me refiero. Con lo que has escrito estás eligiendo abrirte a nuevas posibilidades de *ser* y de *hacer* mientras renuncias a otros hábitos, actitudes y comportamientos que eres muy consciente de que te alejan de la persona y el líder que quieres ser.

Ahora, traza una línea debajo de la última frase de tu carta y escribe a qué tres cosas estás diciendo SÍ con este compromiso y a qué tres cosas estás diciendo NO, pues finalmente se trata de una elección. Escribe: «Con esta carta digo SÍ a... digo SÍ a.... y digo SÍ a... Con esta carta digo NO a... digo NO a ... y digo NO a...»

Te queda solo una última tarea antes de introducirla en el sobre: declarar tu compromiso. Así como una pareja solo se convierte en matrimonio cuando el juez lo certifica y el cura afirma, «yo os declaro marido y mujer», o una persona se considera oficialmente difunta cuando el juez forense así lo declara, tú también tienes que declararlo para hacerlo real, para pasar de la tierra de las *buenas intenciones* a la tierra de *la acción* y del *compromiso auténtico*, donde ¡desde ya! comienzas tu transformación, siendo y haciendo lo que has escrito.

Para declararlo te pido que te pongas delante de un espejo y te digas ti mismo, mirándote a la cara, despacio, alto y claro, a qué estás diciendo SÍ y a qué dices NO en esa carta. Antes de hacerlo, debes sentirlo, intensa y profundamente. Tómate tu tiempo. Será lo último que te pida...

Si aceptas el desafío de escribir y mandarme esta carta, te aseguro que, como con tantos otros antes, también contigo cumplirá su asombrosa función, pues declarar tu compromiso es algo que en sí mismo tiene genio, poder y magia. Pronto te olvidarás de ella, pero cuando te llegue de vuelta dentro de seis meses, te sorprenderá el apasionante e imparable proceso de crecimiento y transformación en que te hayas inmerso; de *entrenador/padre/jefe/profesor* a *líder transformador*... de *bellota* a *roble*. Tú serás quien quieras ser y te garantizo que tu valiente carta de compromiso será el preludio de tus acciones más audaces. ¡Disfruta del camino, cumple tu promesa y BRILLA!

EPÍLOGO

Con 14 años, mi entrenador me insistía en que tenía que aprender a pegarla con la zurda y hasta me alineaba de lateral izquierdo para obligarme a jugar con la pierna «mala» pues, como me repetía continuamente, para ser buen futbolista había que ser ambidiestro. Yo, en mi facultad lógico-racional, lo entendía perfectamente... pero no lo hacía. Para mí era un sufrimiento solo pensar en cada golpeo y hacía todo lo posible para no darla. No me atrevía, prefería que no me llegara el balón... quería ser invisible. Mi «saboteador» me acosaba con pensamientos del tipo: «van a ver que eres muy malo»... «todos se van a reír de ti»... «igual te rompes la pierna otra vez»... «te echarán del Athletic en cuanto te vean lo mal que la pegas»... «seguro que no juegas más»... «qué vergüenza»... «vas a hacer el ridículo»... «qué va a pensar tu aita (padre)».... y demás pensamientos poco edificantes. No conseguía pasar a la acción. Mi depósito de *energizol* estaba vacío y el «saboteador» campaba libremente por mi mente dominando totalmente la situación.

A veces imagino qué podría haber sido diferente si alguien me hubiera preguntado en aquel momento: *¿qué sería posible si le dieras con la izquierda?... ¿en qué jugador podrías convertirte?... ¿a qué jugador admiras mucho?... ¿qué te diría él?... ¿cómo te sentirías si te atrevieras?... ¿qué crees que sería lo peor que podría pasar?... ¿cómo sería ser valiente?... ¿de qué estarías orgulloso?'... ¿qué podría ser diferente?... ¿qué pensaría tu aita si supiera que estás entrenando para mejorar con la izquierda?... ¿cómo se sentiría él?... ¿cómo sería decirle que vas a hacerlo?... ¿qué te diría?... ¿qué necesitas de tus compañeros?... ¿qué necesitas de mí?...*

¿cómo te puedo ayudar?... ¿qué podrías hacer esta semana para empezar?...

Incluso ahora, solamente pensando en esa *convers(a)cción* y mientras la escribo, me entran unas ganas locas de empezar a darle con la izquierda y a fallar y a seguir dándole y a seguir fallando y a no juzgarme, ni preocuparme ni avergonzarme por ello, y a no castigarme por mis errores y a aprender de ellos, y a confiar mucho más en mi cuerpo, y a sentir que los golpeos con la zurda comienzan a salir sin esfuerzo y sin pensar, y a coordinar cada día mejor, y a estar deseando que llegue el próximo entreno para seguir mejorándolos, cada día más largos, más fuertes, más precisos, y a sentir una profunda sensación de plenitud por haber tenido la valentía de hacerlo... Precisamente todo aquello que hice y sentí cuando por fin reuní el coraje necesario para enfrentarme y derrotar a mi eterno «saboteador»... ¡18 años después! Yo tardé toda una vida en atreverme, y tú, ¿a qué esperas para brillar?

AGRADECIMIENTOS

Este libro, como los talleres en los que se apoya, así como mi propio rol de socio facilitador del aprendizaje en que consiste mi oficio actual, no habrían sido posibles sin la participación, directa o indirecta, de muchas personas a las que quiero agradecer su aportación.

El primero e imprescindible es para Michelle Madeleine Kempton, sencillamente porque este libro habría sido imposible sin ella. Michelle es la creadora del concepto original de las «7**P**s» y la co-diseñadora de los siete talleres en su formato actual. Por si esto no fuera suficiente, le agradezco profundamente que haya sido *«woman of light»* también para mí, alumbrando mi camino en tantas jornadas compartidas. Es un privilegio poder contar con ella como formadora, mentora, amiga y socia en Incoade.

A Óscar Garro, Víctor García, Alfonso de San Cristóbal y Juan Ugarte por ser co-fundadores de Incoade y por toda la energía, las risas y el entusiasmo que compartimos en aquellos emocionantes momentos. Ellos lo hicieron posible.

A María Alaña, *coach*, coordinadora y socia de Incoade, por su dedicación, generosidad, alegría y disponibilidad sin límites, siempre y en todo momento. Por ser la «sonrisa que hace creer» para cada uno de los alumnos que participan en nuestras formaciones.

A Juan Carlos A. Campillo, *coach* y socio de Incoade, por su humildad para compartir conmigo su valiosa experiencia y sus profundos conocimientos en *coaching* y liderazgo.

A Susana Alonso y Natalia Márquez, co-directoras del IDDI de la Universidad Francisco de Vitoria de Madrid, por organizar en 2007 con el aval de la UFV, la primera edición del *Máster de coaching y liderazgo deportivo* y, sobre todo, por «obligarme» a ser facilitador. Ellas fueron quienes me ayudaron a crear esta nueva realidad de la que tanto disfruto cada día.

A Óscar Callejo, secretario de la escuela de entrenadores de la RFEF, por su insaciable curiosidad y ganas de aprender, por creer sin garantías de éxito, y por tener el coraje de atreverse a expandir, a través de los entrenadores, una nueva y transformadora visión de liderar personas y equipos.

A Ricardo Leiva, director de deportes del COE, por demostrar una confianza sin límites en Incoade hasta el punto de poner en nuestras manos a los seleccionadores nacionales, directores técnicos, entrenadores y deportistas del más alto nivel y de todas las disciplinas deportivas posibles, un regalo de incalculable valor que nunca le podré devolver.

A tantos compañeros y entrenadores con los que conviví durante 25 años de mi vida repletos de aprendizajes y experiencias irrepetibles, de valores y sueños compartidos, de emociones, sentimientos y momentos sublimes, de eternas idas y vueltas en bus, de amigos para siempre, de alegrías, penas y cenas... y a los que tanto he recordado durante estos meses reviviendo con sincero agradecimiento y con una sonrisa aquellos tiempos inolvidables.

A los profesores, *coaches*, facilitadores y compañeros de todos los cursos, talleres, seminarios... a las que he asistido como alumno en la última década, por su pasión, entrega, humildad y liderazgo al servicio de los demás. Todos ellos han sido y son un ejemplo inspirador para mí.

A todos mis clientes y a los alumnos participantes de nuestras formaciones por su valentía para compartir tantas cosas de verdad, por mostrarse abiertos y vulnerables, por creer y confiar en mí, por su presencia, generosidad y alegría, por sus dudas, inquietudes y preguntas, por atreverse a transformarse, por demostrarme una y otra vez que es posible hacerlo y por enseñarme tanto.

A Lucía Jiménez y a Juan Antonio García Herrero, en representación de todos los que me han ayudado con sus comentarios sobre el libro, por ofrecerse con entusiasmo a leer mis primeras versiones y borradores, por dedicar su tiempo a corregirlos, por darme su opinión sincera con tanto cariño y por animarme a finalizarlo.

Además de a los autores que me han guiado en este viaje, quiero mostrar mi agradecimiento a todas las personas (y son muchas) de las que aprendo cada día, algunas referentes y otras desconocidas, a las que sigo en redes sociales o leyendo sus blogs en los que comparten su sabiduría en forma de valiosos pensamientos, citas, reflexiones o artículos. Me reconforta pensar que me acompañan tantos caminantes valientes que se atreven a brillar para mí y para los demás, y me siento feliz por poder aportar y compartir, con ellos y también como ellos, mi pequeño granito de arena.

A Marta Prieto y a su editorial Kolima, por apostar por nuestro libro en un contexto de crisis total en el mundo editorial, por hacerme sentir como un autor y por aguantar con serenidad y con una sonrisa mis ideas, cambios, sugerencias y ocurrencias.

A Ramón y Maritxu, mis aitas, y a mis cinco hermanos/as, mi familia; me siento bendecido por pertenecer a ella.

A Itsaso, Kattalin y Uxue, mis amadas hijas y, cada día, mis auténticas maestras.

A Igone, mi mujer, la más importante y mejor decisión de mi vida. Gracias por crcer siempre en mí. LQ+.

PETICIÓN Y OFERTA

Antes de cerrar el libro, *tengo una última petición* que hacerte. Si lo consideras oportuno y necesario, me gustaría contar contigo para crear un repositorio de ejemplos sobre diferentes posibilidades de aplicación de cada una de las habilidades desarrolladas en el libro, en tantos ámbitos, actividades y contextos distintos como sea posible, para ponerlo a disposición de todas aquellas personas que deseen consultarlo y puedan inspirarse con tu valentía y ejemplo para mejorar su capacidad de liderazgo al servicio de los demás.

Así, cuando te hayas sentido muy presente y conectado en alguna *convers(a)cción*, o te hayas atrevido a hacer preguntas potentes, o reconocimientos sinceros, o a sostener emociones incómodas, o a transformar un estado de ánimo de un equipo, cuando hayas podido quitar alguna etiqueta, o aplicar la «mirada bellotera», o la «escucha sublime» para empatizar en alguna ocasión, cuando hayas sido capaz de crear una nueva realidad para ti o para tu equipo en momentos de dificultad, o ayudado a alguien a saltar a sus «saboteadores», cuando hayas sido un líder al servicio capaz de co-crear una visión inspiradora o de identificar valores compartidos, o de alcanzar el consenso y el compromiso de todos tus seguidores... cuando sientas que algo de todo esto ha funcionado porque los resultados conseguidos son diferentes y mejores de los que obtenías antes de aplicar alguna de tus nuevas habilidades, te agradecería que tuvieras la generosidad de compartir conmigo y con todos los lectores, los descubrimientos y aprendizajes derivados de tu experiencia. Si te animaras a hacerlo, te propongo cualquiera de estos canales de comunicación para que puedas enviarme tus comentarios:

Mail: imanol.ibarrondo@incoade.com
Web: www.incoade.com
Twitter: @energizol

En el capítulo de ofertas, te propongo lo siguiente:

Si deseas vivir la transformadora experiencia de las «7**P**s» para continuar y profundizar en tu entrenamiento en habilidades de *coaching* y liderazgo, puedes consultar la Web de Incoade para informarte sobre el calendario con las próximas ediciones presenciales previstas en abierto y, si eres responsable de una institución o compañía, y deseas facilitar en tu organización una formación de las «7**P**s in company», diseñada y adaptada a tu actividad, negocio, equipo y necesidades, no dudes en ponerte en contacto con nosotros en info@incoade.com

Si crees que podemos ayudarte y deseas contratar nuestros servicios como ponentes y conferenciantes en temas de liderazgo e influencia, o como facilitadores/inspiradores para las personas que forman parte de tu organización o, si eres el responsable de un equipo de personas que te importa, en cualquier ámbito de actividad, y quieres confiar en nosotros para que te acompañemos en tu proceso de transformación hacia el líder al servicio que quieres ser, envíanos un correo a info@incoade.com

BIBLIOGRAFÍA

- ALONSO PUIG, Mario (2008), *Vivir es un asunto urgente*. Ed. Aguilar
- ALONSO PUIG, Mario (2010), *Reinventarse*. Ed. Plataforma
- ALONSO PUIG, Mario (2013), *Ahora Yo*. Ed. Plataforma
- ARTETA, Aurelio (2012), *Tantos tontos tópicos*. Ed. Ariel
- ALCANTARA, Alfonso, *Blog @Yoriento*
- ALVAREZ DE MON, Santiago (2010), *Con ganas, ganas*. Ed. Plataforma
- AZKETA, María (2011), Nubes grises para un autodefinido. Ed. Andar
- BENNIS, Warren (1994), *Convertirse en líder*. Amazon
- BENNIS, Warren (2010), *Dirigir personas es como adiestrar gatos*. Ed. R. Areces
- BENNIS, Warren (2008), *Líderes: estrategias para un liderazgo eficaz*. Ed. Paidós
- BLANCHARD, Kenneth, (2010), *Ejecutivo al minuto*. Ed. Debolsillo
- BOYATZIS, R., MCKEE, A., JOHNSTON, F., (2008), *Líder emocional*. Ed. Deusto
- BUCAY, Jorge (2012), *Déjame que te cuente*. Ed. RBA
- CABANE, Olivia Fox (2012), *El mito del carisma*. Ed. Empresa Activa
- CABY, François (2004), *El coaching*. Ed. De Vecchi
- CAMPBELL, Joseph (1991), *El poder del mito*. Ed. Salamandra
- CARDON, Alain (2005), *Coaching de equipos*. Ed. Gestión 2000

- CARLIN, John (2009), *El factor humano*. Ed. Seix Barral

- COELHO, Paulo (2002), *El Alquimista*. Ed. Planeta

- COVEY, Stephen (2009), *Los 7 hábitos de la gente altamente efectiva*. Ed. Paidós

- CSIKSZENTMIHALYI, M. (2011). *Fluir (flow)*. Ed. Kairós

- CUBEIRO, Juan Carlos, GALLARDO, L., (2010) *Liderazgo Guardiola*. Ed. Alienta

- CUBEIRO, Juan Carlos (2001), *Sensación de fluidez*. Ed. Pearson Educación

- CUBEIRO, Juan Carlos, GALLARDO L. (2008), *Liderazgo, empresa y deporte*. Ed. LID

- DE BONO, Edward (2007). *Seis sombreros para pensar*. Ed. Paidós

- DE BONO, Edward (2009), *Pensamiento lateral*. Ed. Paidós

- DILTS, Robert (2004), *Herramientas para el cambio*. Ed. Urano

- DYER, Wayne (2001), *Tus zonas erróneas*. Ed. Grijalbo

- ECHEVERRÍA, Rafael (2006), *Ontología del lenguaje*. Ed. Granica

- ECHEVERRÍA, Rafael (2000), *La empresa emergente*. Ed. Granica

- ECHEVERRÍA, Rafael (2006), *Actos del lenguaje. Volumen 1: la escucha*. Ed. JC Sáez

- ESPAR, Xesco (2010), *Jugar con el corazón*. Ed. Plataforma

- FRANKL, Viktor (2007), *El hombre en busca de sentido*. Ed. Herder

- GALLWEY, Timothy (2006), *El juego interior del tenis*. Ed. Sirio

- GLADWELL, Malcom (2011), *Fueras de serie*. Ed. Punto de lectura

- GARCIA BUSTAMANTE, Santiago (2013), *El efecto Simeone*. Ed. Plataforma

- GARCÍA HERRERO, Juan Antonio (2012), *¿Somos un equipo?* Ed. Círculo Rojo

- GOLEMAN, Daniel (2006), *Inteligencia emocional*. Ed. Kairós

- GOLEMAN, Daniel (2007), *La práctica de la inteligencia emocional*. Ed. Kairós

- GOLEMAN, Daniel, (2008), *Inteligencia social*. Ed. Kairós

- GOLEMAN, D., BOYATZIS, R., MCKEE, A., (2009), *El líder resonante crea más*. Ed. Debolsillo

- GOLDSMITH, Marshall (2002), *La última palabra en desarrollo del liderazgo*. Ed. Prentice Hall México

- GOLDSMITH, Marshall (2007), *Un nuevo impulso*. Ed. Empresa activa

- GOMÁ, Herminia, *Blog de coaching y liderazgo*

- GRINDER, John (2010), *De sapos a príncipes*. Ed. Cuatro vientos

- GUARNIERI, Silvia, ORTIZ DE ZARATE Miriam. (2010), *No es lo mismo*. Ed. LID

- HUNTER, James C. (2007), *La paradoja*. Ed. Empresa activa

- INCOADE (2009), *Guía del alumno del «Master de coaching y liderazgo deportivo»*

- INCOADE (2011), *Guía del alumno de las «7P para potenciar personas»*

- JACKSON, Phil (2014), *Once anillos*. Roca Editorial de libros

- MANDINO, Og (2011), *La Universidad del éxito*. Ed. Debolsillo

- MARIAS, Javier (1994), La felicidad humana. Ed. Alianza

- MARINA, José Antonio (2006), *Anatomía del miedo*. Ed. Anagrama

- MARINA, José Antonio, (2010), *Las culturas fracasadas*. Ed. Anagrama

- MARTI, Eduardo. *Blog «Líder y liderazgo»*

- MAS, Pere y NADAL, Toni (2011), *Sirve Nadal responde Sócrates*. Ed. Debolsillo

- MASLOW, Abraham (2009), *El hombre autorealizado*. Ed Kairós

- MAXWELL, John C. (2006), *Líder 360 grados*. Amazon.

- MAXWELL, John C. (2008), *17 cualidades esenciales de un jugador de equipo*. Ed. Grupo Nelson

- MAXWELL, John C. (2011), *Las 21 leyes irrefutables del liderazgo*. Ed. Grupo Nelson

- NITOBE, Inazo (2010), *Bushido*. Ed. Tuttle

- O»CONNOR, James (2005), *Coaching con PNL*. Ed. Urano

- PALLARES, Miquel (2008), *Coaching mental y fútbol*. Ed. Inde

- PUNSET, Eduardo (2009), *El alma está en el cerebro*. Ed. Destino

- PUNSET, Eduardo (2005), *El viaje a la felicidad*. Ed. Destino

- PUNSET, Elsa (2014), *Una mochila para el universo*. Ed. Destino

- ROBBINS, Anthony (2010), *Poder sin límites*. Ed. Debolsillo

- ROBINSON, Ken (2009), *El elemento*. Ed Grijalbo

- ROVIRA, Alex (2008), *Las palabras que curan*. Ed. Plataforma

- ROVIRA, Alex, (2009), *La buena vida*. Ed. Punto de lectura

- RUIZ, Miguel, (1998), *Los cuatro acuerdos*. Ed. Urano

- SANTANDREU, Rafael (2011), *El arte de no amargarse la vida*. Ed. Oniro

- SELLIGMAN, Martin (2005), *La auténtica felicidad*. Ediciones B

- SELLIGMAN, Martin (2011), *La vida que florece*. Ediciones B

- SENGE ,Peter (2006), *La quinta disciplina*. Ed. Granica

- SHARMA, Robin (2001), *El monje que vendió su Ferrari*. Ed. Plaza & Janes

- SKARMETA, Antonio (2012), *El entusiasmo*. Ed. Debolsillo

- STAMATEAS, B. (2012), *No me maltrates*. Ediciones B

- TOLLE, Eckhart (2008), *El poder del ahora*. Ediciones Gaia

- TOLLE, Eckhart (2009), *Practicando el poder del ahora*. Ediciones Gaia

- TOLLE, Eckhart (2012), *El silencio habla*. Ediciones Gaia

- TORAL, Gotzon (2009), *Liderazgo, un deporte de equipo*. Editado por DFB

- TRIAS de BES, F. y ROVIRA, A. (2004), *La buena suerte*. Ed. Empresa activa

- UESHIBA, Morihei (2009), *El arte de la paz*. Ed. Kairós

- VALDANO, Jorge (2013), *Los 11 poderes del líder*. Ed. Conecta

- VILASECA, Borja (2008), *Encantado de conocerme*. Ed. Plataforma/Debolsillo

- WHITMORE, John (2005), *Coaching*. Ed. Paidós

- WHITWORTH, Laura, KIMSEY-HOUSE, Karen y SANDAHL, Philip Henry (2007), *Coaching Co-activo*. Ed. LID

- WOLK, Leonardo (2006), *Coaching: el arte de soplar brasas*. Ed. Gran Aldea editores

KOLIMA
BOOKS

Milton Keynes UK
Ingram Content Group UK Ltd.
UKHW020746100124
435791UK00015B/396